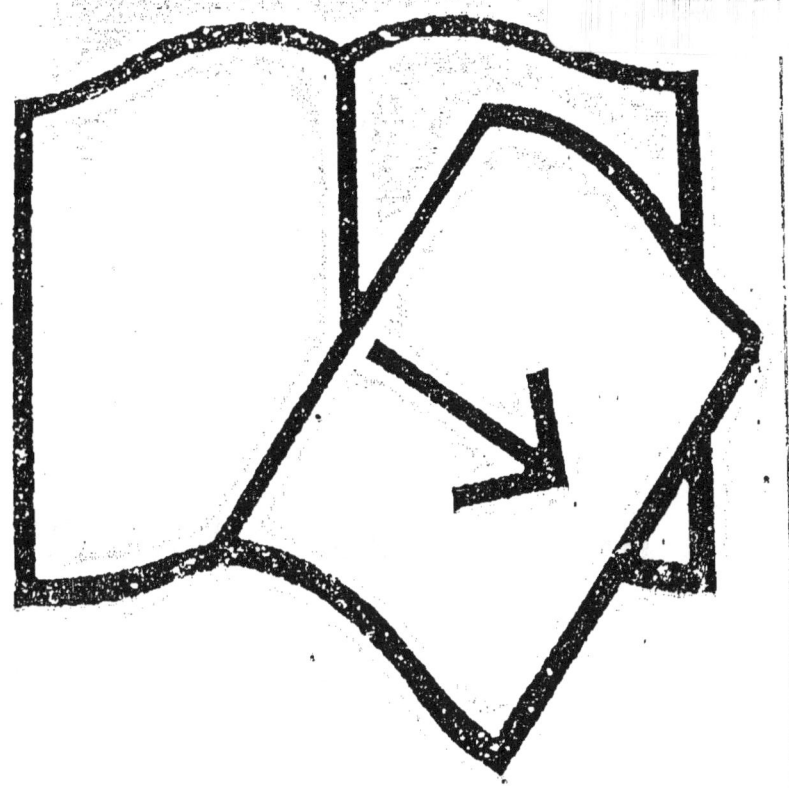

Couvertures supérieure et inférieure manquantes

LE

ROMAN NATURALISTE

PARIS. — IMPRIMERIE CHAIX, 20, RUE BERGÈRE. — 20852-2.

LE
ROMAN NATURALISTE

PAR

FERDINAND BRUNETIÈRE

PARIS
CALMANN LÉVY, ÉDITEUR
ANCIENNE MAISON MICHEL LÉVY FRÈRES
3, RUE AUBER, 3
—
1883
Droits de reproduction et de traduction réservés.

LE
ROMAN NATURALISTE

LE ROMAN RÉALISTE EN 1875

C'est une remarque souvent faite qu'entre les formes consacrées de l'œuvre littéraire, chaque génération nouvelle en choisissait, ou plutôt en subissait une comme traduction plus fidèle et comme expression préférée de ses aptitudes ou de ses goûts : ce fut le drame autrefois, c'est aujourd'hui le roman. Sans doute il ne règne pas seul, mais certainement aucun autre genre ne l'égale en faveur, et par suite en fécondité. En effet, comme les frontières en sont pour ainsi dire flottantes, et qu'il ne dépend guère que du caprice de chacun de les reculer ou de les rapprocher à son gré, nul autre genre ne se prête plus complaisamment à des exigences plus diverses. On l'a donc vu s'élever jusqu'à la poésie la plus haute, pour rivaliser avec elle d'ambition et de splendeur, et on l'a vu redescendre jusqu'à la farce de la foire pour lutter avec elle de grossièreté dans l'équivoque. Par l'imprévu de ses combinaisons infinies, par la variété des formes qu'il peut presque indifféremment revêtir, par la liberté de son allure et l'universalité de sa langue, il convient particulièrement à nos sociétés démocratiques.

On dirait toutefois que depuis quelques années il aspirât à se fixer sous une forme définitive, et que, tournant où le vent souffle, le réalisme fût en voie de devenir dans l'art ce que le positivisme est en philosophie. Aussi bien l'une et l'autre doctrine sont-elles sorties du concours des mêmes causes, et les mêmes influences du dehors en ont-elles fait jusqu'ici la fortune: on ajoutera qu'il est à redouter qu'elles ne menacent l'une et l'autre d'une même et dégradante transformation l'avenir de l'art et de la métaphysique. Quant au roman, c'est là surtout la crainte qu'inspire une étude attentive des plus bruyants de nos romanciers contemporains.

Si ce n'était qu'absence de talent, pauvreté de ressources, stérilité d'un jour qui tâcherait à se couvrir d'une apparence de doctrine, on en prendrait encore son parti, sauf l'espoir d'une renaissance ; mais c'est pis que cela, c'est préoccupation mauvaise et prétention systématique de bouleverser les règles éternelles de l'art. On peut voir dans un livre de Proudhon — *le Principe de l'art* — les incroyables rêveries que lui suggéraient sur l'avenir d'une peinture démocratique les œuvres de celui que l'on appelait alors le maître d'Ornans : on peut voir chez M. Zola ce qu'il est advenu des mêmes théories dans la pratique du roman, et quels fruits a poussés, — ce sont ses propres expressions, — « l'idée d'un art moderne tout expérimental et tout matérialiste. »

Ce que c'est qu'un art matérialiste, on l'entend de reste, et nous en connaissons plus d'un modèle, quoique nous ne sachions pas que jusqu'ici personne encore eût osé risquer l'expression : c'est un art qui sacrifie la forme à la matière, le dessin à la couleur, le sentiment à la sensation, l'idéal au réel; qui ne recule ni devant l'indécence ni devant la trivialité, la brutalité même; qui parle enfin son langage à la foule, trouvant sans doute plus facile de donner l'art en pâture aux instincts les plus grossiers des masses que d'élever leur intelligence jusqu'à la hauteur de l'art. On comprend moins aisément, au premier abord, ce que c'est qu'un art « tout expérimental, » à moins que nous n'y voulions voir indiquée d'un seul mot cette prétention contemporaine de faire de l'art avec de la science et, comme on ajoute, avec de l'industrie.

Il est certain que nulle autre cause (même sans parler de celles dont l'enchaînement tient la littérature dans une dépendance étroite, mais non pas absolue, de l'état social et politique) n'a contribué davantage à pousser de nos jours le roman dans les voies du réalisme. C'est une imprimerie de papiers peints que M. Daudet a choisie pour cadre à son dernier roman, et dont il a mêlé le mouvement de fabrication et d'affaires au développement de son intrigue. M. Hector Malot, qui, dans le temps, avait écrit déjà sous ce titre : *Une bonne Affaire*, un récit monotone, dont le héros, à travers une série d'expériences très compliquées, cherchait la transformation de la chaleur solaire en mouvement, nous a donné depuis, dans *Un Curé de Province*, l'histoire d'un abbé Guillemittes, architecte, imprimeur, banquier, que sais-je encore? et plus récemment encore c'est dans une fonderie de métaux précieux qu'il a placé la scène du *Mariage de Juliette* et d'*Une Belle-Mère*. Dans *le Ventre de Paris*, c'est à l'agitation des Halles centrales que M. Zola, — avec quelle débauche et quelle crudité de couleurs ! — a voulu rattacher l'histoire de ses personnages..... Le commerce et l'industrie sont de belles et grandes choses assurément; donneront-ils jamais aux parties vraiment nobles et souveraines de l'intelligence la satisfaction qu'ils promettent à nos appétits de bien-être ; et deviendront-ils, même dans un lointain avenir, une source d'inspiration bien féconde pour la poésie ?

C'est aussi ce que l'on peut se demander de la science, dont il semble, au surplus, que nos romanciers parleraient trop souvent, sans la connaître assez. « Je me propose, dit M. Zola, de suivre, en résolvant la double question des tempéraments et des milieux, le fil mathématique qui conduit d'un homme à un autre homme. L'hérédité a ses lois comme la pesanteur. » Voilà qui va fort bien, mais la science démontre, ou à peu près, les lois de la pesanteur, elle en est encore à supposer celles de l'hérédité. Je sais que M. Malot n'en dira pas avec moins d'assurance que « ce sont là des règles physiologiques que la science a formulées en se basant sur l'expérience, » et nous aurions mauvaise grâce à ne pas avouer qu'il en a fait lui-même le plus heureux usage, et le plus inattendu. Que par exemple un père doute de sa paternité, ce n'est plus, comme dans un temps bien lointain, « la voix du sang » qui le tirera d'inquiétude, ce sera l'atavisme. « Quand le marquis eut trouvé que l'atavisme le faisait le père de Denise, il éprouva un profond soulagement. » Et quel cas d'atavisme ! Mais au moins conviendrait-il que l'on prît la peine d'étudier la surface des choses dont on prétend parler, et que, si l'on veut écrire tout un roman sur la folie, comme *le Mari de Charlotte*, on n'allât pas réunir dans un même personnage tous les symptômes que la science n'a jamais rencontrés qu'isolés.

Après tout, il faut bien le dire, les romanciers ne sont pas ici les seuls coupables. On leur a tant répété que le *Système du monde* de Laplace, ou le *Cosmos* de Humboldt, ouvraient à l'imagination poétique une carrière autrement large que le monde d'Homère ou la création de la Genèse, qu'il n'est pas étonnant qu'ils aient fini par le croire. Comme si, cependant, l'art et la science n'étaient pas dans l'histoire l'éternelle et vivante contradiction l'un de l'autre : la science pliant la liberté de l'esprit humain au joug des lois de la nature et s'imposant comme d'autorité, l'art au contraire échappant à la contrainte de ces lois et rendant à l'intelligence la pleine possession d'elle-même ! Mais quoi ? c'est la critique elle-même qui pousse l'art dans cette voie funeste, et par système, autant, ou plus encore, que par complaisance ?

N'est-il pas tout naturel que les romanciers du jour nous fatiguent de leurs interminables descriptions techniques et de leurs détails impitoyablement spéciaux, quand ils entendent louer Balzac d'avoir, dans *Une ténébreuse Affaire* ou dans *César Birotteau*, si bien embrouillé telle intrigue, qu'il faille être, pour la suivre, magistrat ou juge de commerce ? Et n'est-il pas permis de croire que ni M. Zola ni M. Malot n'affecteraient de relier, comme ils font, leurs romans les uns aux autres, et d'écrire leur *Comédie humaine*, s'ils n'avaient pas lu quelque part « que le drame ou le roman isolé, ne comprenant qu'une histoire isolée, exprime mal la nature, et qu'en choisissant on mutile ? » Tout de même encore, écriraient-ils comme ils écrivent, s'ils n'avaient entendu dire que « le bon style n'est que l'art de se faire écouter ? » Mais que si par surcroît la critique, trop modestement réduite au rôle d'une science auxiliaire de l'histoire, parvient à persuader aux artistes que toutes leurs conceptions, même les plus vulgaires, les plus insignifiantes, indépendamment de la forme sous laquelle on les traduit, par la seule vérité du détail et la fidélité de la reproduction, conservent pour l'avenir une valeur assurée de témoignage historique, — que trouvera-t-on que de logique et de naturel à voir ériger le réalisme en principe suprême de l'art?

Il est vrai qu'il y a bien des manières, et bien diverses, d'entendre le réalisme.

Ne remontons pas jusqu'à Balzac : — Balzac, à proprement parler, n'est pas un réaliste. Sans doute, l'intention générale de l'œuvre, et la vaste ambition d'égaler le roman de mœurs à la diversité de la vie moderne, sans doute aussi le procédé de composition, la fatigante accumulation du détail, la description sans trêve, la prétention technique, font bien de lui l'ancêtre de nos réalistes modernes ; mais il faut ajouter aussitôt qu'il ne s'inspire de la réalité que pour la transformer. Il sait que l'art n'est pas tout entier dans l'imitation servile ; que, pour le romancier comme pour le peintre, l'étude nécessaire du modèle vivant n'est qu'un moyen, nullement un but ; et, parce qu'il le sait, il met dans les caractères une logique, et dans les développements de la passion une suite que ni les caractères ni la passion ne sauraient avoir dans la vie réelle, traversés qu'ils sont par la faiblesse et l'irrésolution naturelle des hommes, ou par les nécessités quotidiennes de l'hypocrisie sociale.

Ses imitateurs ont changé tout cela. Les uns ne s'évertuent qu'à refléter avec une minutieuse et puérile exactitude les moindres accidents de la réalité : M. Flaubert nous a donné dans son *Éducation sentimentale* le chef-d'œuvre de ce réalisme misanthropique; les derniers romans de M. Malot en sont aujourd'hui la plus fidèle expression. Les autres : M. Flaubert encore dans *Madame Bovary*, MM. de Goncourt dans *Germinie Lacerteux*, sembleraient plutôt s'être proposé l'étude désintéressée d'un cas pathologique, et de rivaliser dans le roman avec la clinique médicale. Ils n'ont pas non plus manqué de disciples, et les « histoires naturelles et sociales, » de M. Zola procèdent, pour une bonne part, de leur inspiration. D'autres enfin ont inventé ce qu'on peut appeler le réalisme sentimental, qu'il nous semble que l'on définirait assez bien par la sympathie à peu près exclusive qu'il éprouve pour les humbles et les déshérités de ce monde. On peut rattacher les romanciers de cette école, et, tout le premier, M. Alphonse Daudet, à quelques-uns des romanciers anglais contemporains, à Dickens en particulier. Il ne leur manquerait, à vrai dire, que ce qui fait la supériorité de Dickens dans ce genre évidemment inférieur, — la puissance d'hallucination poétique, si particulièrement caractéristique de l'imagination anglaise, et encore, et surtout, cet inimitable accent de l'émotion personnelle et de la souffrance vécue qui, du lointain de sa triste enfance, remontait si souvent aux lèvres de David Copperfield.

Le premier roman de M. Alphonse Daudet, — *le Petit Chose*, — avait été presque un succès. Sous la forme d'une autobiographie, c'était la simple histoire, d'ailleurs trop longuement racontée, d'un petit être souffreteux et d'une fragilité plus que féminine, histoire qui ne manquait pas, dans son style prétentieux, de certaines qualités d'observation fidèle, et d'une émotion peut-être plus nerveuse qu'attendrie. Si nous le rappelons de si loin, c'est que M. Daudet lui-même l'a depuis revendiqué comme un titre, et aussi qu'il ne nous paraît pas que l'on puisse relever dans son dernier roman, — *Fromont jeune et Risler aîné*, — d'autres qualités, ni d'autres défauts, que ceux que l'on pouvait déjà signaler dans *le Petit Chose*.

Pourquoi donc aussi vouloir donner les proportions du volume à ce qui tiendrait si bien dans le cadre de la nouvelle, plus restreint, mais non pas plus modeste, s'il est vrai que ce soit « l'effet d'un art consommé de réduire en petit un grand ouvrage? » Voilà bien, à la vérité, le dernier conseil qu'accepteraient nos romanciers ! Nous n'en préférons pas moins aux longs romans de M. Daudet quelques légères et vives esquisses des *Femmes d'artistes* ou des *Contes du lundi*. Ne serait-ce pas du premier de ces recueils que M. Daudet aurait t**e**, par hasard, cette histoire de la famille Delobelle, qui ne se rattache que par un lien bien subtil, si tant est qu'il existe, à l'intrigue de *Fromont jeune et Risler aîné ?*

Un brave homme d'inventeur, simple et bon, comme il est entendu décidément que les inventeurs le seront tous, a eu dans la même année deux grands bonheurs : il est devenu l'associé de la maison Fromont et le mari de Sidonie Chèbe. Sa femme ne l'a d'ailleurs épousé que pour entrer derrière lui dans cette maison Fromont, dont son enfance avait rêvé longuement, et dont le chef, Georges Fromont, qu'elle s'était presque autrefois flattée d'épouser, ne tarde pas à devenir son amant. Du train qu'elle le mène, la maison marche bientôt à la faillite ; le mari ne voit rien ; le beau-frère, accouru d'Égypte pour sauver l'honneur du nom de Risler, elle le séduit, car, chez M. Alphonse Daudet, ce sont les femmes qui sont hommes en ce point. Enfin tout se découvre : Risler chasse sa femme, et redevient le commis de la maison qu'elle a failli ruiner ; Sidonie va finir sur les planches d'un café-concert ; et le mari, qu'une lettre d'elle informe de la trahison de son frère, se pend de désespoir. Que fait à travers tout cela la famille Delobelle ? Et comment se mêle-t-elle à l'action ?

C'est pourtant le meilleur du livre que l'histoire de ces deux pauvres femmes, la mère et la fille, si naïvement dévouées à l'orgueil du « père, » comme

elles l'appellent, un vieil histrion dédaigné, qui
continue de porter dans la misère de la vie réelle le
masque de théâtre qu'il mettait autrefois sur les
planches, toujours fardé, toujours grimé, « qui n'a
pas le droit de renoncer à l'art, » et qui promène à
travers les cafés du boulevard sa poursuite obstinée
d'un engagement qu'il n'attrape jamais. Le récit des
amours effarouchées de Désirée Delobelle, de sa
tentative de suicide, et de son retour au nid maternel, est d'une douce et touchante émotion, d'un
accent de sympathie profonde et réelle. C'est aussi
presque un tableau de genre achevé que le récit de
son enterrement, et le trait final en est trouvé :
« A un moment, Delobelle, n'y pouvant plus tenir,
se pencha vers Robricart, qui marchait à côté de
lui. — As-tu vu ? — Quoi donc ? — Et le malheureux père, en s'épongeant les yeux, murmura, non
sans quelque fierté : — Il y a deux voitures de
maîtres. » Voilà l'observation vraie, celle qu'on
rencontre précisément parce qu'on ne la cherche
pas, mais que l'on saisit comme au vol de la circonstance. M. Daudet a quelques-unes de ces bonnes
fortunes ; — moins heureux dans le choix du sujet,
et dans la peinture de ce milieu vulgaire où il a
consciencieusement maintenu son intrigue.

Non pas certes que les plus humbles et les plus
dédaignés d'entre nous n'aient le droit d'avoir eux
aussi leur roman, — à cette condition toutefois que
dans la profondeur de leur abaissement on fasse luire

un rayon d'idéal, et qu'au lieu de les enfermer dans le cercle étroit où les a jetés, qui la naissance et qui le vice, nous les en tirions au contraire, pour les faire mouvoir dans cet ordre de sentiments qui dérident tous les visages, qui mouillent tous les yeux, et font battre tous les cœurs. Nous saurons gré à M. Daudet, dans un sujet scabreux, de n'avoir pas une seule fois glissé, sous prétexte de fidélité, dans l'indécence ou le libertinage ; mais nous lui rappellerons que ce n'est pas assez que les mœurs du roman soient décentes..., et « qu'il peut y avoir un ridicule si bas ou si grossier, ou même si fade et si indifférent qu'il n'est pas permis au romancier d'y faire attention, ni au lecteur de s'en divertir. »

Qu'il se garde aussi d'une imitation de toutes mains qui déborde : Sidonie Chèbe, c'est Madame Bovary. — Son père, M. Chèbe, l'homme à projets, n'est-ce pas M. Micawber ? — La légende fantastique du Petit-Homme-Bleu, le garçon de banque, transformé par l'imagination de l'auteur, n'est-ce pas un ressouvenir encore de Dickens ? — Il n'est pas jusque dans la forme, assez simple d'ordinaire, une persistance d'un goût équivoque à appuyer sur de certains effets, qui ne vienne, elle aussi, du roman anglais. Par exemple, si dans le rapport de police qui mentionne la tentative de suicide de la petite Delobelle, M. Daudet lit cette expression d'une indifférence consacrée : « la nommée Delobelle, » il en aura pour plusieurs pages à ne l'appeler plus lui-même que « la nommée Delobelle. » On voit bien l'intention, mais ce sont là de petites drôleries qu'on gagne tout à s'interdire. Il ne reste qu'à souhaiter qu'une prochaine fois M. Daudet consente à se réduire, et qu'il nous donne dans quelque petit récit achevé la mesure des qualités très réelles d'émotion et de simplicité qu'il possède ; évidemment ce ne sera pas le grand art, ni celui des Mérimée, ni celui des George Sand ; — ce sera du moins une forme du réalisme encore aisément acceptable.

Nous n'en dirons pas autant des romans de M. Zola, — *les Rougon-Macquart*, — cinq volumes où l'auteur a dépassé tout ce que le réalisme s'était encore permis d'excès.

On imaginerait difficilement une telle préoccupation de l'odieux dans le choix du sujet, de l'ignoble et du repoussant dans la peinture des caractères, du matérialisme et de la brutalité dans le style. « Je voudrais, nous dit M. Zola dans une préface récente, coucher l'humanité sur une page blanche, toutes les choses, tous les êtres, une œuvre qui serait l'arche immense, » — noble et vaste ambition sans doute, mais l'humanité n'est-elle donc enfin composée que de coquins, de fous, et de grotesques ? L'artiste a bien des droits ; il n'a pas celui de mutiler la nature, et certes il est étrange qu'on refuse d'ouvrir les yeux à la clarté du jour, et de comprendre une bonne fois que cette affectation de dénigrement n'est pas d'un parti pris moins étroit, d'une convention moins artificielle, d'une esthétique moins fausse que les prétentions surannées du temps jadis à la noblesse. Ajouterai-je que des intentions de satire politique et de représailles, qui devraient rester absolument étrangères à l'art, parce qu'elles sont contradictoires à ses lois, ne sauraient excuser les crudités révoltantes et malsaines que M. Zola semble prendre plaisir à prodiguer dans ses romans ?

La Conquête de Plassans rentre dans le plan que s'est imposé l'auteur « de faire raconter le second empire par ses personnages, à l'aide de leurs drames individuels. » Les politiques de Paris ont donné mission à l'abbé Faujas d'aller convertir aux sentiments plébiscitaires la sous-préfecture de Plassans, et pour atteindre le but, on se doute aussitôt qu'il n'est moyens déshonnêtes, honteux, ou violents, que le prêtre ne mette en usage. L'âpreté de son ambition, l'autorité despotique de son attitude et de son geste, la sécheresse de sa parole, la domination d'épouvante qu'il exerce également sur son évêque et sur ses pénitentes, ont bientôt mis la ville à ses pieds. Cependant une pauvre femme, Marthe Mouret, le poursuit dans son triomphe de l'obsession affolée d'un amour que la muette complicité du prêtre a laissé croître dans le silence pour s'en servir comme d'un instrument, mais qu'il repousse avec une brutalité d'indignation révoltante, étant trop ambitieux pour succomber à la tentation de la chair : c'est autrement qu'il doit périr. C'est le mari de Marthe, qu'elle a fait enfermer comme fou, folle elle-même, qui, s'échappant de son cabanon d'aliéné, viendra, de ses mains, mettre le feu à sa propre maison, où demeure l'abbé Faujas, et tirer vengeance ainsi du prêtre qui lui a ravi sans scrupule sa femme, ses enfants, son bonheur domestique, sa raison.

Nous laissons de côté les détails odieux familiers à M. Zola; nous aimons mieux dire qu'il y a parmi ces grotesques de petite ville des caractères pris sur le vif, et rendus avec une remarquable exactitude : le sous-préfet Péqueur des Saulaies, le président Rastoil, le juge Paloque et sa femme; nous aimons mieux nous souvenir qu'un souffle d'écrivain traverse de loin en loin ces pages; et qu'il y a tels tableaux, celui de l'incendie, par exemple, ou de la mort de Marthe, tracés avec une vérité saisissante et lugubre. Mais quel monde que celui où M. Zola nous promène, et quelle imagination malade que celle qui prétend nous intéresser à des personnages qui ne sont pas seulement criminels ou vicieux, (il dépendrait de l'art du romancier qu'on les supportât encore), mais franchement ignobles, ignobles dans les portraits qu'on en peint, plus ignobles dans la vulgarité des appétits qui les font mouvoir!

C'est heureusement sur une autre scène que nous transporte *la Faute de l'abbé Mouret*. Nous n'avions pas ouvert le volume sans quelque appréhension du terme où pourrait bien aboutir chez le fils de Marthe Mouret « la lente succession des accidents nerveux et sanguins qui se déclarent dans une race à la suite d'une première lésion organique ; » nous avons été agréablement surpris d'y voir M. Zola revenir presqu'à l'idylle. Il y a des choses charmantes dans le récit des amours de Serge Mouret et d'Albine, et la nature vierge et sauvage qui les encadre est peinte avec une rare vigueur de touche. Malheureusement M. Zola persiste dans son procédé matérialiste de composition et de style ; il se mêle toujours chez lui quelque chose de lourdement sensuel aux hymnes de l'amour ; et, pour ses tableaux, le dessin y disparaît sous l'empâtement des couleurs. Ce serait à croire qu'il se fait de l'art d'écrire la même idée que certain rapin qu'il a mis autrefois en scène se fait de l'art de peindre : il ne s'agit que de plaquer « une tache rouge à côté d'une tache bleue ; » d'amener violemment tous les détails au même plan, et de les colorier d'une enluminure criarde : c'est le secret des imagiers d'Épinal.

On peut penser ce que devient, au milieu de cette fureur de description, l'honnête clarté de la langue française. Ce n'est pas de ne plus voir, c'est de ne plus comprendre qu'il faut se plaindre. La sensation y est peut-être, la sensation vague et indéterminée, la sensation de l'éblouissement et du rêve ; mais l'âme en est absente ; absente aussi des personnages ; du prêtre, qui ne connaît de la religion que les extases et l'hallucination ; — d'Albine, qui ne sent guère de l'amour que le bouillonnement et l'afflux physique dans un corps vierge brûlé des ardeurs du midi ; — de Désirée Mouret, la sœur de l'abbé, pauvre idiote à qui M. Zola ne fait pas prononcer dix mots qu'ils n'enferment quelque grossière indécence ; — de ces villageois enfin qui se laissent apercevoir dans le fond du tableau, repoussants d'impiété grossière, d'impudeur naturelle et de cynisme acquis. Il faut voir aussi de quels traits M. Zola note leurs émotions : rient-ils, c'est « d'un rire sournois de bête impudique ; » s'ils désespèrent, c'est « en soufflant fortement, pareils à des bêtes traquées ; » s'ils se repentent, ce sont « des monstres qui se battent dans leurs entrailles. » M. Zola n'a-t-il pas même écrit que, s'ils étaient beaux, c'était « d'une beauté de bête ! » Le mot, presque involontairement, lui revient à chaque page ; c'est qu'il sort pour ainsi dire de la situation.

Cependant l'abbé Mouret, un jour, comprend son crime ; il revient au presbytère, et là, dans les macérations et dans les larmes, il tâche d'oublier. Albine, désespérée, meurt de douleur et d'amour sous la caresse mortelle des fleurs qu'elle a tant aimées. N'insistons pas sur l'étrange symphonie où l'on entend les violettes « égrener des notes musquées, » et les belles-de-nuit « piquer des trilles indiscrets ; »

aussi bien les souvenirs du *Ventre de Paris* nous défendent-ils ici toute surprise.

Il est douloureux de constater que le roman en tombe là, d'autant plus douloureux qu'évidemment M. Zola est un écrivain consciencieux, qui produit peu, ce dont on ne saurait trop le louer, qui conduit habilement une intrigue, qui sait poser et suivre un caractère, qui doit dépenser à ses tableaux une peine infinie d'observation, qui possède enfin des qualités d'invention et de force. Comment ne voit-il pas que ce parti-pris de brutalité violente ne peut, même aux mains d'un plus habile que lui, produire que des monstres, dont l'aspect étrange étonne et déconcerte un moment, mais qui, finalement, ne laissent dans l'esprit que le souvenir de beaucoup de talent inutilement employé? « Ces caractères, dit-on, sont naturels ; par cette raison, on occupera bientôt tout l'amphithéâtre d'un homme ivre qui dort ou qui vomit ; y a-t-il rien de plus naturel? » Plût aux dieux que M. Zola n'eût jamais dépassé les limites où déjà La Bruyère suppliait que l'on s'arrêtât!

Il faut reconnaître qu'avec M. Malot, si nous ne pénétrons pas dans un monde où les sentiments soient beaucoup plus élevés, nous n'avons pas du moins à redouter de semblables intempérances. Il y a longtemps que M. Malot s'est fait du genre honnêtement ennuyeux comme un domaine privé. Et l'on s'endormira peut-être sur ses romans, on n'y sursautera ni d'indignation, ni de fou rire,

Les constructions de M. Malot ressemblent à l'épure lourde, mais correcte, qu'un bon charpentier de village ajuste consciencieusement sur le terrain. Elles ne doivent pas d'ailleurs coûter beaucoup de peine à leur auteur, le plus fécond incontestablement des romanciers contemporains. *Clotilde Martory*, — *le Mariage de Juliette*, — *une Belle-Mère*, — *le Mari de Charlotte*, — *la Fille de la Comédienne*, — *l'Héritage d'Arthur*, — voilà, depuis moins de deux ans, l'œuvre de M. Malot. On n'a pas sitôt fini de lire son dernier roman que le suivant a déjà paru. Heureusement que la critique n'est pas une statistique littéraire, et qu'elle ne mesure pas sa tâche à la quantité de la production : il suffit qu'elle sache à peu près son compte, libre après cela d'insister plus particulièrement sur telle œuvre qui, pour sa valeur propre ou les tendances qu'elle révèle, vaudra la peine d'être en effet considérée de plus près. A ce double point de vue, nous choisirons entre tous ces romans deux épisodes qui se font suite, *le Mariage de Juliette* et *Une Belle-Mère*.

Il nous semble que, conçus dans un autre système, animés de quelque émotion, mieux écrits surtout, ils pourraient compter au nombre des meilleurs récits de M. Malot, et du moins les préférons-nous à cette longue et verbeuse histoire de captation d'où l'auteur a tiré ses deux derniers volumes, *la Fille de la Comédienne* et *l'Héritage d'Arthur*,

Dans le quartier populeux et commerçant du Temple, une maîtresse femme, madame Daliphare, a formé lentement une grande maison ; son mari n'a pas compté dans sa vie, et c'est sur son fils qu'elle a reporté toutes ses espérances. Elle aurait fait d'Adolphe le successeur qu'elle rêvait, si le brave garçon ne s'était épris d'une jeune fille, Juliette Nélis, qu'il a connue dès l'enfance. Son père mort, aussitôt qu'entré dans sa royauté commerciale, il songe donc à en faire sa femme ; mais il redoute l'accueil certain que fera madame Daliphare à la seule proposition d'une bru qui manque de la première des vertus qu'elle y exige : la fortune. C'est du notaire de la famille que viendra le salut. Mᵉ de La Branche attaquera directement madame Daliphare au défaut, dans son orgueil commercial. Il lui proposera pour Adolphe une riche héritière, mais dont la famille réclame d'abord une liquidation des droits de la mère et du fils, à quoi naturellement madame Daliphare refusera de se soumettre ; et, quand elle sera bien convaincue qu'il n'en saurait aller autrement, ce sera elle-même qui fera le mariage qu'elle avait repoussé, en dépit de la déclaration de Juliette, qui n'a pour Adolphe que de l'estime, et qui ne consent que pour rendre à sa mère, madame Nélis, quelque ressouvenir de l'aisance et du luxe même au milieu duquel elles ont jadis vécu.

L'intrigue est d'ailleurs habilement conduite et le caractère envahissant de madame Daliphare bien posé ; mais le moyen, cette intervention du notaire apparaissant comme le dieu de la machine pour dénouer une situation que la logique des caractères poussait évidemment vers quelque solution violente, n'est-il pas plutôt du vaudeville ou de la comédie que du roman?

Ils sont mariés : dès le retour du voyage de noces, la jeune femme tombe sous la tyrannie d'une belle-mère contre la domination de qui son mari, retenu par le respect filial, et quelque reste aussi de crainte puérile, ose à peine la défendre. Il semble à la vérité que les premiers griefs de la jeune madame Daliphare soient un peu bien légers. Sous prétexte qu'on est artiste, on ne prend pas sa belle-mère en haine parce qu'elle ne vous a pas donné chambre à part, — les reines et les bergers se marient, comme disait le latin, *liberorum quærendorum causa*, — ni même parce qu'elle aura meublé le vestibule, d'acajou garni de velours d'Utrecht. Je ne vois pas non plus qu'il y ait de quoi passer « des nuits affreuses à déchirer son mouchoir pour étouffer ses sanglots, » parce qu'on vous demande, comme dit M. Malot, « d'assurer la perpétuité de la famille et de rendre à jamais votre mari heureux. » Quoi qu'il en soit, de jour en jour, à l'insu du mari, la mésintelligence, l'irritation vont croissant entre la belle-mère et la bru. Sur ces entrefaites, un peintre de génie, Francis Airoles, tombe tout à coup on ne sait d'où pour devenir en quelques jours l'amant de Juliette. Aux demi-révélations d'un vieux beau, Madame mère a bientôt soupçonné l'intrigue; elle s'en assure en recourant au plus vil espionnage, la fait brutalement connaître à son fils, et l'envoie chercher lui-même la preuve de son déshonneur. Adolphe résiste d'abord, puis il cède, va, surprend et tue. Traduit en cour d'assises, acquitté, il part avec son fils, au sortir de l'audience, pour ne plus revenir. « Vers dix heures, Pommeau fut obligé d'entrer dans le cabinet de madame Daliphare, il en ressortit aussitôt la figure bouleversée. — Que se passe-t-il donc, demandèrent les commis? — La patronne qui pleure... Elle est debout, et ses larmes tombent goutte à goutte sur le grand-livre. — Elle pleure sur le grand-livre! s'écria Lutzins, ça va faire des pâtés. »

Nous ne doutons pas que M. Malot ne se soit complaisamment applaudi d'avoir trouvé ce mot de la fin; c'est un principe de l'esthétique nouvelle qu'il convient de laisser le lecteur sur une boutade de gaieté misanthropique.

Voilà peut-être une bien longue analyse; elle nous permettra de saisir à nu le procédé réaliste. Nous pouvons, en effet, remarquer que non seulement M. Malot, avec une sollicitude inquiète, écarte de son intrigue tout ce qu'on y pourrait rencontrer de surprise et d'inattendu, mais encore qu'il prend soin de n'y faire jouer que des personnages scrupuleusement dépouillés de tout caractère et de toute originalité.

Quel triste benêt de mari qu'Adolphe Daliphare! quelle insignifiante, et plate, et sotte coquine de femme que la sienne! La fable est systématiquement ramenée aux proportions du fait divers. Les acteurs, dominés par les situations, n'y ont de relief que celui qu'ils empruntent à l'effacement de leur entourage, chacun d'eux, après l'autre, venant occuper toute la scène. Ni grands ni bons d'ailleurs, parce qu'il ne faut pas que le lecteur puisse risquer de les admirer, ou d'en garder un souvenir ému, — ni vicieux, à proprement parler, ni passionnés dans le crime, car ne sont-ce pas inventions de poète que la profondeur de perversion dans le vice, et le délire dans la passion? Les accidents de la vie ne les surprennent pas, ni surtout ne les dérangent de l'automatique régularité de leurs fonctions quotidiennes, et, quand ils pleurent, c'est sur le grand-livre. Pas une marque de sensibilité, pas un cri qui parte du cœur; ils vont, au hasard de l'occasion, comme un paisible bétail, enveloppés d'indifférence et d'ennui, si bien que, quand, par intervalles, ils agissent, on s'en étonnerait volontiers, comme de la surprise d'un ressort qui casserait tout à coup dans quelque joujou mécanique. Naturellement, comme ils agissent, ils parlent; d'une langue incolore et triviale, où vainement on chercherait, non pas certes ce qui s'appelle une expression créée, mais seulement une émotion sentie.

Eh! bien, il faut le dire, ce ne sont pas là des caractères réels, ce sont de pures caricatures. Il n'existe pas de cœur qui n'ait jamais battu, d'intelligence qui n'ait jamais pensé, d'imagination qui n'ait jamais rêvé. De même que le corps humain, s'il n'a plus sous nos climats du nord cette pureté de lignes qu'il avait sous le ciel de la Grèce, mais, dégradé par la misère, déformé par le métier, plié par les civilisations modernes au joug des habitudes matérielles, conserve cependant quelque chose de la noblesse et de la dignité natives de la forme humaine; tout de même, passés que nous sommes au niveau de l'égalité démocratique, absorbés dans les exigences mesquines de la vie sociale, incessamment affairés à la poursuite de la fortune et des satisfactions d'amour propre, nous ne laissons pas pourtant d'avoir toujours en nous quelque chose de l'homme, et d'être encore capables, par l'élan passionné du cœur ou de la force de la pensée, de nous élever au-dessus de la réalité qui nous opprime. En quoi consiste donc l'espèce de plaisir que les plus grossiers éprouvent en face d'un mélodrame vulgaire, au bruit d'une musique tapageuse, à la vue d'un assemblage de vives couleurs sur la toile, sinon précisément dans la diversion passagère qu'ils y trouvent au dégoût de l'existence et au dur labeur de la vie? comme si les soucis de la vie faisaient trêve un instant, et que libre de toute contrainte, franche de toute entrave, l'intelligence fût un instant transportée dans un monde qu'elle se taillerait à sa fantaisie ! Mais cette protestation du sentiment et de la pensée contre le fait, cette ardeur du meilleur de notre être vers l'idéal, de quel droit le réalisme l'efface-t-il du nombre de nos instincts, sinon du droit nouveau qu'il tire de son impuissance même à la satisfaire et l'exprimer ?

Sans doute il faut partir de la réalité, puisqu'elle est le fond même des choses, l'étoffe, pour ainsi dire, des œuvres de l'art et de l'imagination. Mais, si quiconque affecterait de la mépriser ne pourrait aboutir, dans le roman et dans la poésie, qu'à la niaiserie sentimentale ou l'abstraction symbolique, elle n'est toutefois qu'une matière, une matière confuse, à qui le propre de l'art, son objet et sa fin, est de donner une forme. Il ne suffit pas de voir, il faut sentir ; il faut aussi penser.

Certes, c'est une faculté rare, et qui marque déjà l'artiste, que de saisir sous forme d'image ce que le vulgaire des hommes n'entrevoit que sous forme d'expression abstraite des choses, — et cependant c'est encore peu. La nature ne devient vraiment belle, ou seulement émouvante, qu'à travers l'illusion de nos propres sentiments, que nous transportons en elle, et qui lui communiquent cette puissance d'émotion dont le cœur humain est la source unique, jamais tarie. La splendeur d'une aurore nouvelle, la sérénité d'un beau soir, n'ont de valeur que celles des sentiments qu'elles éveillent en nous, tantôt soulevant les cœurs de joie, de reconnaissance, d'amour, tantôt insultant à notre désespoir comme quelque implacable ironie.

Ce n'est pas tout encore : du milieu des choses prosaïques et basses de l'existence, il reste à dégager ce qu'elles enferment de beauté secrète ; il faut éliminer, choisir, n'emprunter enfin à la réalité ses formes et ses moyens d'expression que pour transfigurer cette réalité même, et l'obliger à traduire l'idée intérieure d'une beauté suprême. C'est qu'en effet nous n'appartenons à la réalité que par les parties les moins nobles de nous-mêmes, cette nécessité du labeur journalier qui nous réduit au rôle de machines, ou les appétits qui nous confondent avec l'animal ; et que tout ce qu'il y a de supérieur en nous, conspire à nous relever de la déchéance où nous maintient l'asservissement à la matière. En ce sens, on a pu dire « que le monde de l'art était plus vrai que celui de la nature et de l'histoire, » parce qu'on y voit s'évanouir la contradiction choquante qu'accuse impitoyablement la condition humaine entre la grandeur du but où nos aspirations nous poussent, et la faiblesse dérisoire des moyens dont nous disposons pour l'atteindre.

De ces trois conditions, si l'art néglige les deux premières, et qu'il ne se préoccupe que de rendre la vérité générale du type, il n'enfantera que des œuvres d'une beauté, si l'on veut, accomplie, mais froide, mais inanimée, « qui sera comme l'eau pure et qui n'aura pas de saveur particulière : » ainsi *les Martyrs* de Chateaubriand, Eudore et Cymodocée. S'il ne se soucie que de la seconde, et d'émouvoir seulement les cœurs ou d'échauffer les imaginations, il produira des œuvres déjà d'une valeur moins haute, et contre le trouble momentané desquelles il sera toujours possible à la réflexion de se reprendre : ainsi les romans de Richardson, *Clarisse Harlowe* ou *Paméla* [1], ainsi *la Nouvelle Héloïse*. S'il ne s'inquiète enfin que de la première et qu'il juge avoir tout fait quand il a donné du réel une copie servile, j'admirerai la patience de l'observateur, et l'habileté de main de l'artiste; mais, quant à l'œuvre, elle ne réussira complètement que dans la représentation du grotesque.

Nous ne méconnaîtrons pas qu'en ce genre le roman réaliste n'ait fait et ne fasse preuve tous les jours de verve et d'originalité. Depuis les Crevel et les Birotteau de Balzac, depuis le notaire Guillaumin et le pharmacien Homais jusqu'aux caricatures de MM. Malot et Zola, longue, nombreuse, inter-

---

[1]. Je n'abuserai pas des notes, ou renvois d'un chapitre à l'autre, mais ici pourtant, je ne puis m'empêcher de protester contre moi-même, et de prier le lecteur de corriger ce que je dis de Richardson par ce que j'en dis au chapitre du *Naturalisme Anglais*.

minable serait la galerie qu'on pourrait faire défiler sous les yeux du lecteur ; mais n'y a-t-il donc pas autre chose dans l'homme que de quoi rire et se moquer ? « S'il se vante, je l'abaisse, » nos romanciers n'y font pas faute ; « s'il s'abaisse je l'élève, » voilà ce qu'ils oublient trop. A défaut de ces mortelles presque divines, les Hermione et les Phèdre, qui retenaient, jusque dans le désordre de la passion, quelque chose de la sérénité de l'antique, personne enfin ne nous rendra-t-il ces poétiques héroïnes qu'emportaient par delà les conventions sociales l'impétueux élan et l'ardeur plus qu'humaine de la passion enivrée d'elle-même, — les Valentine et les Indiana ?

1er avril 1875.

LE ROMAN DU NIHILISME

Le roman dont nous voulons parler ne serait pas une nouveauté pour les lecteurs de Saint-Pétersbourg ou de Moscou, puisqu'il ne compte pas moins aujourd'hui de douze ans de date bien sonnés, — en russe. Mais il peut avoir encore pour le lecteur français quelque attrait de curiosité, n'étant traduit que d'hier, — j'ose à peine dire dans notre langue, tant la phrase du traducteur est diffuse et sa grammaire hétérodoxe.

Est-ce, comme le disait Mérimée, qui s'y connaissait, « que la concision et la richesse de la langue russe défient les plus habiles traducteurs, » ou bien, est-ce qu'une langue littéraire toute neuve se prêterait mal à la familiarité du roman, comme des Russes l'ont prétendu ? Nous ne prendrons pas sur nous de choisir, mais, en vérité, nous craignons que le traducteur ait ici quelque droit d'excuser sur les défauts de l'original, peut-être les faiblesses, et certainement les longueurs de sa traduction. Au surplus, il n'importe guère : en Russie, de nos jours, la littérature est une arme; la poésie même y est œuvre de combat, à plus forte raison le roman. Et c'est pourquoi ce roman au titre énigmatique : *Que faire?* s'il n'offre assurément qu'un médiocre intérêt comme œuvre d'art, du moins comme expression du radicalisme russe mérite bien d'être connu.

On sait que pas un pays des deux mondes n'est plus fécond que la Russie, et non pas même la nouvelle Amérique, en sectes religieuses ou philosophiques, les unes bizarres jusqu'à l'extravagance, les autres repoussantes jusqu'au dégoût. Les *Tourneurs* de Russie ne le cèdent pas aux *Trembleurs* d'Amérique; ils l'emporteraient plutôt; et les *Coureurs* de Sopelki le disputent aux *Perfectionnistes* d'Onéïda. Aussi bien il se fait des échanges, et tels Russes de l'un ou l'autre sexe qui désespèrent de la liberté sur le sol natal vont essayer du libre amour et de la vie naturelle aux bords du lac Érié. La vie naturelle, c'est le communisme bravement poussé jusqu'à ses dernières conséquences; et le nom seul dit assez clairement ce que c'est que le libre amour.

A la vérité, les sectes russes, recrutées pour la plupart parmi le peuple des campagnes, ne font pas sonner, comme les sectes américaines, le partage égal des biens et « l'émancipation de la femme; » le fait est cependant qu'elles y aboutissent, et que la femme russe, partout ailleurs si profondément abaissée sous la tyrannie du *moujick*, devient libre, souvent même maîtresse dans cette sphère spirituelle. Or, voici maintenant le phénomène curieux qui se produit : quand cet instinct de communisme et de rénovation sociale se rencontre chez des hommes que l'éducation a dégrossis, et que l'instruction a façonnés aux idées de la science et de la philosophie moderne, chez des hommes qui ne sauraient plus croire avec le paysan que, quand il tonne, c'est que le prophète Élie roule à travers l'espace dans son char de feu, les voiles du mysticisme s'écartent, l'enthousiasme religieux tombe, il ne reste plus qu'une négation pure et simple, et d'un seul mot le *nihilisme*. Nul n'ignore quels progrès le nihilisme a faits dans ces dernières années : les cheveux ras, le chapeau rond, et les lunettes bleues des dames nihilistes ont accompli leur tour du monde.

C'est à cette école qu'appartient, ou plutôt qu'appartenait, M. Tchernychefsky. Il passait, à l'époque où parut son roman, pour le chef du radicalisme russe. Aussi le succès fut-il grand, presque aussi grand que le succès du roman de M. Tourguénef, *Pères et enfants*. Non pas certes qu'il puisse venir à la pensée d'établir une comparaison entre les deux œuvres; mais enfin c'étaient des nihilistes, ou plus exactement un nihiliste, que M. Tourguénef avait mis en scène; et contre la caricature calomnieuse, disait-on, qu'il en avait dessinée dans le personnage de son Basarof, M. Tchernychefsky ne s'était proposé rien moins que de rétablir la sincérité d'un portrait.

Avec cela, la situation particulière de l'auteur ajoutait au roman une sorte d'intérêt tragique. Victime, comme tant d'autres, de cette ardeur de réaction violente qui signala dans l'histoire de la Russie contemporaine les années 1862 et 1863, impliqué dans un procès politique dont le dénoûment fut une condamnation à quatorze ans de travaux forcés et à la déportation en Sibérie, c'était dans sa prison que M. Tchernychefsky avait employé ses derniers jours de loisir à son œuvre de propagande. Innocent d'ailleurs ou coupable, il n'était certainement pas d'un caractère vulgaire d'avoir pu prendre un tel empire sur soi que d'oublier le sort qui l'attendait, et combiner dans un cachot de forteresse un roman où manquent bien des qualités, mais où l'on chercherait en vain quelque trace d'indignation, quelque marque de désespoir, ou seulement de faiblesse. On a raconté que M. Tchernychefsky en avait même écrit deux, et qu'un ami, trop prompt à la crainte, sous le coup d'une visite domiciliaire, aurait brûlé le manuscrit du second. Il suffit de celui qui nous est parvenu pour se faire une idée du genre et de l'auteur.

En 1852, vivait dans une belle maison de la rue

Gorokhovaia, sur la cour, au cinquième étage, une famille dont le chef était Pavel Constantinovitch Rosalsky, régisseur de la maison, employé d'un ministère, et prêteur sur gages, un pauvre homme, bien humble et bien plat devant sa propriétaire, encore plus humble devant ses chefs, encore plus plat devant Maria Alexievna, sa femme. Ils avaient deux enfants, une fille, Véra, et un garçon, qu'on appelait Fédia. Une cuisinière, dont on changeait quelquefois, mais invariablement nommée Matrœvna, attestait par sa présence qu'à Saint-Pétersbourg comme ailleurs l'usure est quelquefois le commencement de l'aisance. Véra, pour son malheur, était belle, et la mère, fondant l'espoir de ses vieux jours sur la beauté de sa fille, ne prétendait pas moins qu'à la faire épouser par un bel officier, Michaël Ivanovitch Storechnikof, le propre fils de la propriétaire.

Cette idée lui était venue certain soir que le bel officier s'était avisé de transmettre lui-même à Pavel Constantinovitch un ordre de madame Storechnikof. Véra, sans le vouloir, avait plu; c'était une maîtresse qui pouvait faire honneur; Michaël Ivanovitch était donc revenu, mais pour voir ses tentatives échouer contre l'ambition bien résolue de la mère, et contre l'indignation de la jeune fille.

Deux traits ici sont admirablement observés. Le roman réaliste a parfois de ces bonnes fortunes, et, des bas-fonds où il se complaît, de loin en loin, il ramène quelque vérité psychologique précieuse.

Il y a quelque trente ans, un roman français nous eût montré Storechnikof, ou bien converti brusquement, comme par un coup de théâtre, au respect de l'innocence, ou bien au contraire plus âpre au désir, et, pour satisfaire sa passion, prêt à toute violence et toute perfidie; le roman russe nous le montre acceptant sans hésiter l'idée du mariage et, puisqu'il n'est que le mariage pour arriver à posséder Véra, réglant sur cette idée sa conduite à venir. Là est en effet le vrai, là est la réalité, parce que la violence et la perfidie ne sont guère que des moyens de mélodrame, et quant à ces illuminations subites qui transformeraient si merveilleusement les cœurs, elles n'éclatent que sur le chemin de Damas. Autre exemple de naïveté dans la dépravation : quand Maria Alexievna s'aperçoit que la résistance de Véra, plus sûrement que tout calcul, a réduit Storechnikof à merci, quelle réflexion croyez-vous que fasse l'excellente mère?

Elle est certainement encore plus rusée que moi! s'écrie-t-elle, oh! c'est une fine mouche. » Je ne dis pas que tout cela ne soit au fond franchement odieux, je remarque seulement qu'étant admise la situation, l'auteur a vu juste ; et j'ajoute que ce n'est pas peu de chose.

Storechnikof entre donc dans la maison du sous-chef de bureau comme prétendant en titre; il y prend le thé tous les soirs; on peut imaginer aisément toute l'horreur que son hypocrisie de renard pris au piège inspire à l'infortunée Véra.

Cependant le père de famille s'étant mis en quête, pour faire préparer son fils Fédia au collège, d'un bon maître « à bon marché, » son choix est tombé sur un étudiant en médecine du nom de Lopoukhof. Nous l'appellerions un singulier personnage, s'il en fut, mais l'auteur nous assure qu'il existe en Russie plus de Lopoukhof qu'on ne croit. Certes, ce n'est pas lui qui, comme le Basarof de Tourguénef, s'éprendrait d'une aristocrate jusqu'à en mourir ; il est cuirassé contre l'amour, et cuirassé du raisonnement le plus victorieux que je connaisse : « Je n'ai jamais, dit-il, rencontré de femme qui n'eût au fond du cœur le regret d'être femme et le désir d'être homme, comme les pauvres ont le désir d'être riches. Or qui peut se plaire à voir les pauvres? Et qui pourrait, par conséquent se plaire à voir les femmes? » Il ne jette donc sur Véra qu'un regard indifférent, dédaigneux, à peine compatissant, quand il a fait connaissance du triste fiancé. Véra, de son côté, semble ne pas l'apercevoir.

C'est le babil indiscret du jeune Fédia qui rompt la glace : « Et je lui ai dit, ma bonne sœur, que vous êtes une beauté chez nous, et lui m'a répondu : — Qu'est-ce que ça me fait ? — Et moi, ma bonne sœur, je lui ai dit : — Mais tout le monde aime les beautés. — Et il a repris : — Tous les imbéciles les aiment. — Et moi j'ai dit : — Et vous, est-ce que vous ne les aimez pas? — Et il m'a répondu : — Je n'ai pas le temps. — Et moi je lui ai dit, ma bonne sœur : — Ainsi vous ne voulez pas faire la connaissance de Vérotchka? — J'ai beaucoup de connaissances sans elle, m'a-t-il répondu. »

Il y arrive pourtant, le philosophe; il découvre dans la jeune fille une victime de la tyrannie maternelle, il fait vœu de la délivrer, il en cherche avec elle un moyen. Véra sait chanter, ne pourrait-on pas en faire une actrice? Elle sait le français et l'allemand, — Lopoukhof d'ailleurs a complété ce qu'elle avait d'instruction en lui donnant à lire *l'Essence de la religion*, de Feuerbach, et la *Destinée sociale*, de Victor Considérant; — ne pourrait-on pas lui trouver une place d'institutrice ou de gouvernante? Ils parlent d'ailleurs de ces projets si froidement, leur entretien est si glacial, et l'un l'autre ils se reprennent avec une ironie si méprisante toutes les fois que leur conversation menace de s'égarer au delà des considérations d'intérêt, qu'ils déjouent la perspicacité de Maria Alexievna elle-même. « Quel jeune homme sage, positif, noble, dirais-je! Quelles règles prudentes il inspire à Véra! »

Tout habile qu'il soit, les démarches de Lopoukhof ne réussissent à rien. C'est un obstacle aujourd'hui, demain c'en est un autre. Véra se sent défaillir; pour se soustraire au mariage qui la menace, elle ne voit plus que le suicide; elle va « s'aphyxier, » comme dit le traducteur, « à la manière des jeunes filles de Paris, » quand Lopoukhof tout à coup se révèle comme un sauveur, et, poussant le dévouement jusqu'au bout, lui propose de l'enlever et de l'épouser. Ici se place la déclaration la plus étrange et la scène d'amour la plus extraordinaire : Véra faisant ses conditions, stipulant « une chambre neutre, » réservant son indépendance, et Lopoukhof se demandant : « Comment ferai-je pour éteindre en elle ce sentiment nuisible de la reconnaissance qui lui serait à charge? » — Vous calculez de bien loin, ô Lopoukhof; vos scrupules font voir trop de délicatesse; laissez faire au temps, et vous serez étonné vous-même avec quelle facilité votre élève rejettera ce fardeau de reconnaissance.

Ils se marient donc, et commencent à vivre ensemble, à la manière de « deux familles qui prendraient par économie un appartement commun. » Le lecteur se souviendra peut-être qu'il a vu l'hiver dernier cette même situation sur la scène, et dans le cocher des *Danichef* un fort bon modèle de ce genre de renoncement, où nous serons bientôt tentés de reconnaître un trait du caractère russe. Lopoukhof donne des leçons et tient des écritures; Véra, de son côté, monte une espèce d'atelier coopératif de couture et de modes; et tout enfin irait au mieux dans le meilleur des mondes, si Kirsanof n'apparaissait.

Kirsanof est un second Lopoukhof. « Les uns trouvaient que celui-ci était le plus beau, les autres que c'était celui-là. » Lopoukhof avait un nez grec et Kirsanof un nez aquilin, Lopoukhof avait des yeux bruns, Kirsanof avait des yeux bleus, mais, ces yeux et ce nez mis à part, l'un et l'autre étaient le portrait également ressemblant des hommes de l'avenir.

Pourquoi donc Véra s'éprend-elle tout à coup de Kirsanof comme s'il y avait quelque chose en lui qui ne fût en Lopoukhof? Le romancier n'a pas assez éclairci le mystère. Toujours est-il que bientôt, après quelques visites, l'astre de Lopoukhof pâlit. Véra résiste, elle essaie d'échapper à la domination du sentiment nouveau qui l'envahit, elle demande secours, pour la première fois, par une inspiration monstrueuse, à l'amour de son mari. Elle cède enfin, et part en laissant derrière elle une lettre ainsi conçue : « Mon cher ami, je ne me suis jamais sentie si fortement attachée à toi qu'en ce moment; si je pouvais mourir pour toi ! Oh! que je serais heureuse de mourir pour toi ! Mais je ne puis vivre sans lui. Je t'offense, je te tue, mon cher ami ; je ne le voudrais pas, mais j'agis malgré moi ! Pardonne-moi ! pardonne-moi ! »

Ne nous récrions pas ! les duchesses de Balzac ont écrit de ce style. Quant à Lopoukhof, s'il prêche la brebis égarée, ce n'est pas espérance de la ramener au bercail ; il ne veut que constater qu'elle ne se trompe pas une seconde fois sur la sincérité du sentiment qui l'entraîne ; et, ce dernier devoir accompli, prétextant un voyage, il va se brûler la cervelle sur un pont de Moscou. *Que faire?* Nous avons la moitié de la réponse : il faut se brûler la cervelle.

On pourrait croire ici le roman terminé; on peut mettre du moins un signet au volume; c'est maintenant la thèse qui commence. Non pas déjà que le long récit de ces très simples événements ne soit entrecoupé de longues digressions, dissertations, et déclamations nihilistes. Car « M. Tchernychefsky, selon son traducteur, n'est pas de ceux qui écrivent simplement pour le plaisir de noircir du papier. » On peut dire au moins que, dans cette première partie, si l'on tient compte, et de l'intention, et des circonstances, et de la malheureuse habitude aussi que nous avons contractée de voir la thèse et le philosophisme s'étaler à l'aise dans le roman comme dans leur domaine d'élection, il y a lieu de signaler quelques qualités toutes russes, particulièrement remarquables, à ce titre, dans une littérature qui d'ailleurs est toute d'emprunt.

« La gloire, disait un jour M. de Balzac, à qui en parlez-vous? Je l'ai connue, je l'ai vue! Je voyageais en Russie avec quelques amis. La nuit vient, nous allons demander l'hospitalité à un château. A notre arrivée, la châtelaine et ses dames de compagnie s'empressent; une de ces dernières quitte un moment le salon pour aller nous chercher des rafraîchissements. Cependant la conversation s'engage, et celle de ces dames qui était

sortie rentre ; elle entend tout d'abord ces paroles :
« Eh bien, monsieur de Balzac, vous pensez donc ?.. »
De surprise et de joie elle fait un mouvement, elle
laisse tomber le plateau de ses mains, et tout se
brise. » Si l'aventure n'est pas vraie, elle mériterait de
l'être. En effet, à ce que conte la renommée, tous
les défauts que nous reprochons à Balzac étaient
devenus là-bas autant de qualités. Encore aujourd'hui,
il paraît qu'en Russie le romancier français à la
mode est l'héritier de la pire manière de Balzac,
M. Émile Zola ; on le traduit en russe ; et si l'on
traduisait dans notre langue les romans de M. Glèbe
Ouspensky, par exemple, des gens bien informés
assurent que la ressemblance serait frappante.

Contentons-nous de M. Tchernychefsky. C'est la
même prétention d'analyse, la même précision du
détail, si repoussant qu'il puisse être, la même
vigueur brutale de trait, le même relief, la même
lumière crue. Le portrait de Maria Alexievna ne
déparerait pas la galerie des *Rougon-Macquart*.
Mais en plus, chez les réalistes russes, vous retrou-
verez cette saveur étrange de mysticisme, si pro-
noncée déjà chez Balzac. Comptez qu'il n'y a pas
moins de quatre songes dans le roman de M. Tchernychefsky, quatre songes ! et Véra, la femme éman-
cipée, « l'une des premières femmes dont la vie
se soit arrangée, » ne prend de résolution qu'à la
suite d'un songe ! C'est après un songe qu'elle quitte
la maison paternelle, après un songe qu'elle devient

la femme de son mari... grâces soient rendues au traducteur d'avoir supprimé le quatrième songe ! Mais, par la plus singulière contradiction, serait-ce donc décidément, en tout pays, le sort du réalisme que de tourner au mysticisme ? Il est vrai que le mysticisme, de tout temps, a si facilement tourné lui-même au réalisme !

Deux choses, toutefois (sans parler de la forme dont nous ne saurions être juges), relèvent le réalisme russe. Il est sincère d'abord, il est ce qu'on appelle *vécu* : on sent que le roman a copié le vif, et que la fable n'en est inventée que pour servir de cadre aux types qui s'y meuvent. En second lieu : l'ironie, l'ironie méprisante que les Russes manient comme personne, une forme de l'ironie qui ne ressemble ni à l'*humour* anglais, ni surtout à la raillerie française. Ce qu'elle a de caractéristique, c'est une persistance à ramener tous les actes de l'humaine nature à quelque motif d'intérêt odieux ou ridicule; c'est aussi l'aisance hautaine et familière avec laquelle elle se soutient pendant des pages entières, un chapitre, quelquefois un volume.

Bien des raisons sans doute ont dû favoriser en Russie ce penchant naturel ; entre les plus puissantes, sous un gouvernement longtemps et cruellement despotique, la nécessité de se contraindre et d'envelopper la pensée d'une obscurité calculée ; mais plus puissante encore peut-être, dans une société fondée sur le *tchine*, où c'est un proverbe usuel que de souhaiter à quelqu'un la santé et le grade de général, la sourde irritation et le secret orgueil d'hommes qui se sentent supérieurs à la situation où le hasard d'une hiérarchie de titres administratifs les a fait naître, et les enchaîne. Sous les dehors d'une bienveillance et d'une affabilité qui ne sont, en somme, rien de plus que le signe des éducations aristocratiques, l'orgueil moscovite se cache, plus âpre et plus entier que l'orgueil anglais lui-même.

A ce point de vue, peu de documents sont plus curieux que le roman de M. Tchernychefsky. L'auteur avait débuté dans la littérature par une sorte de manifeste réaliste sur les *Rapports esthétiques de l'art et de la réalité*. Vous diriez, à l'entendre parler, le dernier mot de la critique. « Pour ce qui est, dit-il au lecteur, pour ce qui est des ouvrages célèbres de tes auteurs de prédilection, tu peux, pour l'exécution, mettre ce roman à leur niveau, tu peux même le placer au-dessus, car il y a ici plus d'art que dans les ouvrages précités, tu peux en être sûr. » Ce n'est encore là qu'un simple avis au public; le ton s'élève et devient plus méprisant quand l'auteur consent à faire connaître au lecteur ignorant la suprême exigence de l'art;... mais ceci nous ramène au roman.

Lopoukhof et Véra nous paraissent déjà des personnages assez bizarres, pour ne pas dire extraordinaires. Erreur! l'auteur a rencontré des Lopoukhof et des Véra par « centaines. » Il les considère comme des gens ordinaires, eux-mêmes se considèrent comme tels, et nous allons promptement nous apercevoir, à notre tour, qu'en effet, ils ont raison. Le voilà, ce grand secret, la voilà, cette découverte surprenante : introduisons dans l'intrigue, — d'ailleurs sans qu'il ait aucun motif d'y faire figure, — un troisième personnage, celui-là vraiment extraordinaire, et mesurons les autres à sa taille !

Je l'appelle Rakhmétof, et il représente l'idéal non plus de l'homme seulement, mais du nihiliste de l'avenir. « Puisque nous demandons que les hommes jouissent complètement de la vie, nous devons prouver par notre exemple que nous le demandons, non pas pour satisfaire nos passions personnelles, mais pour l'homme en général. » Sans doute ce raisonnement n'est point si sot : mais Rakhmétof en tire de singulières conséquences. « Lorsqu'on servait des fruits, il mangeait des pommes, parce que la plèbe en mange, il ne mangeait jamais d'abricots, parce que la plèbe n'en mange pas... il mangeait des oranges à Saint-Pétersbourg, en province jamais, parce qu'à Saint-Pétersbourg la plèbe en mange, ce qui n'a pas lieu en province. » De temps en temps il remonte le Volga, tirant la corde le long des chemins de halage, « parce que la force est un moyen de se faire estimer de la plèbe. » Il n'emploie guère à ses affaires qu'une petite part de son temps ; le reste est pour s'ingérer des affaires des autres, pour imposer sa connaissance aux gens qui ne la souhaitent pas, ou même qui la repoussent. Il passe la nuit sur un feutre garni de « petits clous qui ressortaient d'un pouce de longueur. » Est-ce bien le nihiliste de l'avenir, ce Rakhmétof? ou si ce n'est pas plutôt quelque ascète et quelque extatique des siècles depuis longtemps passés? Le mysticisme reparaît toujours, toujours remonte à la surface, et décidément le nihilisme est bien moins une doctrine qu'une secte.

On imagine aisément qu'un tel homme, chargé d'adoucir à Véra la nouvelle du suicide et de la mort de Lopoukhof, ne saurait manquer d'excellentes raisons pour lui prouver que tout remords serait une sottise, et toute résolution extrême, comme de renoncer à Kirsanof, une erreur de jugement. Le conseil est pour plaire; Véra n'hésite pas davantage; elle épouse Kirsanof. Elle recommence encore une fois la vie, et tandis que Kirsanof, médecin-professeur, presque célèbre déjà, continue de soigner les malades et d'accroître sa réputation naissante, sa femme fonde un atelier, deux ateliers, trois ateliers de couture, et tient boutique sur la perspective Nevsky, à l'enseigne du *Bon-Travail, Magasin de nouveautés*. Quand elle a des loisirs, elle rejoint Kirsanof à l'hôpital, et, sous la direction conjugale, étudie passionnément la médecine.

Mais voici bien une autre affaire! Lopoukhof n'est

pas mort, et si l'on a retrouvé dans la rivière sa casquette percée d'une balle, ce n'était qu'un ingénieux artifice, un moyen délicat de tourner la loi russe, qui ne permet le divorce que dans des cas bien rares, à prix d'or, et que par conséquent le ménage Lopoukhof, trop pauvre, aurait vainement suppliée de briser les liens qui l'unissaient. Lopoukhof a quitté la Russie ; d'Allemagne en Amérique, d'Amérique en Angleterre, il a parcouru le monde; puis, quelques années écoulées, il est revenu à Saint-Pétersbourg, sous le nom de Charles Beaumont, pour y traiter, comme représentant d'une maison anglaise, de l'achat d'une fabrique.

Autre type curieux de traitant russe que le directeur de cette fabrique ! Sous-capitaine de cavalerie démissionnaire, Polosof a si bien trafiqué de quelques roubles qu'il avait, qu'il est maintenant trois ou quatre fois millionnaire. Gonflé de son importance, fournisseur du gouvernement, cet habile homme a commis un jour la maladresse de ne pas plier à temps devant un personnage en place. Depuis lors ses « fournitures de vivres et de crépins » ont été systématiquement mises au rebut, tantôt sous un prétexte et tantôt sous un autre, aujourd'hui parce qu'on avait constaté dans ses cuirs de bottes « quelques négligences, » et le lendemain, parce que dans ses légumes secs on reconnaissait de « mauvaises intentions. » Les jours pénibles sont venus, et des débris de sa splendeur il n'a conservé qu'une fabrique de stéarine, dont il est le directeur, et le principal intéressé. Comme l'affaire soulève des difficultés nombreuses et délicates, Lopoukhof ou Charles Beaumont, obligé d'entrer en relations quotidiennes, intimes bientôt, avec son vendeur, fait chez lui la connaissance de mademoiselle Polosof. On devine la conclusion : Lopoukhof épouse mademoiselle Polosof. Il y a un épilogue. Puisqu'il est maintenant remarié, Lopoukhof n'a plus de motifs de ne pas renouer les relations d'autrefois avec son ami Kirsanof. Il confie son désir à sa nouvelle épouse, et c'est elle qui se charge d'aller annoncer à Véra la grande nouvelle : « Lopoukhof est ressuscité ! » Le ménage Kirsanof ne se sent pas de joie, tout est bien qui finit bien, on fera désormais tous ensemble vie commune, on habitera le même appartement, il y aura, comme toujours, des « chambres neutres » et des « chambres non neutres. » *Que faire ?* disait le titre du roman ; voilà, nous apprend le traducteur, la solution qu'a trouvée la « nouvelle société russe. » En tout cas, solution bien étrange, plus qu'étrange en vérité, si l'on considère quel soin méticuleux a pris l'auteur d'accumuler toutes les circonstances qui pouvaient ajouter au cynisme de ses personnages et à l'odieux de leur situation : Kirsanof, l'unique ami de Lopoukhof ; Véra, tirée par Lopoukhof de la plus honteuse famille, et sauvée du plus triste mariage ; Lopoukhof, dévoué jusqu'au sacrifice; et cet accord à quatre qui termine le roman.

Et maintenant remarquez bien que l'auteur, M. Tchernychefsky, n'est qu'à peine un romancier. Je ne veux pas dire seulement par là qu'à peine de loin en loin rencontre-t-on dans son livre quelque ombre des qualités du romancier, mais je voudrais avertir le lecteur que c'est ici l'œuvre d'un économiste. Le grand ouvrage de M. Tchernychefsky, celui qui le plaça naguère à la tête du parti de l'avenir en Russie, ce n'est pas un roman, c'est l'*Économie politique jugée par la science*, critique et réfutation des *Principes d'économie politique* de Stuart Mill. Le roman n'a été pour lui qu'un moyen, qu'une tentative pour convertir à ses idées économiques et sociales un plus grand nombre d'adeptes, pour mettre la bonne nouvelle à la portée d'un public plus vaste, et c'est là le grand intérêt d'une rapsodie que comme œuvre d'art le lecteur est à même de juger.

Que ce roman, mal conçu, mal exécuté, ait eu d'ailleurs un succès éclatant en Russie, il ne nous importe guère; et ce n'est pas affaire à la critique d'accepter et de discuter le succès par cela seul qu'il est le succès. Ce n'est pas tout que de réussir et il faut encore mériter son succès. Mais enfin, tel quel, ce récit étrange a passé, passe encore pour une sorte d'évangile du nihilisme russe. Et s'il était nécessaire d'excuser la longue analyse que nous avons essayé d'en faire, il nous suffirait de rappeler que, dans un récent et substantiel ouvrage, l'un des hommes d'Allemagne qui connaissent le mieux, le plus intimement, la Russie contemporaine, et qui la connaissent d'original, n'a pas consacré moins de vingt pages à l'exposition des idées de M. Tchernychefsky [1]. C'est plus de place qu'il n'a donné, plus d'honneur qu'il n'a fait à aucun autre écrivain de la Russie moderne.

Est-ce à dire que vraiment le *nihilisme* ait tant d'importance en Russie, que le nombre de ses prosélytes y soit considérable, et que la diffusion enfin de semblables doctrines y doive inspirer une telle crainte, ou du moins une telle préoccupation de l'avenir? Oui et non : il faut distinguer.

Dans nos sociétés occidentales, il serait permis de ne pas accorder plus d'attention au *nihilisme* que nous n'en accordons au *fouriérisme* par exemple. Non pas, bien entendu, qu'à tel moment donné, si les circonstances et la mauvaise fortune y prêtent, de dangereux esprits ne puissent essayer de faire passer ces théories dans la pratique, mais parce qu'en somme, chez nous, les habitudes historiques et le tempérament national nous empêcheront toujours de souscrire cette abdication de la personne, qui serait, dans les écoles communistes, le premier pas vers la sagesse.

1. Cœlestin. *Russland seit Aufhebung der Leibeigenschaft*, Laybach, 1875,

Sans doute, comme ces théories, sous un voile de générosité, ne s'adressent en fait qu'aux plus grossiers appétits de la nature humaine, elles exercent, et elles exerceront longtemps une puissance de séduction singulière sur ces natures brutales dont le fonds est une inépuisable avidité de jouir; mais, au premier essai d'application, elles succombent et se condamnent elles-mêmes, parce qu'en échange d'un leurre de volupté, la première loi qu'elles imposent au misérable qu'elles ont tenté, se trouve être la seule chose dont il soit incapable : le renoncement à soi-même. On le voit bien, quand on repasse en esprit l'histoire des sectes américaines, celle des Mormons entre toutes, dont le nombre semble aller diminuant de jour en jour, pauvres gens qui, cédant à l'appât du rien faire et de la polygamie, gémissent sous un joug si pesant, que tous les observateurs s'accordent à reconnaître que la mort de Brigham Young sera le signal de la dissolution de la communauté. Ajoutez, comme un autre symptôme la répulsion presque universelle que ces sectes inspirent, et refaites sur la carte les étapes de leur exode, pour vous convaincre qu'elles ne doivent guère d'exister encore qu'à l'immensité des territoires américains.

Il n'en est pas de même en Russie.

Là, quatre siècles d'esclavage ont façonné quelque quarante millions de serfs à l'abdication du vouloir, et d'ici longtemps encore n'offrent d'objet à leurs désirs que la satisfaction des appétits matériels. De plus, on dirait qu'il y a dans la nature du paysan russe un fonds indestructible de communisme ; et ainsi, tandis que les aberrations du communisme occidental sont en quelque manière du domaine du rêve et de l'imagination pure ; au contraire, dans les déclamations du *nihilisme* russe, on est tenté de voir la formule quasi scientifique des aspirations traditionnelles d'une race. Et le mal qu'on peut qualifier ici d'insignifiant est peut-être en Russie très grave.

Évidemment nous ne saurions avoir la prétention de résoudre de semblables problèmes, mais ne semble-t-il pas que Montesquieu soupçonnât quelque chose de ces questions, auxquelles est suspendu l'avenir de la Russie, quand il laissait tomber ce mot terrible : « Voyez, je vous prie, avec quelle industrie le gouvernement moscovite cherche à sortir du despotisme, qui lui est plus pesant qu'aux peuples mêmes. On a cassé les grands corps de troupes, on a diminué les peines des crimes, on a établi des tribunaux, on a commencé à connaître les lois, on a instruit les peuples ; *mais il y a des causes particulières qui le ramèneront peut-être au malheur qu'il voulait fuir.* »

15 octobre 1876.

L'ÉRUDITION DANS LE ROMAN

Ce n'est peut-être pas toujours, dans les lettres, non plus qu'ailleurs, une si bonne fortune que de débuter bruyamment, avec éclat, fracas, demi-scandale, et s'imposer d'abord, de haute lutte, à l'attention publique. M. Flaubert en est un remarquable exemple.

Voilà tantôt vingt ans que M. Flaubert a soulevé la plus vive mêlée de discussions autour de *Madame Bovary* ; depuis lors, c'est vainement qu'il a transporté ses lecteurs des herbages de la Normandie jusque sur les ruines de Carthage, qu'il les a ramenés de Carthage à Paris, et de Paris remmenés aux déserts de la Thébaïde ; ils l'ont suivi, mais, pour eux comme pour tout le monde, il est resté l'auteur de *Madame Bovary*. Rien n'y a fait : ni *Salammbô*, ni *l'Éducation sentimentale*, — et, quant à ce malheureux essai dramatique du *Candidat*, comme aussi pour cette composition bizarre, ennuyeuse, informe, de la *Tentation de saint Antoine*, ce qu'on en peut dire de moins sévère, c'est qu'il est étonnant que l'éclat de leur insuccès n'ait pas fait seulement pâlir la renommée de *Madame Bovary*. Oui vraiment! si les pères pouvaient être jaloux de leurs enfants, de la figure qu'ils font dans le monde, mais surtout si l'on ne gardait pas un souvenir à toujours flatteur des premiers murmures de la popularité naissante, nous croirions volontiers que M. Flaubert se fût plus d'une fois voulu mal d'avoir débuté par *Madame Bovary*.

Voyez en effet la différence, retournez la chronologie des œuvres; supposez que M. Flaubert eût commencé par *la Tentation de saint Antoine*, et continué par *Salammbô*. Sans doute, sur la singularité de l'une et l'autre tentative, ce n'était qu'un seul cri; ce n'était aussi qu'un accord sur la rare puissance d'imaginer et de peindre dont elles portaient l'éloquent témoignage.

Là-dessus, éclairé par la critique, averti de son originalité vraie, l'auteur s'avisait un jour qu'il faisait fausse route. En effet, ce n'est pas la peine de savoir calquer la réalité comme à la vitre, et de s'être étudié laborieusement à fixer d'un mot les moindres apparences des choses, les plus fugitives et les plus ondoyantes, si l'on n'applique enfin ce curieux talent qu'à décrire les jardins imaginaires d'Hamilcar et le temple conjectural de Tanit ou de

Baal-Eschmoûn. Ou plutôt n'est-ce pas bénévolement compromettre le profit littéraire de tant de travail et de persévérance obstinée, que d'ôter au public les moyens de vérifier, comme au doigt et à l'œil, l'exactitude et la minutie de l'imitation? Un peintre, s'il est capable de reproduire au vif quelque intérieur parisien ou normand, ne saurait s'attarder longtemps à représenter sur la toile des intérieurs étrusques ou carthaginois. M. Flaubert brisa donc avec l'érudition et l'archéologie : c'est alors qu'il essaya du théâtre, et ce fut sa dernière erreur.

Le roman moderne, le roman de mœurs contemporaines était là, mal remis de la perte de Balzac, « tirant l'aile et traînant le pied ; » M. Flaubert s'en empara et nous donna *l'Éducation sentimentale*. A la vérité, bien des défauts encore, — les longueurs du récit, l'abondance excessive de la description, l'insignifiance des personnages, la vulgarité des aventures, la lenteur de l'intrigue, péniblement nouée, plus péniblement dénouée, — choquaient, et nuisaient surtout à cet intérêt de curiosité que nous cherchons toujours un peu dans le roman, et que nous avons raison d'y chercher. Évidemment, il restait à faire un dernier effort : M. Flaubert n'hésita pas, et le fit. Il ne craignit pas de s'exiler en province ; il fut du comice agricole, il entendit jouer *Lucie de Lammermoor* sur le théâtre de Rouen, il vit, de ses yeux, cette belle tête phrénologique à comparti-

il pratiqua le pharmacien Homais, son laboratoire et son capharnaüm, sa fille Athalie, son fils Napoléon ; il fréquenta chez Tuvache, le maire, chez Binet, le percepteur, chez Bournisien, le curé, chez Guillaumin, le notaire ; et de la peinture de ce monde pesamment bourgeois il tira son chef-d'œuvre, et le chef-d'œuvre peut-être du roman réaliste. Car on peut discuter le genre, on peut lui contester ses titres, on peut n'y reconnaître qu'une descendance illégitime ou une forme inférieure de l'art ; on ne saurait nier ni la valeur de l'artiste, ni l'importance de l'œuvre, ni l'influence qu'elle exerce toujours sur le roman contemporain.

Oui ! c'est bien ainsi qu'il semble, — à distance, — que les romans de M. Flaubert eussent dû se succéder, dans un bel ordre, chaque effort nouveau marquant un nouveau progrès de l'auteur vers la perfection de son genre, et chaque œuvre nouvelle offrant à la critique une occasion nouvelle de louer, de motiver ses éloges, d'y ajouter un éloge nouveau. Mais la logique ne gouverne pas les hommes comme elle fait les idées ; au contraire, c'est plaisir pour l'imagination que de mettre en défaut les plus beaux raisonnements du monde ; et voilà pourquoi les trois nouvelles, ou les trois *Contes,* que vient de publier M. Flaubert : *un Cœur simple, Hérodias,* la *Légende de saint Julien l'Hospitalier*, sont certainement ce qu'il avait encore exécuté de plus faible.

Ce n'est pas, à la vérité, parce que le cadre est plus étroit. Avouons pourtant qu'il y a quelque surprise, dont on se défend mal, à voir un écrivain finir par où les autres commencent, ayant jadis commencé par où les autres finissent. Mais enfin, les dimensions, non plus que le temps, ne font rien à l'affaire. Que M. Flaubert, autrefois, n'ait pas consacré moins de sept ans à préparer *Salammbô*, certes, c'était une querelle d'Allemand, s'il en fut, que de lui tourner ce scrupule de perfection en reproche, et nous prêterions guère moins à rire que jadis l'excellent M. Fröhner, si nous allions nous étonner, par exemple, qu'*Hérodias* ne remplît pas autant de pages que *Salammbô*. Car il n'eût tenu qu'à l'auteur d'étendre les proportions de ses contes jusqu'au cadre du roman, puisqu'il avait depuis longtemps prouvé qu'il en était capable, et c'est un talent si rare de nos jours, une ambition si peu commune, de vouloir et de savoir faire court, qu'il faudrait plutôt remercier M. Flaubert, chef d'école, pour l'exemple et la leçon qu'il donne. C'est bien assez que, dans le temps où nous sommes, la sobriété ait cessé d'être une vertu littéraire : n'en faisons pas un défaut.

Ce n'est pas non plus que les qualités ordinaires de M. Flaubert soient moindres dans ces trois

contes, ou ses défauts accoutumés plus choquants.
Peut-être toutefois, comme on dirait que, dans ces
récits de courte haleine, M. Flaubert se fût interdit
absolument de mettre un soupçon d'intérêt dramatique ou romanesque, défauts et qualités tranchent-
ils avec plus de vigueur ; mais, en somme, il entre
dans le talent de M. Flaubert trop de volonté, trop
de parti-pris, et trop d'artifice, pour qu'il se rencontre dans ses œuvres de ces brusques inégalités,
de ces hauts où n'atteignent, et de ces bas où ne
tombent que les esprits divers, mobiles, plus capables « *d'être agis* » que d'agir, et de recevoir l'impression des choses que d'imposer aux choses leur
façon de les voir.

On retrouvera donc dans *un Cœur simple* ce même
accent d'irritation sourde contre la bêtise humaine
et les vertus bourgeoises; ce même et profond mépris du romancier pour ses personnages et pour
l'homme; cette même dérision, cette même rudesse,
et cette même brutalité comique dont les boutades
soulèvent parfois un rire plus triste que les larmes,
— comme dans *Hérodias* on retrouvera cet étalage
d'érudition, ce déploiement de magnificence orien-
tale, ces couleurs aveuglantes, ces lourds parfums
asiatiques, et ces provocations de la chair qui sont,
s'il était permis de joindre les deux expressions,
la poésie du réalisme. Dans la forme, ai-je besoin
de dire que c'est toujours la même habileté d'exécution, — trop vantée d'ailleurs ; — le même scru-

pule, ou plutôt la même religion d'artiste, mais aussi la même préoccupation de l'effet, — trop peu dissimulée ; — la même tension du style, pénible, fatigante, importune, les mêmes procédés obstinément matérialistes ?

Les lecteurs de M. Flaubert n'auront pas de peine à reconnaître, dans *un Cœur simple*, les longues énumérations descriptives : « Au matin, la ville se remplissait d'un bourdonnement de voix, où se mêlaient des hennissements de chevaux, des bêlements d'agneaux, des grognements de cochons ; » dans *la Légende de saint Julien l'Hospitalier*, ces litanies interminables de noms et de costumes : « Il combattit des Scandinaves recouverts d'écailles de poissons, des nègres munis de rondaches en cuir d'hippopotame, des Indiens couleur d'or..., les Troglodytes et les anthropophages ; » dans *Hérodias* enfin ces comparaisons multipliées : « Elle dansa, comme les prêtresses des Indes, comme les Nubiennes des Cataractes, comme les bacchantes de Lydie. » S'ils cherchent bien, ils y reconnaîtront encore ces effets d'harmonie imitative : « Ses sabots, comme des marteaux, battaient l'herbe de la prairie, » qualifiés, comme on le sait, de vaine et puérile affectation chez les écrivains du temps jadis; admirables, à ce qu'il paraît, dans la prose de M. Flaubert !

C'est que dans l'école moderne, quand on a pris une fois le parti d'admirer, l'admiration ne se divise pas, et l'on a contracté du même coup l'engagement de trouver tout admirable. Il est donc loisible, il est même éloquent à M. Flaubert d'appeler Vitellius « cette fleur des fanges de Caprée. » Quels rires cependant, si c'était dans Thomas que l'on découvrit cette étonnante périphrase, et comme on aurait raison !

Maintenant, rien de tout cela ne nous est étranger : nous retrouvons M. Flaubert, c'est vrai, mais nous le retrouvons tel que nous le connaissions de longue date, et c'est précisément, c'est surtout de quoi nous nous plaignons.

Certes, si ces trois *Contes*, après tout, ne nous rappelaient qu'une manière d'artiste et des procédés de composition connus, bien loin qu'il y eût là prétexte seulement à critique, au contraire il y faudrait louer une vigoureuse organisation qui, du premier effort ayant donné toute sa mesure, persiste résolûment dans ses qualités et dans ses défauts, parce que ses défauts eux-mêmes sont une part, — et quelquefois la meilleure part, — de son originalité. Malheureusement, ce n'est pas une manière, ce sont des paysages, des scènes entières, des visages connus qu'ils nous rappellent, ces trois *Contes !* les mêmes dessins sur les mêmes fonds, les mêmes tableaux dans les mêmes cadres; et ceci, c'est la marque d'une invention qui tarit. Comme un peintre qui, s'avisant un jour de mettre de l'ordre dans ses portefeuilles, y reprendrait les esquisses, les ébauches, les études dont il s'est autrefois servi pour la préparation d'une grande toile, on dirait que M. Flaubert, ayant retrouvé les croquis, les notes, les fragments qu'il avait jadis rassemblés pour composer *Salammbô* et *Madame Bovary*, n'a pas voulu les perdre, et s'est contenté d'y donner la dernière main pour en former ce mince volume.

Voici, par exemple, *un Cœur simple*. C'est l'histoire d'une pauvre fille dont les qualités domestiques sont la fortune de madame Aubain, sa maîtresse, et font le désespoir de « ces dames » de Pont-l'Évêque. « Félicité, comme une autre, avait eu son histoire d'amour, » qui s'était dénouée par une trahison, Théodore (car il n'est pas jusqu'aux noms qui ne soient les mêmes), l'ayant abandonnée « pour épouser une vieille femme très riche, madame Lehoussais, de Toucques. » Vous reconnaissez cette vieille femme très riche, elle s'appelait jadis madame Dubuc, et ce fut la première femme de Charles Bovary. C'est à la suite de cette aventure que Félicité est entrée chez madame Aubain.

Travaillée d'un besoin machinal d'affection et de dévouement, — je dis *machinal*, mais M. Flaubert écrit *bestial*, — Félicité met aussitôt sa tendresse en Virginie, la fille de la maison, et quand le couvent la lui enlève, c'est un neveu, découvert par hasard à Trouville, qui remplace à demi l'absente dans son cœur. On demandera pourquoi Trouville? La réponse est aisée. Parce qu'il manquait à la galerie de M. Flaubert quelques marines, un retour de pêche, une marée basse, « des oursins, des godefiches et des méduses. » L'enfant grandit, il s'éloigne à son tour; le mousse devient marin; et chacun de ses voyages renouvelle au cœur de Félicité de terribles angoisses. Quand il meurt en lointain pays, je conviens, si l'on veut, que c'est de main de maître que M. Flaubert nous peint en quelques lignes la douleur de la pauvre tante, mais pourquoi faut-il que le paysage où le désespoir de Félicité s'encadre nous soit si familier ? « Les prairies étaient vides, le vent agitait la rivière, au fond, de grandes herbes s'y penchaient comme des chevelures de cadavres flottant dans l'eau. » Mêmes images et mêmes mots que dans *Madame Bovary* : « La rivière coulait sans bruit..., de grandes herbes minces s'y courbaient ensemble comme des chevelures vertes abandonnées, s'étalaient dans sa limpidité. »

La petite Virginie disparaît, emportée par une fluxion de poitrine, et, dans la maison vide d'enfants, il ne reste plus que la servante et la maîtresse unies d'une même douleur. Il y a ici dans le conte de M. Flaubert un mouvement d'émotion vraie; signalons-le; dans six volumes, c'est le premier, c'est le seul qu'on rencontre : « Un jour d'été, en inspectant les petites affaires de Virginie, elles retrouvèrent un petit chapeau de peluche, à longs poils, couleur marron... Félicité le réclama pour elle-même. *Leurs yeux se fixèrent l'une sur l'autre et s'emplirent de larmes*; enfin la maîtresse ouvrit les bras, la servante s'y jeta, et elles s'étreignirent, satisfaisant leur douleur dans un baiser qui les égalisait. » Hélas! dans ces quelques lignes, de peur que nous soyons émus de son émotion, M. Flaubert n'a-t-il pas trouvé le moyen, à l'endroit où je mets trois points, de nous apprendre « que le chapeau était tout **rongé de vermine?** »

D'ailleurs, comme toujours, le récit va tourner à la charge. Félicité, pour satisfaire son besoin de dévouement, donne à boire aux soldats qui traversent la ville, elle soigne les cholériques, elle « protège les Polonais, » elle panse le père Colmiche, « un vieillard passant pour avoir fait des horreurs en 93, » jusqu'au jour où cette grande ardeur d'aimer se concentre enfin tout entière sur un perroquet qu'on lui donne. Dans une nouvelle de quatre-vingt-huit pages, les aventures du perroquet n'en occupent pas moins d'une douzaine, depuis son entrée dans la maison jusqu'à sa mort et son empaillement. C'était bien peu! Aussi tient-il encore plus de place empaillé que vivant. « Les vers le dévorent, une de ses ailes se casse, l'étoupe lui sort du ventre; » il n'en demeure pas moins la dernière affection de Félicité. Elle trouve à ce corps d'émeraude, soutenu d'ailes de pourpre, une vague ressemblance avec l'image du Saint-Esprit. Sa der-

4

nière pensée de vieille fille est pour « Loulou, » et quand elle expire, par un beau jour d'été, un jour de procession, humant sur son lit de mort les parfums de l'encens avec « une sensualité mystique, » elle croit voir « dans les cieux entr'ouverts un gigantesque perroquet planant au-dessus de sa tête ». C'est sur ce mot que finit *un Cœur simple* : des trois nouvelles, c'est de beaucoup la meilleure.

La Légende de Saint Julien l'Hospitalier nous transporte au moyen âge. Elle mérite bien, elle aussi, d'être analysée tout au long. Au fait, il manquait un vitrail à la collection réaliste; quelque chose de très laid et de très gothique.

Dans un vieux château, sur la pente d'une colline, habitent le père et la mère de Julien. A force de prier Dieu, un fils leur est venu, que de mystérieuses prédictions ont promis à de hautes et glorieuses destinées. Sa mère l'élève donc dans la crainte du Seigneur, et son père dans le métier des armes, chacun nourrissant l'espoir intérieur de voir un jour l'enfant archevêque ou capitaine. Or, Julien a le goût du sang; sa première victime est une souris blanche, puis ce sont les oisillons du jardin, et les pigeons du colombier. En grandissant, il devient chasseur; il apprend à reconnaître « le cerf à ses fumées, le renard à ses empreintes, le loup à ses déchaussures; » plaisirs faciles d'ailleurs, qui ne lui suffisent pas longtemps, et le voilà « battant les bois, tuant des ours à coups de couteau, des taureaux avec la hache, des sangliers avec l'épieu. »

Un matin d'hiver, dans une forêt fantastique, et, depuis les premières lueurs du jour assouvissant sa soif de sang et sa rage de tuerie, comme, adossé contre un arbre, il contemple « *d'un œil béant* l'énormité du massacre, » un cerf se présente, suivi d'une biche et d'un faon. Julien bande son arbalète, abat le faon, la biche, et vise au cerf, qu'il atteint en plein front. Mais cet animal surprenant, « solennel comme un patriarche et flamboyant comme un justicier, » s'avance sur le chasseur et lui dit : « Maudit! maudit! maudit! un jour, cœur féroce, tu assassineras ton père et ta mère. »

Épouvanté de la prédiction, Julien renonce à la chasse ; mais, une fois, comme il détachait une épée d'une panoplie, ayant par maladresse failli tuer son père, et une autre fois ayant, par mégarde, cloué contre un mur, en tirant de la javeline, « le bonnet à longues barbes » de sa mère, il abandonne la maison paternelle, et s'engage dans une troupe d'aventuriers qui passait.

Il devient bientôt fameux; on le recherchait : « Tour à tour il secourut le dauphin de France et le roi d'Angleterre, les Templiers de Jérusalem, le suréna des Parthes, le négud d'Abyssinie et l'empereur de Calicut! » tant et si bien, qu'ayant sauvé des musulmans espagnols l'empereur d'Occitanie, celui-ci donna sa fille à ce vaillant guerrier. Passons outre aux descriptions de palais, de jardins, de chambres, de vêtements, et autres accessoires, mais non pas sans demander pourquoi donc on s'est tant moqué de l'abbé Delille? et ce que l'on voit de si différent ici de ces accumulations de mots, que M. Flaubert sans doute ne serait pas des derniers à lui reprocher?

Au milieu de son nouveau bonheur, une inquiétude ronge pourtant le gendre de l'empereur d'Occitanie. Il voudrait chasser, mais il n'ose. Cependant « un soir du mois d'août, il entendit le jappement d'un renard, puis des pas légers sous sa fenêtre, et il entrevit dans l'ombre des apparences d'animaux. » La tentation était trop forte; « il décrocha son carquois, » et partit. Or, ce même soir, tandis qu'il est en chasse, un vieil homme et une vieille femme frappent à la porte du château. Le père et la mère de Julien, — car c'est eux, — sont accueillis par sa femme, qui les couche elle-même dans son propre lit.... et Julien avançait toujours dans l'obscurité. Tout à coup derrière lui bondit un sanglier, puis un loup, puis des hyènes, puis un taureau, une fouine, une panthère, un choucas, et toutes ses victimes d'autrefois, toutes les bêtes de la création, désormais invulnérables à ses flèches comme à son « sabre, » formant autour de lui un monstrueux cortège, une sarabande infernale, mais néanmoins joyeuse, où les singes le « pincent en grimaçant, » et l'ours « d'un revers de patte lui enlève son chapeau, » reconduisent au seuil de son palais le malheureux chasseur suffoqué d'une rage impuissante et d'une fureur d'halluciné. A la clarté de l'aube, encore incertaine, en approchant du lit, comme il se baisse pour embrasser sa femme, « il sent contre sa bouche l'impression d'une barbe, » et c'est alors qu'éclatant de colère, il dégaine, frappe, tue son père et sa mère : la prédiction est accomplie.

Comme il a jadis quitté la maison paternelle, il fuit maintenant son palais, et s'en va « mendiant sa vie par le monde. » Il raconte son histoire, et les hommes, les bêtes même évitent son approche, et rien ne lui sert d'avoir « des élancements d'amour pour les poulains dans les herbages. » Il arrive sur les bords d'un fleuve que nul n'ose plus traverser. Par dévouement il devient passeur, il se bâtit une misérable cabane, et quand, après avoir terminé son travail quotidien, il s'assoupit de lassitude, son sommeil est traversé de visions funèbres. Une nuit qu'il dormait, une voix l'appelle, une voix qui « avait l'intonation haute d'une cloche d'église. » Le vent souffle et les flots font rage : c'est un lépreux qui veut passer l'eau. Le lépreux entre dans la cabane. Il a faim, et Julien lui donne à manger ; il a soif, Julien lui donne à boire ; il a froid, Julien allume du feu ; il veut dormir, et Julien le met dans son lit, il se couche à côté de lui, le réchauffant de son corps « s'étalant dessus complètement, bouche contre bouche, poitrine contre poitrine. » Or, ce lépreux, c'est

Jésus-Christ, et le toit s'envole, et le firmament se déploie, et Julien « monte vers les espaces bleus. »

« Et voilà l'histoire de saint Julien l'Hospitalier, telle à peu près qu'on la trouve, sur un vitrail d'église, dans mon pays. » — Et voilà ce qu'on appelle aujourd'hui le dernier mot de l'art. Le moyen âge était un peu usé, il avait tant servi ! Je doute que *la Légende de saint Julien l'Hospitalier* le rajeunisse et le remette en faveur. Il faut croire à l'histoire du Bienheureux Labre pour oser la raconter. Et vraiment, si M. Flaubert n'a pas voulu railler, ou soutenir quelque gageure, c'est bien ici la plus singulière erreur d'artiste qu'il eût encore commise.

L'histoire d'*un Cœur simple* nous rappelait *Madame Bovary*; c'est à *Salammbô* que nous ramène *Hérodias*, fantaisie d'érudition sur un sujet très connu des peintres, variations d'un fort savant homme sur la décollation de saint Jean-Baptiste. Évidemment, cette antiquité sémitique et ce monde oriental, ces Iaokanann et ces Schahabarim, les syssites de Carthage et les marins d'Éziongaber; ces oripeaux voyants et barbares, « les caleçons bleus étoilés d'argent, » et les « caleçons noirs semés de mandragores; » ces régals prétendus carthaginois, « les langues de phénicoptères avec des graines de pavot assaisonnées au miel, » et cette cuisine soi-disant juive, « les loirs, les rossignols, les hachis dans les feuilles de pampre, » tout cela, tout ce *bibelot*, comme l'appela Sainte-Beuve en un jour de justice, évidemment séduit, fascine, et tient M. Flaubert en arrêt.

Une fois peut-être cette ambition d'évoquer de leurs cendres les civilisations éteintes et de ressusciter les races disparues pouvait tenter la curiosité d'un artiste et solliciter l'imagination d'un archéologue ; mais deux fois, mais trois fois, c'est passer la mesure. C'était assez de *Salammbô*; c'est trop d'*Hérodias*. Le galbanum et le cinnamone, les « vasques de porphyre » et les « colonnes en bois d'algumim, » pouvaient une fois surprendre et amuser le lecteur : c'est lui supposer une patience à l'épreuve, un excès de complaisance et de naïveté, de croire qu'il y prendra deux et trois fois plaisir. L'érudition n'est pas toujours et partout à sa place. Quelques détails d'une authenticité certaine, et beaucoup de conjectures, d'ailleurs généralement probables, ne font pas au total que les Hamilcar et les Salammbô, les Salomé ni les Hérode, aient meilleure figure dans les romans de M. Flaubert que les Cyrus et les Onésile, ou les Intapherne et les Anacrise, dans les romans de mademoiselle de Scudéry. Mais il y a lieu surtout de s'étonner que M. Flaubert ne veuille pas comprendre qu'en dépit de l'érudition la plus sûre, des recherches les plus patientes, et des trouvailles les plus heureuses, portraits, tableaux et descriptions de ce genre seront toujours et nécessairement faux, pour cette simple raison qu'ils n'ont pas été vus par le peintre.

Est-il donc si rare, même quand l'artiste ne prétend qu'à nous représenter ce que nous avons sous les yeux, qu'ayant noté les moindres détails avec la dernière précision, l'œuvre ne réussisse en somme à produire qu'une impression confuse, et ne nous donne enfin que le spectacle de ce qu'il y a peut-être de plus pénible à voir au monde, — l'effort stérile d'un grand talent qui se fourvoie? Eh oui! quoi que M. Flaubert avance, quelque détail qu'il nous donne, on le sait, on l'admet du moins, il a son texte et ses autorités. Pline lui est garant qu'on arrosait de silphium les grenadiers de la campagne de Tunis, et témoin de telle croyance aux « escarboucles formées de l'urine des lynx. » Je le crois donc s'il nous dit que l'on mangeait à Carthage des oiseaux à la sauce verte; je le crois encore s'il nous affirme que la vaisselle d'Hamilcar était d'argile rouge, rehaussée de dessins noirs; je le crois toujours s'il lui plaît que dans cette vaisselle on mangeât ces oiseaux; mais je dis que ce rapprochement, ce placage de couleurs criardes : « On leur servit des oiseaux à la sauce *verte*, dans des assiettes d'argile *rouge*, rehaussées de dessins *noirs*, » pour avoir été réel, n'en est pas cependant plus vrai, ni surtout plus esthétique.

C'est comme le latin de nos collèges : une brusque métaphore de Tacite y rencontre une belle, limpide et souvent verbeuse expression de Cicéron, Salluste y heurte Tite-Live, et c'est du Tite-Live, et du Salluste, et du Cicéron, et du Tacite ; et toutefois ce n'est pas du latin.

On peut ajouter que si l'érudition de M. Flaubert est solide, l'usage qu'il en fait ne laisse pas de prêter souvent à la critique. Par exemple, cette érudition est quelquefois impertinente, et c'est un soin bien superflu, parlant de « faisceaux, » que de nous dire en façon de commentaire : « Les faisceaux, — des baguettes reliées par une courroie avec une hache dans le milieu. » Cette érudition a quelquefois le tort d'obscurcir ce qui serait de soi parfaitement clair, et sans autre utilité que de donner prétexte à M. Flaubert, mais non pas raison, de placer une expression plus ou moins technique : « Les convives emplissaient la salle du festin. Elle avait trois nefs, comme une basilique. » Pourquoi « comme une basilique ? » Elle avait trois nefs comme une salle qui a trois nefs, sans doute, et je ne discerne pas bien ce que la comparaison ajoute au renseignement. Cette érudition est quelquefois incohérente. M. Flaubert nous montre Salomé qui danse : « Ses bras arrondis, nous dit-il, appelaient quelqu'un qui s'enfuyait toujours. Elle le poursuivait, plus légère qu'un papillon, comme une Psyché curieuse, comme une âme vagabonde. » Mais ce souvenir d'une *Psyché curieuse*, et d'une *âme vagabonde*, à l'esprit de qui donc peut-il bien revenir parmi ces spectateurs, qui sont Vitellius, Hérode, « des montagnards du Liban, douze Thraces, un

Gaulois, deux Germains, des chasseurs de gazelles, des pâtres de l'Idumée, le sultan de Palmyre et des marins d'Éziongaber ? »

Ces observations de détail ne laissent peut-être pas d'avoir ici leur intérêt. Si l'on essayait en effet de caractériser d'un mot la manière et le talent de M. Flaubert, ce serait peu de lui reconnaître vingt autres qualités; il est avant tout et par-dessus tout un érudit dans le roman.

Et d'abord il en a, jusqu'à la manie, le goût de l'information précise, de l'expression technique, et il l'a jusque dans les choses les plus insignifiantes; il ne parlera d'art qu'en termes d'atelier comme de chasse qu'en termes de vénerie. Et ce n'est pas dans le détail seulement, c'est dans l'ensemble qu'il importe ses qualités et ses défauts d'érudit. Nouvelles, contes ou romans, il les compose comme on ferait un *Mémoire*: un plan très simple, facile à suivre; peu d'idées générales, ce qu'il en faut pour étayer une démonstration; peu d'épisodes, parce qu'il ne faut pas perdre le fil conducteur; en revanche beaucoup de digressions, parce que les digressions sont l'intérêt, souvent même l'objet d'un vrai *Mémoire*. Combien sont-ils, en effet, les *Mémoires* qui se réduisent à tenir la promesse de leur titre? Mais l'interprétation d'un papyrus, ou d'un simple cartouche hiéroglyphique, devient à celui-ci l'occasion de récrire l'histoire d'Égypte; et, de la discussion d'un fragment de poterie, c'est plaisir de voir celui-là tirer toute une théorie de l'art et de la religion grecque.

On a de ces surprises en lisant M. Flaubert. Au fond, je pense qu'il ne lui importe pas beaucoup que saint Antoine résiste ou succombe à la tentation, mais il nous aura longuement raconté l'histoire du dieu Crépitus; et, pourvu qu'il nous décrive à loisir le temple de Tanit, en dissertant savamment sur la cosmogonie phénicienne, il ne se soucie guère qu'Hamilcar extermine les mercenaires et que Narr' Havas épouse Salammbô. C'est qu'il a de l'érudit et de l'antiquaire le mépris du présent et le dédain de l'action. Ce sont les choses mortes qui l'attirent comme une énigme, un problème à résoudre, et quand parfois il prend aux choses vivantes un semblant d'intérêt, c'est qu'il y voit la matière de l'histoire et de l'archéologie de l'avenir.

Aussi son style, même quand il se colore, même quand il s'élève, rappelle-t-il toujours cependant la sécheresse d'un document d'archives. L'émotion en est absente, comme d'ailleurs le drame est absent de ses romans. Il est remarquable que pas un romancier n'use et n'abuse comme lui du discours indirect : « Le Tétrarque était tombé aux genoux du proconsul; chagrin, disait-il, de n'avoir pas connu plus tôt la faveur de sa présence;... il aurait ordonné;... Vitellius répondit que le grand Hérode... » Ce n'est plus une entrevue, c'est le compte rendu, c'est la sténographie d'une entrevue : procédé d'historien toujours et manière d'érudit. Bien plus, et même quand il traite le roman contemporain, M. Flaubert demeure un érudit.

A vrai dire, un roman comme l'*Éducation sentimentale* est en dehors de la critique littéraire. Il n'a de réelle valeur que comme témoignage sur l'époque de notre histoire contemporaine où M. Flaubert a placé son action. Si quelque curieux, dans cent ans, a par hasard l'occasion d'en parcourir quelques pages, il y trouvera tout faits cent tableaux qu'il serait autrement obligé de restituer d'une manière divinatoire, et hasardeuse par suite, en s'aidant de renseignements dont ce serait un travail déjà fastidieux que de faire la critique et de déterminer l'emploi. Qui sait? Le détail aura peut-être un jour son prix de savoir que, vers 1847, on se déguisait en Pritchard. On le retrouvera dans *l'Éducation sentimentale*.

Il n'est pas jusqu'à *Madame Bovary* dont le mérite réel ne soit bien moins dans l'intérêt de curiosité que le roman soulève que dans l'abondance et la profusion de renseignements de toute sorte qu'il contient. Le tableau est complet. Prenons-le pour ce qu'il est : une peinture des mœurs de province, tournée systématiquement au grotesque : rien n'y manque, et l'œuvre est achevée. Est-ce une œuvre d'art? est-ce surtout du roman? je n'oserais en répondre. En tout cas, c'est une œuvre forte, une de ces œuvres destinées à vivre comme l'expression d'un temps, d'une génération, de trente années d'histoire ; et je crois que c'est tout ce que l'auteur a voulu.

On l'a dit plusieurs fois, et mieux que nous ne saurions le redire : toutes les *Salammbô* du monde et les *Éducation sentimentale* ne prévaudront pas contre *Madame Bovary*. Bien mieux : elles vivront peut-être, elles aussi, pour servir de commentaire et d'explication à *Madame Bovary*. Et, comme on a mis en appendice le compte rendu du procès intenté naguère à l'auteur (témoignage officiel de l'innocence de son cœur et de la pureté de ses intentions), on y mettra désormais *un Cœur simple*, qui dira quelles patientes études, quelles monographies laborieuses, ont permis à M. Flaubert de donner ce relief et cette intensité de vie aux personnages de *Madame Bovary*. Allons ! tout est bien qui finit bien ! M. Flaubert n'aura pas à se repentir d'avoir débuté par son chef-d'œuvre, — et d'en avoir vécu !

1er juin 1877.

L'*IMPRESSIONNISME* DANS LE ROMAN

Tout comme il y a des crises politiques ou financières, il y a des crises littéraires. Elles se reconnaissent à ce signe que les écoles se disloquent et que les efforts s'éparpillent. Il n'y a plus de direction commune, les principes chancellent, les bornes des genres se déplacent, le sens même des mots s'altère, on perd jusqu'aux vrais noms des choses :

> Mathieu Dombasle est Triptolème,
> Une chlamyde est un jupon;

et vous entendez parler sérieusement des *ennemis littéraires* de M. Zola, comme s'il y suffisait de quelque cent pages marquées au coin du talent, mais noyées dans le fatras des *Rougon-Macquart*, et que les inimitiés en littérature fussent tombées à si bas prix !

La littérature d'imagination, dans le siècle où nous sommes, a traversé plusieurs fois de ces crises : en ce moment même, elle en traverse une. Ne nous plaignons pas trop cependant, et n'allons pas d'abord nous lamenter comme de l'abomination de la désolation de ce qui pourrait un beau matin se trouver être un grand bien. Car, n'est-ce pas précisément au plus fort de ces sortes de crises que, dans tous les sens, à l'aventure peut-être, mais très sincèrement et très laborieusement, on se remet en quête pour explorer une fois de plus le champ du possible? Et s'il arrive souvent qu'on ne découvre rien, n'arrive-t-il pas aussi parfois que l'on rencontre un filon vierge, une imperceptible veine encore inexplorée? Que faut-il davantage, et n'est-ce pas assez pour justifier la crise? Après tout, ceux-là seuls en auront été les victimes qui n'étaient pas nés assez vigoureux pour y résister.

Cette imperceptible veine, je croirais assez volontiers que le roman contemporain est en train de la découvrir. Je ne parle pas, bien entendu, de l'auteur de *Nana* : l'auteur de *Nana* fait orgueilleusement fausse route. L'avenir n'est pas à ce naturalisme grossier qu'il prêche de parole et d'exemple, encore moins à ce prétendu *roman expérimental* dont il essayait récemment d'ébaucher la théorie[1]. Ce n'est pas une originalité suffisante que d'étaler au grand

---

1. Voyez plus loin le chapitre sur le *Roman Expérimental*.

jour ce que le commun des hommes dissimule soigneusement. Voltaire avait là-dessus un mot d'un naturalisme trop cru pour que je puisse le citer. Mais c'est l'auteur des *Rois en exil* qui me semble vraiment marcher à quelque chose de nouveau : ce qui ne veut pas dire toutefois que nous n'ayons bien des réserves encore à faire, et bien des objections à formuler.

L'œuvre en elle-même, d'abord, prise d'ensemble, est complexe, obscure, énigmatique, et ce titre singulier de *Roman d'histoire moderne*, que lui donne M. Daudet, n'est assurément pas pour en éclaircir le sens. Qu'est-ce qu'un roman d'histoire ? Quelque chose qui ne sera, je le crains, ni du roman ni de l'histoire, ou plutôt qui sera de l'histoire si vous y cherchez le roman, mais qui redeviendra du roman si vous y cherchez de l'histoire. Car, ou vous crierez à l'invraisemblance, et l'on vous répondra que pourtant les choses se sont passées telles que l'historien les raconte ; ou vous crierez à l'inexactitude, et l'on vous répondra que, pour emprunter quelques traits à l'histoire, le romancier n'a pas abdiqué cependant les droits de l'imagination. Vous ne voulez pas croire que Colette Sauvadon, princesse de Rosen, déjeunant avec un royal amant dans un cabaret à la mode, en ait dû sortir costumée tout de blanc, en gâte-sauce, pour dépister une surveillance intraitable ? Fort bien : voici le bout de journal où vous trouverez tout au long le récit de l'aventure, authentiqué par-devant la justice. Mais alors, ce ne sont plus les détails exacts, vous ne connaissez pas Colette Sauvadon, et vous n'ouïtes jamais parler de Christian II, ni d'un roi d'Illyrie? Eh bien! c'est justement ici que le romancier reparaît, et qu'il revendique sa liberté d'inventeur.

Le mal n'est pas bien grand, dira-t-on. Je réponds qu'il est plus grand qu'on ne pense, et que cette confusion des genres répand sur l'œuvre tout entière je ne sais quel vague et quelle incertitude, je ne sais quelle gêne aussi dans l'esprit du lecteur. Est-ce un roman qu'il a là sous les yeux, ou si c'est une satire? une copie du réel, ou une imitation du vrai? L'œuvre, avec les qualités dont elle porte le vivant témoignage, pouvait être d'un certain ordre, elle n'est déjà plus que de l'ordre immédiatement inférieur.

Aussi, que cette complexité des intentions et cette division de l'intérêt se trahissent par un certain embarras et, si je puis dire, par une certaine dispersion de l'intrigue, rien de plus naturel. Au contraire, je m'étonnerais plutôt comme d'un triomphe de l'habileté que le roman de M. Daudet, ainsi conçu, soit encore, tout compte fait, aussi fortement composé. Quelques épisodes parasites, — il y en a plusieurs, — n'empêchent pas qu'il y ait dans *les Rois en exil* ce qu'il n'y avait ni dans *le Nabab*, ni surtout dans *Jack*, à savoir un vrai drame.

C'est une concession dont il faut savoir à M. Daudet

le plus grand gré. Nul en effet plus que lui, parmi les romanciers contemporains, ne répugne, d'instinct et par système, à ce drame tout d'une pièce, qui sort du seul jeu des caractères et du seul choc des passions ennemies, qui va droit devant lui son chemin, franchissant ou brisant les obstacles, entraînant le lecteur dans le mouvement et comme dans la fièvre d'une action serrée, simple et violente. Est-ce un défaut de sa nature? Si l'on veut. Est-ce une qualité de son talent? Oui, peut-être. Il est difficile de se prononcer, puisque aussi bien M. Daudet demande l'intérêt à de tout autres moyens; et il est permis de s'abstenir, car c'est à de tout autres sources qu'il va puiser l'émotion.

Ces tableaux d'un Paris inconnu qu'il nous mène découvrir, l'*Agence Tom Lévis* ou le *Commissariat du Saint-Sépulcre*; — ces portraits au bas desquels nous sommes tentés d'inscrire avec un nom le récit du scandale d'hier ; — ces mille détails enfin, vus et vécus, si patiemment fouillés, si curieusement ouvragés ; — la description des milieux et l'analyse des personnages ; — voilà les moyens de séduction que M. Daudet sait si bien mettre en œuvre. Il y a tels coins de la grande ville, et certains côtés des mœurs parisiennes, il y a telles physionomies que personne peut-être n'a su rendre comme M. Daudet, avec cette fidélité de pinceau, mais surtout avec cet art infiniment subtil et patient qui réussit à donner même aux choses inanimées l'apparence de la vie. Considérez un peu ce portrait du duc de Rosen : « Raide et debout au milieu du salon, dressant jusqu'au lustre sa taille colossale, il attendait avec tant d'émotion la grâce d'un accueil favorable qu'on pouvait voir trembler ses longues jambes de pandour, haleter sous le cordon de l'ordre son buste large et court, revêtu d'un frac bleu collant et militairement coupé. La tête seule, une petite tête d'émouchet, regard d'acier et bec de proie, restait impassible, avec ses trois cheveux blancs hérissés et les mille petites rides de son cuir racorni au feu. » Certainement, le portrait finit presque en caricature ; il y a même peut-être quelque maladresse à mettre ainsi d'abord sous les yeux du lecteur ce croquis en charge d'un personnage dont on va faire un type du dévouement chevaleresque et du loyalisme exalté ; nous demandons au romancier de trouver un certain accord du physique et du moral de ses personnages, et c'est même un peu parce que, dans la réalité quotidienne, autour de nous, nous ne rencontrons pas cet accord, que nous lisons des romans ; — mais le personnage est vivant.

Après le portrait, le tableau : « Lorsque Élysée Méraut pensait à son enfance, voici régulièrement ce qu'il voyait : une grande chambre à trois fenêtres, inondées de jour et remplies chacune par un métier Jacquard à tisser la soie, tendant comme un store actif ses hauts montants, ses mailles entre-croisées sur la lumière et la perspective du dehors, un fouillis de toits, de maisons en escalade, toutes les fenêtres également garnies de métiers où travaillaient assis deux hommes en bras de chemise, alternant leurs gestes sur la trame, comme des pianistes devant un morceau à quatre mains. » Je crois bien que Noël et Chapsal, ici, ne trouveraient rien de louable. Ajoutez, si vous le voulez, que nous n'avons que faire de ce paysage industriel, et que nous serons transportés tout à l'heure, pour toute la durée du roman, bien loin des métiers Jacquard à tisser la soie ; — mais le paysage est peint, et ce qu'Élysée Méraut voyait dans son enfance, nous le voyons avec lui.

Un philosophe assistait à la *première* de je ne sais plus quelle pièce, et il applaudissait : « Comment ! lui dit son voisin, est-ce que vous trouvez cela écrit ? — Eh ! f... non ! repart Diderot, car c'était lui, cela n'est pas écrit, mais cela est parlé. » Disons à notre tour des romans de M. Daudet, de ses portraits et de ses tableaux : Si cela n'est pas écrit, cela est peint, et cela est vivant.

J'essaie de me représenter M. Daudet à l'œuvre. Il tient la plume, et ses yeux ne sont pas fixés sur son papier ; il suit à travers l'espace un fantôme encore indécis, un paysage encore flottant ; ni les contours du portrait, ni les lignes du tableau ne sont encore bien nettes ; les voilà cependant qui commencent à se dessiner, évoqués pour ainsi dire de l'ombre et comme arrachés au brouillard qui les enveloppait, par la persistance, impérieuse et douce à la fois, du regard qui les attire; un premier contour s'est dégagé nettement et, d'un geste nerveux, presque involontaire, rapide et fugitif comme l'apparition elle-même, M. Daudet l'a noté; les traits se compliquent les uns les autres, s'entre-croisent et se brouillent même, M. Daudet continue toujours ; et telle est la sûreté de l'œil et de la main, ou plutôt telle est la correspondance exacte de leurs sensations, l'action continue des objets extérieurs sur l'œil et de l'impression de l'œil sur le mouvement de la main, que de cet entre-croisement et de ce fouillis, une dernière ligne, un dernier mot, tout à coup, fait surgir l'ensemble vivant.

C'est ici le don de M. Daudet, celui sans lequel tous les autres seraient en pure perte, le don de l'illusion et de la vie. Et c'est pourquoi nous ne craignons pas de multiplier les réserves : « Loin que ce soit parler avec équivoque... disait un grand maître, c'est au contraire un effet de la netteté de définir si clairement ce qui est certain, qu'on n'enveloppe point dans la décision ce qui est douteux. » Ce qui est douteux, c'est que *les Rois en exil* satisfassent aux conditions d'un genre déterminé; ce qui est certain, c'est que nous sommes en présence d'une œuvre qui, de quelque nom qu'on l'appelle, est d'une originalité rare. Ce qui est douteux, c'est que M. Daudet soit un romancier dans le sens ordinaire du mot; ce qui est certain, c'est qu'il est un artiste, et c'est qu'il est un poète. Et c'est ce mélange en lui de l'artiste et du poète que j'essaie de caractériser d'un trait, quand je l'appelle un *impressionniste* dans le roman.

Ne vous arrêtez pas au mot, un peu bizarre, et soyez seulement certain qu'en dépit des railleries trop faciles, il représente une idée. *Classicisme* et *romantisme* aussi ne nous représentent rien aujourd'hui. Mais ils représentaient des idées vers 1830, et des idées entre lesquelles depuis lors le siècle a fait son choix. Entrées dans l'usage commun et devenues banales, elles n'ont plus aujourd'hui besoin d'un mot qui les désigne particulièrement et leur serve comme d'étiquette. Le mot d'*impressionnisme*, à son tour, disparaîtra, mais, en attendant, pour l'heure présente, il signifie quelque chose; et vous ne l'expulserez pas de l'usage avant que les œuvres, et la critique, après elles, n'aient décidé ce qu'il enferme d'erreur ou de vérité. N'y attachez donc aucun préjugé favorable ou défavorable, et tâchez plutôt de le vider de son contenu.

Ouvrir les yeux d'abord et les habituer à voir la *tache*, habituer la main en même temps à rendre pour l'œil d'autrui ce premier aspect des choses : « Des deux femmes on ne voyait que des *cheveux noirs*, des *cheveux fauves*, et *cette attitude* de mère passionnée; » ou bien encore : « Il se fit conduire à son cercle, y trouva quelques *calvities* absorbées sur de silencieuses parties de whist, et des *sommeils majestueux* autour de la grande table du salon de lecture : » voilà le premier point.

En second lieu, s'efforcer à saisir l'insaisissable, et dans une impression fugitive réussir à démêler une par une les impressions élémentaires qui concourent à former et produire l'impression totale. Ainsi : « La porte battit brusquement, autocratiquement, fit courir d'un bout à l'autre de l'agence un coup de vent qui gonfla les voiles bleus, les mackintosh, agita les factures aux doigts des employés et les petites plumes des toques voyageuses. Des mains se tendirent, des fronts s'inclinèrent, Tom Lévis venait d'entrer ; » ou encore : « Au coup de sifflet, le train s'ébranle, s'étire, tressaute bruyamment sur des ponts traversant les faubourgs endormis, piqués de réverbères en ligne, s'élance en pleine campagne. » Remarquez-le bien, dès à présent : ce n'est déjà plus de la photographie, c'est de l'analyse.

Il s'agit maintenant de composer et de fixer les tableaux. C'est pour cela que M. Daudet mettra le plus souvent la narration à l'imparfait. Au premier coup d'œil, vous ne voyez là qu'une singularité de style, une fantaisie d'écrivain. Si vous y regardez de plus près, c'est un procédé de peintre. L'imparfait ici sert à prolonger la durée de l'action exprimée par le verbe, et l'immobilise en quelque sorte sous les yeux du lecteur. « Sans le sou, sans couronne, sans femme, sans maîtresse, il *faisait* une singulière figure en redescendant l'escalier. » Changez un mot et lisez : « Sans le sou, sans couronne, sans femme, sans maîtresse, il *fit* une singulière figure en redescendant l'escalier. » Le parfait est narratif, l'imparfait est pittoresque. Il vous oblige à suivre des yeux le personnage pendant tout le temps qu'il met à descendre l'escalier. M. Daudet dira donc excellemment : « Les franciscains montaient, erraient parmi d'étroits corridors.... » parce qu'errer et monter sont des actions qui durent, et se continuent; mais six lignes plus bas, il dira non moins bien, toujours guidé par son instinct d'artiste : « Les franciscains *échangèrent* un regard significatif, » parce que l'action d'échanger un regard est plus prompte que la parole, et s'achève en moins de temps qu'il n'en faut pour l'écrire. Si cependant il disait : « Les franciscains *échangeaient* des regards significatifs, » cela voudrait dire que tandis qu'ils échangent des regards, un tiers interlocuteur, qu'ils regardent ou qu'ils écoutent, parle ou agit devant eux. Il dira très bien encore, en dépit de l'apparente irrégularité : « La lecture finie, le moine se dressait, marchait à grands pas, » c'est-à-dire le moine se dressa, puis il marcha, puis il se dressa, puis il se remit à marcher ; et pour le lecteur attentif, l'imparfait prolonge l'alternative action du moine jusqu'à la fin de la phrase, ou, pour mieux dire, jusqu'à l'évocation d'un autre tableau qui vienne remplacer le premier.

A cette même intention de peintre rapportez aussi

ces phrases suspendues, où le verbe manque, et par conséquent la construction logique : « Frédérique dormait depuis le matin. Un sommeil de fièvre et de fatigue, où le rêve était fait de toutes ses détresses de reine exilée et déchue, un sommeil que le fracas, les angoisses d'un siège de deux mois secouaient encore, traversé de visions sanglantes, de sanglots, de frissons, de détentes nerveuses, dont elle ne sortit que par un sursaut d'épouvante. » Un grammairien condamnerait cette phrase : il aurait tort. A plus forte raison condamnerait-il celle-ci : « Le roi, souple, fin, le cou nu, les vêtements flottants, toute sa mollesse visible à l'efféminement de ses mains pâles et tombantes, aux frisures légèrement humectées de son front blanc; elle, svelte et superbe, en amazone à grands revers, un petit col droit, des manchettes simples, bordant le deuil de son costume... » L'une et l'autre toutefois, M. Daudet a ses raisons de les construire ainsi. Le lecteur, involontairement, cherchera ce verbe qui manque, il l'attendra du moins, mais, tandis qu'il l'attendra, tous les traits, un à un, que le peintre a rassemblés, se graveront dans l'esprit pour y former l'impression que le peintre a voulu susciter, et la vision en durera jusqu'à ce qu'elle soit chassée par une autre.

Quelques menus procédés encore, la suppression de la conjonction *et*, par exemple, ou le fréquent emploi de l'adjectif démonstratif, valent la peine d'être signalés. La suppression de la conjonction donne du jeu, pour ainsi dire, à la phrase : « Le train s'ébranle, s'étire, s'élance, » quelque chose de libre et de flottant ; c'est un moyen de faire circuler l'air dans le tableau. L'adjectif démonstratif, justifiant ici tout à fait son nom, distingue expressément de tous les autres traits du même genre, le trait, ou plutôt le contour, que le peintre veut mettre en lumière ; ainsi : « *Cette* attitude de mère passionnée, » c'est-à-dire l'attitude par excellence, et non pas une attitude quelconque de mère passionnée.

C'est encore et toujours pour la même raison que, tout le long du roman, sentiments et pensées sont traduits dans le langage de la sensation. « Ce salut sympathique dont elle était privée depuis si longtemps fit sur la reine l'impression *d'un feu flambant clair après une marche au grand froid;* » ou encore : « C'est ainsi que son admiration était devenue de la passion véritable, mais une passion humble, discrète, sans espoir, qui se contentait de brûler à distance, *comme un cierge d'indigent à la dernière marche de l'autel;* » ou encore : « Au tournant de la rue de Castiglione, la reine retrouve soudain le balcon des Pyramides et les illusions de son arrivée à Paris, *chantantes et planantes comme la musique des cuivres qui sonnait ce jour-là dans les masses de feuillage;* » et cent autres exemples. En effet, il n'y a que les sensations qui puissent parler aux sens : aux oreilles des sons, aux yeux, des couleurs et des formes. Il faudra donc, pour chaque sentiment ou chaque pensée que l'on veut exprimer, trouver des sensations exactement correspondantes, et, parmi ces sensations, en choisir une qui puisse être pour tout le monde le rappel d'une expérience antérieure, ou tout au moins le programme, si je puis ainsi dire, d'une expérience facile à faire. L'impression d'un feu flambant clair après une marche au grand froid, voilà, par exemple, une sensation que tout le monde aura quelque chance d'avoir éprouvée. M. Daudet quelquefois sera moins heureux. Quand il nous peint son franciscain, le père Alphée « noir et sec comme une caroube, » il faut, pour voir le personnage, avoir vu des « caroubes, » et tout le monde n'a pas vu des « caroubes, » ni, je pense, n'est tenu d'en avoir vu.

Que si maintenant de ces divers procédés vous vous rendez un compte bien exact, nous pourrons définir déjà l'impressionnisme littéraire une transposition systématique des moyens d'expression d'un art, qui est l'art de peindre, dans le domaine d'un autre art, qui est l'art d'écrire.

Vous comprenez alors la raison de ce style, si laborieusement tourmenté, qui choque toutes nos habitudes, et jusqu'à les révolter ; la raison encore de cette phrase cahotante, heurtée, brisée, qui résisterait si difficilement à l'épreuve de la lecture à voix haute ; la raison aussi de ces bizarres alliances de mots, synecdoques à désespérer Boniface et catachrèses pour damner Bescherelle ; et la raison enfin, dans le courant de la narration, de ce mélange impur de tous les argots, l'argot de la « bohème » et celui de « la brocante, » celui des filles et celui des clubs, celui de la valetaille et celui de l'écurie. Certes ce n'est pas que M. Daudet ignore sa langue. Il est même aisé de voir qu'il en possède à fond les ressources; mais le vocabulaire, — que l'on n'a pas précisément inventé pour peindre, — cesse de lui suffire, et quant à tout ce que nous appelons correction, harmonie de la phrase, équilibre de la période, il n'en a souci, pourvu qu'il rende ce qu'il voit et qu'il le rende comme il le voit.

Chaque scène ainsi devient un tableau, qui s'arrange comme dans une toile suspendue sous les yeux du lecteur, complète en elle-même, isolée des autres, comme dans une galerie, par sa bordure, par son cadre, par un large pan de mur vide. Seulement, dans chacun de ces tableaux, parmi l'infinie variété des accessoires, ce sont les mêmes personnages, et la même action, par conséquent, qui continue de se dérouler à nos yeux.

D'autres romanciers déjà, MM. de Goncourt, par exemple, ont procédé de la sorte : sur des fonds et des milieux changeants, mêmes personnages engagés dans une même action. Mais voici la grande supériorité de M. Daudet : quand les fonds et les milieux changent, il sait que les personnages, eux aussi, doivent changer. Je veux dire que, si vous les transportez d'un milieu dans un autre, leur physionomie, tout en restant la même dans ses traits généraux, prend cependant une *valeur* nouvelle, et se révèle par un aspect nouveau.

De là, dans le roman de M. Daudet, l'abondance et l'ampleur des descriptions. Quand un peintre veut faire un portrait, est-ce que vous croyez qu'il abandonne au hasard du pinceau le choix du fond et des moindres accessoires, ou qu'au contraire il prend soin de le subordonner au caractère de son modèle ? Ainsi M. Daudet. Les personnages et les caractères qu'il met en jeu ne se trahiront, comme le roi d'Illyrie, ou ne se révèleront, comme la reine Frédérique, ou ne donneront toute leur mesure, comme Élysée Méraut, que si vous les placez successivement au milieu d'un certain entourage et dans de certaines circonstances définies par le libre choix de l'artiste.

Ne vous y trompez pas, en effet : ces descriptions fatiguent souvent, parfois même elles irritent; ce n'est du moins ni la description pseudo-classique de l'abbé Delille, ni la description romantique de Théophile Gautier, ni la description soi-disant photographique de l'école naturaliste. La description de M. Daudet, presque toujours, a sa raison d'être, et cette raison n'est autre que de vous faire pénétrer plus avant dans la familiarité des personnages. S'il commence un chapitre par une description de la rue Monsieur-le-Prince, — que vous n'attendiez pas du tout, — laissez-vous néanmoins conduire, il s'agit de vous faire comprendre son Élysée Méraut, et par quelle réaction du milieu qui l'environne cet homme à la parole éloquente, aux convictions enflammées, au caractère âpre et loyal, est demeuré jusqu'à la quarantaine le bohème qu'il est et qu'il sera jusqu'à la mort. En effet, il s'établit comme un perpétuel courant d'impressions entre le monde extérieur qui agit, l'homme physique qui *est agi* et l'homme moral qui réagit.

Faites-y bien attention, car c'est ici que dans cet art, jusqu'à présent tout matérialiste encore, la psychologie commence à se glisser, une psychologie subtile, raffinée, je dirais même volontiers maladive, mais une psychologie. Du dehors vers le dedans elle va s'insinuer jusqu'au plus intime des personnages : « Et doucement elle fermait les yeux pour qu'on ne vît pas ses larmes. Mais toutes celles qu'elle avait versées depuis des années avaient laissé leur trace sur la soie délicate et froissée de ses paupières de blonde, avec les veilles, les angoisses, les inquiétudes, — ces meurtrissures que les femmes croient garder au plus profond de leur être et qui remontent à la surface comme les moindres agitations de l'eau la sillonnent de plis visibles. » Ces quelques lignes sont le premier crayon de la reine Frédérique. Lisez attentivement le volume : à mesure que les événements se presseront, chacun d'eux viendra mettre un accent nouveau dans cette physionomie, et M. Daudet le notera.

Nous voyons maintenant où M. Daudet a voulu mettre le véritable intérêt de son œuvre. On s'explique l'apparent décousu de l'intrigue et les lenteurs de l'action. Nous savons comment et pourquoi le roman proprement dit s'achève brusquement au moment même qu'on s'attendait à le voir commencer. *Le Nabab* avait déjà produit cet effet, et *les Rois en exil*, eux aussi, le produisent. C'est que l'auteur ne s'intéresse à ses personnages qu'autant qu'il est curieux de les connaître lui-même, et de les connaître tout entiers. Il ne les crée pas, à vrai dire, il les a rencontrés, et, les ayant rencontrés, il lui a paru qu'ils étaient dignes de son observation et de son pinceau. A-t-il réussi à vous les faire connaître comme il les connaît lui-même? le but est atteint et l'œuvre est achevée. Mais il y faut une condition; et c'est justement que vous ne réclamiez pas de lui cet intérêt de curiosité pure que vous êtes habitués à demander au roman.

Ajoutons un dernier trait : ce peintre est né poète et ne l'a jamais oublié.

Loin d'affecter cette impassibilité dédaigneuse qu'affectent pour leurs personnages quelques-uns de nos romanciers contemporains, l'auteur de *Madame Bovary*, par exemple, en vérité comme s'ils craignaient de paraître dupes de leur propre imagination, M. Daudet vit et souffre avec eux. Assurément, il y a peu de personnages dans ce roman des *Rois en exil* qui retiennent les sympathies du lecteur; il n'y en a presque pas un qui soit exempt de quelque faiblesse ou de quelque défaut qui le tourne en ridicule ; et j'avouerai même que je ne conçois pas comment, à deux ou trois reprises, M. Daudet semble avoir pris plaisir à rabaisser cette reine, qui devrait être, qui est, en effet, la figure héroïque du roman. Pourquoi, par exemple, quand on vient lui apprendre que le roi va signer l'acte fatal de renonciation, et qu'elle en tressaille d'une généreuse colère ajouter cette phrase, au moins inutile : « La violence du mouvement ébranla les masses phosphorescentes de sa chevelure, et, pour les rattacher, d'un tour de main elle eut un *geste tragique et libre qui fit glisser sa manche jusqu'au coude.* » Vous avez beau mettre « tragique, » ce geste m'a montré la femme dans la reine, et, bien qu'elle y soit, ce n'était pas le moment de m'en faire souvenir. Pourquoi encore, dans la scène suivante, largement dessinée, qui pouvait être si belle, quand la reine pénètre chez le roi et que le valet de chambre donne l'alarme, gâter tout par ces mots ? « Furieuse, la Dalmate frappa droit devant elle, avec *sa paume solide d'écuyère,* dans *ce mufle de bête méchante?* » Et comment M. Daudet n'a-t-il pas senti que, de la brutalité de ces expressions ainsi entrechoquées en deux lignes, il rejaillissait quelque chose sur la reine? Il y a des formes de la colère qui dégradent : ici, M. Daudet a voulu faire trop fort, il a fait faux. Je ne vois guère qu'Élysée Méraut et le petit comte de Zara, l'enfant-roi et son précepteur, à qui le lecteur puisse vraiment s'intéresser. — Avez-vous remarqué, pour le dire au passage, que M. Daudet est chez nous presque le seul romancier qui sache mettre les enfants en scène et les faire parler ? — Eh bien, de tous ces personnages, les uns presque ridicules et les autres franchement odieux, il n'en est pas un à qui M. Daudet ne prenne quelque part intérêt. Il a des paroles d'admiration même pour Tom Lévis, *ce diable d'homme*, il a des mots de sympathie même pour Séphora Leemans, *la cruelle fille*.

Rare et précieuse faculté ! car c'est à ce prix seulement que vivent d'une vie réelle les créations de l'artiste. Tantôt, M. Daudet intervient lui-même au récit par une exclamation qu'il jette en terminant, comme si tout à coup l'âme du personnage vibrait et palpitait en lui. « Petite âme aimante, dira-t-il de l'enfant-roi, — qui pleurait derrière les feuillets d'un gros album, silencieusement désespéré que son père fût parti sans l'embrasser, — petite âme aimante, à qui ce père jeune, spirituel, souriant, faisait l'effet d'un grand frère à frasques et à frédaines, un grand frère séduisant, mais qui désolait leur mère ! » Tantôt, la parenthèse ou l'exclamation viennent continuer la pensée du personnage en scène, à qui M. Daudet communique ainsi la subtilité de ses propres sensations : « Cela reposait ses traits, fonçait ses yeux, du même bleu que cette cocarde gaminant parmi ses boucles au-dessous d'une aigrette en diamants... Chut! une cocarde de volontaire illyrien, un modèle adopté pour l'expédition et dessiné par la princesse... Ah! depuis trois mois elle n'était pas restée inactive, la chère petite! Copier des proclamations, les porter en cachette au couvent, dessiner des costumes... » Et tant d'autres traits, ici et là, tant de touches délicates et fines qui sont la marque de la personnalité de l'écrivain, et qui viennent spiritualiser ce qu'il y aurait sans elles, non pas absolument de grossier, mais de matériel encore dans les moyens, et non pas de repoussant, à vrai dire, mais, à tout le moins, de peu séduisant dans le sujet.

Aussi, dans les grandes scènes, quand aux masses qu'il met en action comme personne cette sensibilité sympathique vient donner l'animation de la vie, M. Daudet obtient-il des effets vraiment extraordinaires, et qui n'appartiennent qu'à lui. Je voudrais pouvoir citer. Il faut au moins signaler à l'attention toute particulière du lecteur cinq ou six pages, parmi beaucoup d'autres, d'une « envolée » surprenante, comme dirait M. Daudet, et qui suffiraient elles seules, écrites, composées, poétisées comme elles le sont, à tirer le romancier et le roman hors de pair.

C'est, dans le chapitre intitulé *Veillée d'armes*, le bal à l'hôtel de Rosen, l'entrée de Christian et de Frédérique dans la fête, l'air national d'Illyrie sonnant à leur apparition, « cet appel des guzlas... que du fond des salons l'orchestre accompagne en sourdine, comme un murmure de flots au-dessus desquels crie l'oiseau des orages,... la voix même de la patrie, gonflée de souvenirs et de larmes, de regrets et d'espoirs inexprimés, » et toute la scène, et cette légende héroïque, et les danses qui reprennent, et tout enfin, jusqu'à l'exclamation finale : « Haïkouna ! Haïkouna ! au cliquetis des armes, tu peux tout pardonner, tout oublier, les trahisons, les mensonges. Ce que tu aimes pardessus toutes choses, c'est la vaillance physique ; c'est à elle toujours que tu jetteras le mouchoir chaud de tes larmes ou des parfums légers de ton visage. » Est-il nécessaire de faire observer comme la phrase est autrement claire ici, nombreuse, pleine, et sonore, que toutes celles que nous avons précédemment détachées du livre ?

C'est parce que l'auteur des *Rois en exil* est capable, quand il le veut, d'écrire de ces pages et de composer de ces tableaux, que nous avons le devoir en terminant, d'éprouver quelques-uns au moins des fondements de son esthétique.

Rien de plus facile que de le chicaner sur son style. Qu'il y ait dans cette prose très savante et très tourmentée des expressions singulières, ou même, quand on les détache de la phrase à laquelle M. Daudet les incorpore, littéralement incompré-

hensibles, nous l'avons dit, chemin faisant, et
M. Daudet le sait et le sent comme nous. Je ne
lui demanderai donc ni ce que c'est qu'une « fadeur rouge, » ni ce que ce sont que « les stérilités
d'un sol volcanique. » Je lui passerai ces « éventails
dont les odeurs fines font cligner le grand œil de
l'aigle de Meaux, » et même « ce désordre réglé,
la fantaisie en programme sur l'ennui bâillant et
courbaturé. » Je crains seulement que lorsque
M. Daudet écrit ainsi, M. Daudet ne soit pas tout
à fait maître de sa plume, et qu'il y ait là plutôt
de sa part incertitude, et tâtonnement à la recherche
de l'expression vraie qu'effets véritablement voulus
et pleinement atteints. C'est ce qui commence à
me faire douter de la valeur du système.

Que l'on puisse toujours transposer, ou presque
toujours, d'un art dans l'autre un même sujet, mettre *Don Juan*, par exemple, en musique, et *Gœtz
de Berlichingen* en peinture, sous de certaines
conditions, qu'il resterait à déterminer, on ne voit
pas qu'aucune raison péremptoire s'y oppose. Mais
transposer *le sujet* est une chose, transposer *les
moyens d'expression* en est une autre. On les confond
trop souvent. Il n'est possible que par métaphore de
peindre avec des mots, et c'est une entreprise particulièrement préjudiciable à la langue que de vouloir
ici réaliser la métaphore. L'exemple alors de
M. Daudet nous prouve qu'il faut non seulement
mettre la langue à la torture, et violer toutes les

règles qui la maintiennent dans sa pureté; mais encore y verser le contenu de tous les jargons et de tous les argots, les locutions deux fois vicieuses qui courent les ateliers et les usines, les cafés et les cercles, les halles et le ruisseau ; mais surtout la corrompre jusque dans ses sources en la contraignant de rendre ce qu'elle ne peut pas rendre et d'exprimer ce qu'il n'est ni dans ses moyens, ni dans sa nature, ni dans son institution d'exprimer. Car ce n'est pas, sachons-le bien et ne nous lassons pas de le répéter, ce n'est pas une convention arbitrairement faite entre pédants, qui de tout temps a déterminé la distinction des genres, et délimité le domaine propre de chaque art. Vouloir peindre avec les mots, et prétendre épuiser avec les ressources finies du langage l'infinie diversité des aspects des choses, c'est un peu comme si l'on voulait en peinture, à force d'empâtements, donner aux objets qu'on y représente leur épaisseur réelle, ou encore, en sculpture, donner au marbre la couleur vraie de la chair, et sous la transparence de l'épiderme faire courir visiblement du sang dans le réseau des veines. Les moyens d'expression propres et spéciaux à chaque forme de l'art sont déterminés par une convention générale en dehors de laquelle il n'existe plus d'art. Si vous n'admettez pas que la peinture suppléera systématiquement par les moyens qui lui appartiennent, et qui font qu'elle est la peinture, à la représentation du corps solide sous ses trois dimensions, il n'y a plus de peinture. Il n'y a plus de littérature si ce sont les choses elles-mêmes, et non plus les idées des choses que la langue s'efforce d'évoquer.

On demandera pourquoi les mots ne communiqueraient pas, ou du moins n'éveilleraient pas directement la sensation des choses? Pour deux raisons : d'abord, parce que les mots sont composés de lettres, et que ces lettres forment des sons, et que ces sons frappent l'oreille, et qu'il n'y a pas de commune mesure entre les sensations de l'oreille et celles de l'œil. Je sais bien que des aveugles facétieux ont découvert des analogies, imperceptibles au commun des hommes, entre le rouge écarlate, par exemple, et le son

De la diane au matin fredonnant sa fanfare;

je n'hésite pas un seul instant à croire, ou même à déclarer, qu'ils se moquaient du monde. S'il se peut, puisque des physiciens l'assurent, que les sons et les couleurs en eux-mêmes ne soient que les vibrations d'une même matière subtile, il ne demeure pas moins vrai que la différence que nous y percevons est toute en nous, c'est-à-dire dans la constitution de nos organes. En sorte que ce ne serait pas seulement vouloir réformer l'art, mais prétendre à refondre l'homme que de chercher à établir entre les sons et les couleurs cette commune mesure.

En second lieu, quand la langue se prêterait aux violences qu'on lui veut faire, on oublie, lorsque l'on met en tableaux tout un long récit, que la peinture est tout entière dans l'espace, mais que la parole au contraire est toute dans le temps. Une toile se saisit d'ensemble, et d'un coup d'œil ; une narration, comme un discours, ne sont perçus que par fragments successifs, qui s'ajoutent un à un, pour se modifier en s'ajoutant, et se compenser en se complétant. Une toile ne comporte ni commencement ni fin. Mais je demande ce que serait un roman, et généralement une œuvre de la parole ou de la plume, qui ne commencerait ni ne finirait? Qu'on puisse au surplus tenter l'épreuve, et dans l'épreuve déployer les plus rares qualités de l'écrivain, la question n'est pas là. On sera tout simplement alors un grand écrivain qui se fourvoie : cela s'est vu. On peut affirmer en tout cas que de cette épreuve il ne sortira jamais, — je n'ai garde de dire une œuvre de premier ordre, — je dis seulement, dans tel genre secondaire que l'on voudra choisir, une œuvre complète et parfaite en ce genre. Car il y a quelque chose qui borne les empiètements de l'art d'écrire sur l'art de peindre, et ce quelque chose, ce n'est rien d'artificiel, puisque c'est une loi même de nature.

Et voici peut-être un danger plus grand encore. Une invincible nécessité domine cet art de peindre par les mots, à savoir : la nécessité d'y parler le langage de la sensation. Et comment s'exercerait-il dans un autre domaine? Les mots qui peignent, s'il y en a, ne sont sans doute pas ceux qui traduisent l'émotion tout intime du sentiment, ou le travail tout intérieur de la pensée. C'est pourquoi, dans un tel système, l'effet n'est atteint et ne peut être atteint, on l'a vu, qu'autant que l'on a trouvé la sensation qui correspond à tel ou tel sentiment, à telle ou telle pensée qu'il s'agit d'exprimer. Or il arrive souvent qu'on ne la trouve pas. Il arrive plus souvent encore que l'on trouve à côté ; car, si d'un homme à l'autre le sentiment varie, que dirons-nous de la sensation ? Il vous paraît, à vous, qu'une idée fixe ressemble « à un point névralgique dans le même côté du front. » Moi, je ne vois pas l'analogie. Ce n'est pas cette sensation qui traduit pour moi l'obsession de l'idée fixe, c'en est une autre. C'en est une troisième pour un troisième, et ainsi de suite, à l'infini.

Mais ce ne serait rien encore, si de cette préoccupation qui s'impose désormais tyranniquement à vous, de noter des sensations d'abord, et le reste quand vous le pourrez, ne résultait à la longue je ne sais quelle inhabileté d'exprimer le sentiment et de pratiquer l'observation morale. Réalistes, naturalistes, impressionnistes de tous les temps, et de tous les talents, vous nous ramenez à la barbarie de la langue et à l'enfance de l'art, puisque vous bégayez et que les mots mêmes vous manquent dès qu'il s'agit de penser, ce qui est pourtant « le tout de l'homme ! » Nos pères avaient une

belle expression, que nous sommes à la veille de
perdre ; ils louaient dans l'écrivain « sa connaissance
du cœur humain, » c'est-à-dire son expérience de
la double nature que nous portons en nous. Prenez
ces maîtres consacrés dans l'art de composer et
d'écrire :

Quand leur regard perçant fixait la face humaine,
Pour fouiller la pensée, il allait droit au cœur,

c'est-à-dire, ils ne s'arrêtaient pas aux apparences,
ils ne se jouaient pas en artistes ou plutôt en
dilettantes à la surface ondoyante et multiple des
choses, ils allaient au fond d'abord, et de là ramenaient quelqu'une de ces vérités générales qui sont
comme un jour jeté, comme une lueur d'éclair
brusquement faite sur l'éternelle nature humaine.
Ajouterai-je que comme les meilleurs d'entre nous
ne sont pas ceux qu'une exubérance de vie physique
projette pour ainsi dire tout entiers au dehors
d'eux-mêmes, mais au contraire ceux qui se replient
silencieusement en eux, cachant leurs blessures,
parce qu'elles importuneraient les autres, et leurs
joies, parce qu'elles seraient insultantes à ceux qui
souffrent, c'étaient ces natures d'élite vers qui d'instinct allaient les maîtres d'autrefois. Mais ne remontez pas jusqu'aux maîtres et contentez-vous des
œuvres secondaires. Dites-moi ce qui soutient encore
aujourd'hui *Gil Blas, Manon Lescaut, Candide, la*

Nouvelle Héloïse? sinon que vous y rencontrez inscrite à chaque page l'expérience de l'homme, de l'homme vrai, de celui que le costume déguise et que la mode habille comme il plaît à la frivolité des époques, mais qui n'a pas plus changé dans son fonds moral, avec ses sentiments, ses passions, et le mystère de ses contradictions, que l'espèce elle-même, à tout prendre, n'a changé dans sa constitution physique.

Telles sont nos objections : elles sont graves. M. Daudet méritait qu'on les soulevât sur son nom. Nous ne les ferions pas à tout le monde. Je m'engagerais publiquement, par exemple, à ne jamais les faire à l'auteur des *Frères Zemganno*, jamais à l'auteur de *Nana*. Elles se réduisent en deux mots à ceci : rien ne dure que par la perfection de la forme et la vérité humaine du fond. Il n'y a pas l'ombre d'un doute sur les qualités de forme de l'œuvre de M. Daudet, en tant que ces qualités sont appropriées à l'art de notre temps ; il n'y a pas non plus l'ombre d'un doute sur la vérité des portraits qu'il nous trace, en tant qu'ils sont tracés pour les lecteurs de 1880 ; mais cette forme, que durera-t-elle? et ces portraits, que vivront-ils? Ce que durent les modes, et ce que vivent les hommes d'une seule génération, et encore ! Je vois bien dans *les Rois en exil* ce qu'il y a de nouveau ; je n'y vois pas encore assez clairement, ni surtout assez profondément marqués, ces caractères qui perpétuent les nouveautés, et les font entrer dans la tradition. Ce n'est pas assez, vraiment : M. Daudet, parmi les jeunes romanciers contemporains, est du petit nombre de ceux qui seraient dignes de vouloir vivre, survivre, et durer.

15 novembre 1879.

LE *ROMAN EXPÉRIMENTAL*

« Voici venir le buffle ! le buffle des buffles ! le taureau des taureaux ! lui seul est un buffle, tous les autres ne sont que des bœufs ! Voici venir le buffle des buffles ! le buffle ! » C'est ainsi que jadis, aux plus beaux jours du romantisme, à ce que raconte Henri Heine, je ne sais quel grand critique s'en allait criant en avant de je ne sais quel grand poète. Ce critique, ou plutôt cette espèce de cornac littéraire, depuis plusieurs années déjà, le naturalisme l'a demandé vainement aux échos d'alentour. Moins heureux que le romantisme, il n'a pas pu le trouver encore, et l'écho n'a rien répondu. Personne jusqu'ici ne s'est rencontré qui voulût prendre à tâche de commenter didactiquement les beautés de *l'Assommoir* ou du *Ventre de Paris*, ou en d'autres termes, et pour dire la chose comme elle est, personne qui fût aussi naïvement infatué de M. Zola que lui-même. Là dessus M. Zola n'avait plus qu'une chose à faire ; il l'a faite ; il est devenu son propre critique. Un feuilleton hebdomadaire ne lui a pas suffi. Il a composé, pour l'exportation, d'abord, et notamment à destination de Saint-Pétersbourg, de longues études sur *les Romanciers Contemporains*, ou sur *la République et la Littérature* ; maintenant il vient d'écrire pour nous une copieuse dissertation sur *le Roman expérimental* ; c'est le moment de le mettre en expérience à son tour, et de juger un peu ce grand jugeur des autres.

S'il y a des écrivains inférieurs à la réputation que les circonstances leur ont faite, on ne laisse pas aussi d'avoir vu quelquefois des esprits supérieurs à leurs œuvres. Je ne crois pas, à la vérité, que ce soit tout à fait le cas de M. Zola. Cependant, quand il serait l'auteur de romans moins bons encore que les siens, il se pourrait qu'il eût sur le roman des idées qui valussent la peine d'être discutées. Et quand la prose de ses feuilletons ou de ses études serait encore plus froide et plus embarrassée qu'elle n'est, cela n'empêcherait pas qu'il pût avoir, malgré tout, le coup d'œil aussi juste qu'il a la main hésitante, la pensée même aussi haute, ou profonde, qu'il a le style plat.

Car il a le style plat, et je ne puis pas même accorder aux admirateurs de M. Zola qu'il convienne de saluer en lui un « écrivain de race, » encore moins « un maître de la langue. » Il ne faut pas ici que quelques pages descriptives nous fassent illusion. Écrivain, M. Zola ressemble à ce « Roi des halles, » dont on disait qu'il savait tous les mots de la langue, mais qu'il ignorait la manière de s'en servir. M. Zola sait aussi, lui, tous les mots de la langue, il en sait même plusieurs qui ne sont pas de la langue, ni d'aucune langue du monde, mais ni des uns ni des autres il n'en sait le sens, la place, l'usage.

Regardez-y de près. « Je résume cette première partie en disant que les romanciers observent et expérimentent, et que toute leur besogne naît du doute où ils se placent en face des vérités mal connues, jusqu'à ce qu'une idée expérimentale éveille brusquement un jour leur génie, et les pousse à instituer une expérience pour analyser les faits et s'en rendre maîtres. » Veuillez relire attentivement cette seule phrase. Il est évident que M. Zola ne sait pas ce que c'est qu'une expérience, et qu'il parle science ici, comme tout à l'heure vous l'entendrez parler métaphysique, avec une sérénité d'ignorance qui ferait la joie des savants et des métaphysiciens. Il est évident que M. Zola ne pèse pas la valeur des mots, car il n'appellerait pas l'idée d'une expérience possible une « idée expérimentale. » Si ces deux mots associés veulent dire quelque chose, ils ne peuvent signifier qu'une idée induite, conclue, tirée de l'expérience, quelque chose de postérieur à l'expérience, non pas d'antérieur, une acquisition faite, et non pas une conquête à faire. Il est évident que M. Zola ne sait pas ce que c'est qu' « expérimenter, » car le romancier comme le poète, s'il expérimente, ne peut expérimenter que sur soi, nullement sur les autres. Expérimenter sur Coupeau, ce serait se procurer un Coupeau qu'on tiendrait en chartre privée, qu'on enivrerait quotidiennement à dose déterminée, que d'ailleurs on empêcherait de rien faire qui risquât d'interrompre ou de détourner le cours de l'expérience, et qu'on ouvrirait sur la table de dissection aussitôt qu'il présenterait un cas d'alcoolisme nettement caractérisé. Il n'y a pas autrement, ni ne peut y avoir d'expérimentation, i n'y a qu'observation, et dès lors c'est assez pour que la théorie de M. Zola sur *le Roman expérimental*, manque et croule aussitôt par la base.

On pourrait multiplier les exemples, mais à quoi bon ? Cherchez vous-même dans ce mélange de paradoxes et de banalités que M. Zola nous a donné sous le titre de *Roman expérimental*, je ne dis pas une phrase, ou même un mot, qui commande l'attention et qui s'enfonce dans le souvenir, mais seulement une idée nette, nettement exprimée : vous l'y chercherez longtemps. S'il existe un art d'écrire, si cet art a jamais consisté dans le juste emploi des mots, dans l'heureuse distribution des parties de la phrase, dans l'exacte proportion des développements et de la valeur des idées, M. Zola l'ignore. Là pourtant, et nulle autre part ailleurs, est l'épreuve d'un écrivain vraiment digne de ce nom. Des descriptions et des peintures ne prouvent pas que l'on sache écrire, elles prouvent uniquement que l'on a des sensations fortes. C'est à l'expression des idées générales que l'on attend et que l'on juge l'écrivain. Assurément M. Zola réussit à se faire entendre, et c'est quelque chose déjà ; mais, qu'on le mette au rang des « écrivains, » c'est ce qui n'est pas plus permis, en vérité, que de l'inscrire parmi les « romanciers. »

Le grand défaut de M. Zola, comme romancier, c'est de fatiguer, de lasser et, — tranchons le mot, — d'ennuyer. Je sais qu'il répond, et qu'il croit victorieusement répondre, en invoquant les soixante-seize ou soixante-dix-sept éditions de *l'Assommoir* ; — sans compter l'édition illustrée. Lui plaît-il qu'on ajoute qu'il n'est pas douteux que *Nana* remporte à son tour le même succès de librairie ? Soit encore. Mais *Une Page d'amour* ? mais *Son Excellence Eugène Rougon* ? mais *la Conquête de Plassans* ? mais *la Faute de l'abbé Mouret* ? Combien ont-ils eu d'éditions, ces fragments de l'interminable histoire des Rougon et des Macquart...? C'en devrait être assez pour avertir M. Zola que le succès de *l'Assommoir* n'a tenu, comme celui de *Nana*, qu'à des causes tout extérieures.

On a prononcé plus d'une fois, depuis quelque temps, à l'occasion de M. Zola, le nom de Restif de la Bretonne. Celui-là, qui fut aussi dans son temps un conteur à la mode, et qui connut les ivresses de la popularité, quand on lui faisait observer « que ses ouvrages ne se vendaient qu'à raison des endroits libres, » répondait que le propos était « d'un libraire borné. » — Mais on n'a pas tiré de la comparaison tout le parti qu'on en pouvait tirer.

Restif, en effet, ne fut pas seulement l'anecdotier des mauvais lieux, il fut aussi, comme on sait, voilà cent ans, une façon de réformateur. « Ce n'est pas ici, disait-il, en annonçant lui-même je ne sais plus lequel de ses ouvrages, une jolie fadaise à la Marmontel, ou à la Louvet, c'est un utile supplément à l'*Histoire naturelle* de Buffon. » Changez les noms : l'auteur de *Nana* continue Claude Bernard comme l'auteur de *la Paysanne pervertie* continuait Buffon. Sans doute, disait-on encore à Monsieur Nicolas, vos intentions sont bonnes et vous prêchez « la vertu la plus pure, » cependant ne craignez-vous pas qu'il y ait quelque danger « à montrer ainsi le vice à découvert ? » Du danger ? « Moi, je brave les puristes[1], s'écriait-il avec l'accent de l'indignation, pour démasquer le vice, et instruire les parents. » M. Zola brave aussi les puristes, et c'est pour l'instruction des parents qu'il nous raconte l'histoire de *Nana*, la fille à Coupeau. Mais d'ailleurs, que l'auteur de *l'Assommoir* est timide encore

---

1. Notez qu'il usait des termes avec le même sentiment de leur propriété que M. Zola lui-même, et que là où il disait *puristes* il voulait dire *puritains*.

à côté de Restif, et comme le conteur du xviii᷉ siècle l'emporte sur son rival dans ses scrupules de naturaliste !

Ce n'est pas Restif qui se fût contenté de faire *poser* pour un de ses romans quelques modèles vagues, dont le nom se murmure à l'oreille ! Il imprimait les gens tout vifs, et il vous disait : « La principale héroïne de *l'Amour muet* est mademoiselle Manette-Aurore Parizot, fille du fourreur actuellement à côté de l'ancienne salle de la Comédie-Française. » Les curieux au moins y pouvaient aller voir ! Il écrivait des lettres d'amour, on lui répondait, et il les reproduisait telles quelles dans son prochain roman. « Quand j'eus cessé de voir Élise, elle en fut au désespoir, comme on l'a vu dans ses lettres, imprimées dans *la Malédiction paternelle*. » C'est ce que j'appelle du document que ces lettres d'Élise ! Il instituait enfin, lui, de véritables expériences. « J'ai sacrifié quelquefois au plaisir, mais je puis répéter que toutes ces dépenses avaient un caractère d'utilité. J'étais forcé de m'instruire pour écrire sur certaines matières, et on ne peut être parfaitement instruit qu'en faisant soi-même. » Voilà *expérimenter !* M. Zola est loin encore de son modèle ! Descendra-t-il jamais jusqu'à lui ? Restif, sous le manteau couleur de muraille dont il s'enveloppait, était vraiment l'aventurier du naturalisme, j'ai grand'peur que M. Zola n'en soit que le Prudhomme;

Il serait déloyal pourtant d'accabler M. Zola sous cette comparaison. Les naturalistes sont à la fois très près et très loin de la vérité. C'est une question de limites et de nuances. Essayons de l'éclaircir et de la préciser.

M. Zola, d'abord, qui se plaint souvent qu'on ne veuille pas le comprendre, est-il bien assuré, toujours, de comprendre les autres ? Ne se pourrait-il pas qu'il fît souvent le coup de poing contre des dversaires imaginaires ? et qu'il dépensât une vigueur inutile à n'enfoncer que des portes ouvertes ? Le grand malheur de M. Zola, c'est de manquer d'éducation littéraire et de culture philosophique. Ici, dans le vaste camp des littérateurs sans littérature, il est à la première place. Il produit beaucoup, il pense quelquefois, il n'a jamais lu ; cela se voit. C'est une réflexion qu'on ne saurait s'empêcher de faire quand on l'entend qui demande à grands cris que l'on discute avec lui la question des rapports de l'esprit et de la matière, du libre arbitre et de la responsabilité morale, ou des milieux encore et de l'hérédité physiologique. Comment quelque charitable conseiller ne lui a-t-il pas fait comprendre que chaque chose a son temps et son lieu ; que ces sortes de problèmes, si complexes, si délicats, ne s'agitent pas sur le terrain du *Ventre de Paris* ou de *l'Assommoir* ; et qu'à propos des Rougon-Macquart ou des Quenu-Gradelle, on ne met pas les gens en demeure de choisir entre le système de la prémotion physique et celui de la science moyenne ou conditionnée?

Que nous importe en effet? Qu'y a-t-il de commun entre l'*indéterminisme* ou le *déterminisme*, et le roman ou l'art dramatique? Nous croyons, nous, que tout homme se fait à soi-même sa destinée, qu'il est le propre artisan de son bonheur, et le maladroit ou criminel auteur de ses infortunes : c'est une manière de concevoir la vie. M. Zola croit au contraire, selon le mot fameux, « que le vice et la vertu sont des produits comme le vitriol ou le sucre; » et que nous sommes une matière molle que les circonstances façonneraient au hasard de leurs combinaisons : c'est une autre manière de concevoir la vie. Qu'en sera-t-il davantage? Vous écrirez *le Marquis de Villemer* dans le premier cas, si vous êtes Georges Sand; et si vous êtes Balzac, dans le second, vous écrirez *la Cousine Bette*.

Tout au plus conseillerai-je alors à M. Zola de ne pas aborder le théâtre, parce que le théâtre vit d'action, et qu'agir, c'est combattre, c'est lutter contre les personnes, ou se révolter contre la domination des choses. Mais le roman? pourquoi ne serait-il pas ce roman que M. Zola n'a jamais réalisé, mais enfin qu'il rêve ou qu'il croit rêver? le roman d'*observation* et d'*expérimentation*, si l'on tient à ce mot mal appliqué? le roman dont Balzac nous aurait légué des modèles, si Balzac avait su seulement écrire dans une langue plus voisine du français, le roman dont M. Flaubert aurait fixé les règles, si des Dieux jaloux n'avaient pas refusé ce bonheur à M. Flaubert de nous donner une seconde *Madame Bovary ?*

Vous choisissez un caractère, ou, comme vous dites, un tempérament ; vous en voulez « démonter et remonter le mécanisme ; » vous prétendez chercher « ce que telle passion, dans tel milieu et dans telles circonstances données, produira au point de vue de l'individu et de la société ? » Je le veux bien. Sans doute, puisque vous y tenez, je vous fais remarquer en passant que, si l'homme n'est pas libre, il croit l'être ; que les sociétés de l'Occident sont fondées sur cette croyance, — hypothèse, préjugé métaphysique ou superstition religieuse, — comme il vous plaira de l'appeler ; et que, par conséquent, vous éliminez du *roman expérimental* ce qu'il y a peut-être de plus intéressant pour l'homme, et de plus vivant, au plein sens du mot, à savoir : la tragédie d'une volonté qui pense. Mais, comme il y a certainement parmi nous des volontés faibles et des volontés nulles et, comme les plus énergiques sont presque aussi souvent, dans la vie quotidienne, les esclaves de leurs désirs que les maîtres de leurs volontés, vous en serez quitte pour avoir sacrifié de parti pris un élément parmi les éléments de l'intérêt romanesque. Il y avait sept cordes à la lyre, vous en supprimez une, il n'en est que cela. Il n'en reste pas moins bien des airs encore que vous pouvez jouer. Et si votre roman m'intéresse, d'une manière ou d'une autre, et, je le répète, il n'y a pas de raison pour qu'il ne m'intéresse pas, ne vous flattez pas que j'aille résister contre mon émotion et « que le plaisir de la critique m'ôte celui d'être très vivement touché de très belles choses. » Donnez-moi donc ces belles choses d'abord, et nous verrons ensuite. Mais, en attendant, ne déplaçons pas les questions. Quand on vous parle roman, de grâce, ne répondez pas métaphysique ou physiologie. Si vous n'avez pas attrapé le but et que l'œuvre soit manquée, les plus savantes théories du monde n'y feront rien. Tâchez seulement d'être, une autre fois, plus habile ou plus heureux. Et ne vous étonnez pas que nous refusions de prendre le change en refusant de voir en vous le champion d'un système; vous n'en êtes que la victime, et votre talent est la dupe de votre philosophie.

M. Zola se trompe encore quand il croit qu'on lui ferait un reproche de vouloir nous intéresser aux amours de Coupeau le zingueur et de Gervaise la blanchisseuse. Et pourquoi non? C'est à lui de savoir s'y prendre. Qui donc a nié qu'en tout homme il y eût quelque chose de l'homme? Il n'était guère besoin d'en appeler à Claude Bernard et de répéter après lui « qu'on n'arriverait à des généralisations vraiment fécondes qu'autant qu'on aurait expérimenté soi-même, et remué dans l'hôpital, l'amphithéâtre et le laboratoire, le terrain fétide et palpitant de la vie. » Nous le savons. Quelle rage a donc M. Zola de batailler ainsi contre des moulins à vent ? Si bas qu'il lui convienne demain de prendre ses héros, les prendra-t-il jamais plus bas que Manon Lescaut et son chevalier des Grieux ? Que l'on aime à rencontrer dans le roman des hommes de bonne compagnie ou des femmes de cœur et d'esprit (puisqu'aussi bien la lecture, selon le mot du philosophe, est comme une conversation que l'on entretiendrait avec les plus honnêtes gens de toute condition) ; est-ce à dire pour cela qu'il nous déplaira d'y trouver de braves gens moins bien élevés que des diplomates, ou d'excellentes femmes un peu moins bien vêtues que nos élégantes à la mode ?

Singulière façon de discuter que de prêter à ses adversaires des préjugés d'un autre âge ! Nous disons seulement que quiconque écrit, écrit d'abord pour ceux qui pensent, et qu'en thèse générale, certaines façons de penser vulgaires, qui seraient plus exactement nommées des façons de ne pas penser, ne sont guère plus dignes d'être notées par le romancier que certaines façons de parler ne sont dignes d'être enregistrées par le lexicographe. Or, quand un zingueur ou une blanchisseuse ont travaillé de leur métier douze ou quinze heures par jour, ils n'ont guère le loisir ni n'éprouvent le besoin de penser. Ils se couchent, et recommencent le lendemain. C'est pourquoi, si vous voulez les représenter au vrai, vous nous les représenterez sous d'autres traits que ceux de leur condition.

Entendons-nous par là que le romancier doive s'interdire la peinture des conditions? En aucune manière. Mais on soutient, sur la foi de tous les chefs-d'œuvre, que la peinture des caractères est partout et toujours humaine, tandis que la peinture des conditions ne l'est et ne peut l'être que dans des circonstances rigoureusement définies. Oui, vous pouvez prendre le roi, — comme dans la tragédie de Racine; — vous pouvez prendre le médecin, — comme dans la comédie de Molière, — parce que de fait, il y a certaines fonctions, certains arts, certains métiers dont la pratique assidue modifie le fonds humain d'une certaine manière, et d'une certaine manière qu'il est possible, utile, intéressant de déterminer. Agir en roi, parler en médecin, ces expressions ont du sens, un sens plein et déterminé. Mais la quincaillerie, je suppose, ou l'art de faire des souliers, quelle modification cela peut-il bien exercer sur les amours ou les haines, sur les joies ou les souffrances qui sont la grande affaire de la vie? Et concevez-vous clairement ce que ce peut bien être qu'aimer en ébéniste, ou souffrir en marchande des quatre-saisons?

C'est une des mille manières de redire qu'il faut faire des sacrifices, et que Voltaire a cent fois raison quand il ajoute « que les détails sont une vermine qui ronge les grands ouvrages. » On croit aujourd'hui que c'est par là que les œuvres durent, tandis que c'est par là justement qu'elles périssent. On professe que c'est par là qu'elles sont vraies, et dans dix ans d'ici seulement c'est par là qu'elles seront fausses. « Tout document apporté est incontestable, la mode ne peut rien contre lui. » S'il s'agit d'histoire, oui ! s'il s'agit de littérature, non, cent fois non ! C'est au contraire par là, par le document, par la description d'un costume et d'un mobilier, par la carte du restaurateur et le mémoire du tapissier, que dans quinze ou vingt ans d'ici l'œuvre sera devenue fausse.

Là-dessus, veut-on dire qu'il faudrait, comme nos naturalistes affectent de le croire, rejeter systématiquement dans l'ombre une part de la réalité ? Cela peut se soutenir, il est vrai, car enfin, il y a des actes par lesquels nous rejoignons l'animal, et des actes par lesquels nous nous en distinguons, et c'est par ceux-ci que nous sommes hommes. Nos sensations sont une part de nous-mêmes, assurément, je dis seulement qu'elles en sont une part inférieure. N'ayons pas peur des mots : il y a des actes qui sont nobles, comme de se dévouer ou de se sacrifier ; il y en a qui sont indifférents, comme de boire ou de manger ; et il y en a qui sont ignobles, si l'on veut bien passer à La Bruyère la liberté de l'expression, comme d'aller à la garde-robe. Je puis donc concevoir une littérature qui subordonnerait de parti pris les sensations aux sentiments, et les sentiments aux pensées, et cette littérature sera légitime, et cette littérature sera vraie, que dis-je ? elle sera naturaliste, car enfin, comme l'a dit quelqu'un qui s'y connaissait : « La nature ne peut être embellie par aucun moyen qui ne soit encore de la nature [1]. » Mais je conçois aussi très aisément que l'on ait l'ambition de vouloir peindre l'homme tout entier. Il ne reste plus qu'à s'entendre sur le mot.

Or, savez-vous pourquoi vos descriptions, quelque bonne volonté, moi, lecteur, que j'y mette, et vous, écrivain, quelque talent que vous y dépensiez, tôt ou tard, mais immanquablement, finissent par me lasser ? Vous me montrez un tapis dans une chambre, un lit sur ce tapis, une courte-pointe sur ce lit, un édredon sur cette courte-pointe,... quoi encore ? Ce qui fatigue ici, c'est bien un peu l'insignifiance du détail, comme ailleurs c'en sera la bassesse, mais c'est bien plus encore la continuité de la description. Il y a des détails insignifiants, il y a des détails bas, il y a surtout des détails inutiles. Que mon lit soit un lit de coin ou un lit de milieu, que mes rideaux soient à lambrequin ou à tête flamande, je serais vraiment curieux de savoir le renseignement que vous en tirerez sur mon caractère ? Il n'en saurait être autrement si c'est une vie d'homme que vous me racontiez ainsi par le menu. Un homme exerce

---

1. C'est Shakespeare, — pour l'édification de M. Zola, qui se pique de « quelque connaissance des littératures étrangères : »

Yet nature is made better by no mean,
But nature makes that mean.

un métier, mais il n'est pas toujours, et dans tous les actes de sa vie, l'homme de son métier ; un homme est né dans telle condition, et il y meurt, mais il n'est pas toujours, et dans tous les actes de sa vie, l'homme de sa condition ; un homme a un certain caractère, et ce caractère est profondément marqué, mais il n'est pas toujours, et dans tous les actes de sa vie, l'homme de son caractère.

Il n'existe pas de pharmacien Homais dont la sottise déclamatoire n'ait des intermittences, il n'existe pas de baron Hulot dont la fureur de luxure n'ait des rémissions. Vous parlez de réalité, vous dites que « c'est le réel qui a fait le monde, » et quoique la formule ne soit pas précisément des plus claires, je crois cependant vous comprendre, ou plutôt : je veux faire comme si je vous comprenais. Mais dans la réalité, vous m'accorderez bien que le pharmacien Homais laisse échapper, de ci, de là, quelques paroles qui ne sont ni prétentieuses, ni niaises, qui sont indifférentes, c'est-à-dire qui ne trahissent rien de son caractère ni de sa condition. Et le baron Hulot, dans la réalité, comme vous, comme moi, comme nous tous, apparemment accomplit certains actes qui ne révèleraient rien de ses passions ni de ses appétits au plus pénétrant des observateurs. Dans *Madame Bovary* cependant, Homais n'ouvre pas la bouche qu'il n'en tombe quelque phrase marquée au coin de sa solennelle bêtise ; et le baron Hulot, dans *la Cousine Bette*, ne fait, pour ainsi dire, ni un pas ni un geste qui ne coure à l'assouvissement de ses désirs. Ils sont donc *vrais*, car M. Zola ne me niera pas qu'ils le soient, ils sont vrais, précisément en tant qu'ils cessent d'être *réels*, car ils cessent de l'être.

Maintenant au contraire, vous voulez être absolument réel et, comme dit M. Zola, « vous vous jetez dans le train banal de l'existence. » Pour héros de votre journal, pour victime de votre fureur biographique, vous choisissez un personnage, tel, je l'avoue, que nous en rencontrons par douzaines « dans la simplicité de la vie quotidienne, » qui n'ont ni métier, ni condition, ni caractère surtout; en vain serez-vous maître après cela dans l'art de voir et de faire voir, d'observer et de rendre, de découvrir les choses et de manier la langue : vous ennuierez. Tout ce qui est continu ennuie. Je le prouve par un seul et illustre exemple, en rappelant au souvenir de tous ceux qui l'ont lue l'*Éducation sentimentale* de M. Gustave Flaubert. On demandera pourquoi cette continuité du détail fatigue et pourquoi cette nécessité de choisir s'impose ? La réponse est aisée maintenant : c'est parce que dans la vie les choses ne se passent pas comme elles devraient se passer. Nous avons besoin d'un peu d'idéal.

Cela ne veut pas dire, comme il plaît à M. Zola de le supposer pour se faire la partie plus belle, que l'on exige du romancier « des apothéoses creuses, de grands sentiments faux, des formules toutes faites, et un étalage de dissertations morales. » Allons donc ! M. Zola se moque lorsqu'il prétend qu'on lui demanderait « de sortir de l'observation et de l'expérience pour baser ses œuvres sur l'irrationnel et le surnaturel, » ou « de s'enfermer dans l'inconnu sous le prétexte stupéfiant que l'inconnu est plus noble et plus beau que le connu. » Lui, qui trouve qu'on adresse au naturalisme des « reproches bêtes, » de quel adjectif nous permettra-t-il de qualifier cette définition de l'*idéalisme?* Mais nous dira-t-il du moins en quoi *Valentine* est « basée sur le surnaturel, » ou *Indiana* sur « l'irrationnel ? » Lui plaira-t-il de nous montrer quelque jour un étalage de dissertations morales dans *Colomba* ou dans *Arsène Guillot?* des formules toutes faites et de grands sentiments faux dans *la Petite Comtesse* ou dans *Julia de Trécœur?* Je le tiens quitte des *apothéoses creuses:* c'est encore de ces expressions qu'il ne m'est pas donné de comprendre. A quoi donc riment tous ces grands mots ? quel est le mannequin que l'on se forge pour adversaire ? et, comme dit l'autre, « qui trompe-t-on ici ? » Non ! il n'est question ni de « surnaturel, » ni « d'irrationnel; » il n'y a de « stupéfiant » que la lecture d'*une Page d'Amour* ou de *Son Excellence Eugène Rougon*; M. Zola passe à côté du problème; et le problème est bien autre : Il s'agit de déterminer à quelles conditions la réalité devient vraie.

Indiquons-en brièvement quelques-unes.

Ramasser la réalité d'abord et la mettre au point précis de perspective qu'exige l'optique particulière de chaque art. Dans la vie réelle, ce n'est que lentement, à force de longueur de temps et d'expériences renouvelées, que nous pénétrons dans la connaissance de ceux qui nous entourent. On voit des maris qui meurent sans avoir pu parvenir à connaître leur femme ; des fils sont nés sous les yeux de leur père, ils ont vécu sous son toit, ils deviennent hommes, et leur père ne les connaît pas. Il faut que l'art trouve des moyens d'abréger le temps nécessaire à cette connaissance de l'homme par l'homme ; il réduit, il résume, il simplifie ; l'ensemble de ces moyens, c'est ce qu'on appelle en matière d'art le parti-pris nécessaire et l'inévitable convention.

Il faut ensuite que, du milieu des remarques patiemment accumulées, de la foule des observations prises, du fatras des notes recueillies, on dégage quelque chose d'humain. Ce sera d'ailleurs ce que vous voudrez, un cas pathologique : ainsi la *Cousine Bette*; un cas psychologique : ainsi le *Père Goriot*; un milieu social, une condition, comme dans *César Birotteau*; un type absolu comme dans *Eugénie Grandet*. Combien de fois M. Zola croit-il avoir atteint quelque chose de semblable? et combien de ses romans un lecteur impartial osera-t-il mettre à la suite, si loin que ce soit, de ceux que je viens de citer? C'est qu'il ne suffit pas, pour y réussir, d'avoir un système d'esthétique, et ce n'est rien moins ici que ce qu'on appelle invention dans l'art.

Reste un dernier pas à faire. Il faut trouver le milieu psychologique, et même géographique, où le personnage atteindra ce degré de vraisemblance qui est la vérité et la vie de l'œuvre d'art. Nous sommes si peu les adversaires de la théorie des milieux que nous enchérissons sur M. Zola lui-même : il n'a voué qu'un culte à Claude Bernard, nous lui vouons une superstition. Et nous aimons tant en toutes choses la couleur locale que nous portons à l'auteur lui-même de *Tragaldabas* un défi de l'apprécier plus que nous. C'est peu pour nous qu'un Espagnol parle comme un Espagnol doit parler, ou plutôt ce n'est rien. Mais essayez par exemple de transposer la *Phèdre* de Racine. Supposez que mademoiselle Rougon-Macquart ayant épousé M. Quenu-Gradelle, charcutier de son métier, à l'enseigne du *Jambon de Mayence*, devienne amoureuse de son beau-fils Quenu-Gradelle, garçon épicier... Il est inutile de pousser plus avant, le sujet aussitôt devient odieux et repoussant, ou ridicule et grotesque, selon le biais par lequel le romancier le prendra. Pour quelle raison ? Parce que dans ce milieu bourgeois, abrité contre certaines tentations par son ignorance même, et par sa vulgarité contre certains orages, il n'y a pas d'explication *psychologique* du crime, et l'amour incestueux de la femme Quenu deviendrait une pure dépravation des sens, un déchaînement ignoble de la bestialité, rien de plus. Mais à la hauteur où les circonstances ont placé la Phèdre et l'Hippolyte tragiques, c'est-à-dire dans un monde où ni les désirs ne sont habitués à connaître d'entraves, ni les passions à subir des freins, ni les volontés à s'embarrasser des obstacles, dans un monde où l'homme et la femme, également enivrés du sentiment de leur toute-puissance, se font des dieux de leurs caprices, tout est changé déjà.

Multipliez les exemples. Supposez un Hamlet italien, imaginez-vous un Roméo suédois, essayez de vous représenter un Othello français ; ce n'est rien qu'une telle supposition ; ce n'est rien et pourtant c'est tout, puisque c'est simplement détruire Hamlet, Roméo, Othello. *Être ou ne pas être...*, je dis que ce fameux monologue n'est pas possible à Venise, et quand vous m'apporteriez du contraire vingt preuves historiques, je soutiens que cet unique échange de regards par lequel Juliette et Roméo se donnent pour toujours l'un à l'autre, s'il est vrai dans Vérone, serait un mensonge esthétique dans Stockolm ou dans Uleaborg. Ce choix du milieu, ce rapport de la forme et du fond, cette appropriation des moyens à la fin, c'est ce que l'on appelle le style.

Voulez-vous maintenant faire une chute profonde, et de ces hauteurs de l'art retomber jusqu'à M. Zola ? Pourquoi *l'Assommoir* tient-il, en dépit qu'on en ait, une place jusqu'ici tout à fait à part dans l'œuvre de M. Zola? Parce que, ayant voulu peindre la dégradation et l'abrutissement final de l'ivresse, M. Zola, pour une fois, a trouvé le vrai milieu dans lequel devait se mouvoir son drame; parce que cette honteuse passion ne sort son plein et entier effet, comme disent les grimoires de justice, que dans une classe ouvrière ; parce que dans un autre monde elle pourra bien compromettre la santé d'un malheureux, sa dignité, son bonheur domestique, elle ne compromettra jamais directement la fortune, l'honnêteté de la femme, l'éducation des enfants. L'ivresse partout ailleurs est un malheur privé, ce n'est que dans le monde de *l'Assommoir* qu'elle devient un danger social.

Il nous reste à montrer en terminant que toute cette discussion passe par-dessus la tête de M. Zola, qu'en vain il se proclame réaliste ou naturaliste, et que comme romancier, sinon comme critique, il n'a jamais rien eu de commun avec les doctrines qu'il professe. Il suffit pour s'en convaincre d'ouvrir un de ses romans. Voulez-vous savoir comment ce grand observateur observe? lisez et comparez :

« D'autres fois il était un chien. Elle lui jetait son mouchoir parfumé au bout de la pièce, et il devait courir le ramasser avec les dents, en se traînant sur les mains et les pieds.

» — Rapporte, César ! je vais te régaler, si tu flânes. Très bien, César, obéissant ! gentil ! Fais le beau !

» *Et lui aimait sa bassesse, goûtait la jouissance d'être une brute, aspirant à descendre, criant :*

» *Tape plus fort! hou! hou! je suis enragé. Tape donc.* »

Ouvrons maintenant la *Venise sauvée* de Thomas Otway. Le sénateur Antonio y est l'amant de la courtisane Aquilina.

« Elle le chasse, elle l'appelle idiot, brute, elle lui dit qu'il n'y a rien de bon en lui que son argent.

» — Alors je serai un chien.

» — Un chien, monseigneur!

» Là-dessus il se met sous la table et il aboie.

» — *Ah! vous mordez? eh bien, vous aurez des coups de pied.*

» — *Va, de tout mon cœur, des coups de pied! encore des coups de pied! Hou! hou! Plus fort! encore plus fort!* »

La rencontre, n'est-elle pas bien remarquable? A ce propos, je me suis souvenu qu'en 1874, lorsque tombèrent sur le petit théâtre de Cluny *les Héritiers Rabourdin*, M. Zola le prit de très haut avec la critique, et déclara qu'en ne l'applaudissant pas, c'était le *Volpone* de Ben Jonson qu'on avait eu l'audace de ne pas applaudir; comme s'il y avait d'abord obligation d'applaudir le *Volpone* de Ben Jonson! et surtout comme s'il était démontré que le vaudeville de M. Zola valût le drame du grand rival de Shakespeare! « Pas un critique, ajoutait-il, ne s'est avisé de cela. Il est vrai que la chose demandait quelque érudition! quelque souci des littératures étrangères! » En vérité! tant que cela? Mais non! il n'était besoin ni de cette « érudition » ni de « ce souci des littératures étrangères; » il suffisait d'imiter M. Zola, c'est-à-dire d'ouvrir, et de consulter attentivement l'*Histoire de la littérature anglaise* de M. Taine. Et, comme on eût trouvé le *Volpone* de Ben Jonson au tome II de cette grande histoire, analysé de la page 33 à la page 50, on trouvera le passage d'Otway que nous venons de citer au même tome du même ouvrage, page 656.

Il y a mieux, et pour qu'on n'en ignore, M. Zola commet la plus amusante inadvertance. Lisez encore : « Elle fut prise d'un caprice, elle exigea qu'il vînt un soir vêtu de son grand costume de chambellan... Puis le chambellan déshabillé, l'habit étalé par terre, elle lui cria de sauter et il sauta. » Maintenant il me paraît probable que M. Zola ne se fût pas avisé de ce trait, si la page 655 du tome II de M. Taine ne portait pas cette note : « La petite Laclos disait à je ne sais plus quel duc en lui prenant son grand cordon : — Mets-toi à genoux làdessus, vieille ducaille, — et le duc se mettait à genoux. » Et je lui donne le choix : ou il a cru que le texte d'Otway continuait, ce qui serait, non pas même d'un observateur, mais d'un lecteur bien inattentif ; ou il a cru que pour peindre un chambellan du xixe siècle le naturalisme consistait à coudre au bout d'une anecdote du xvie siècle un trait du xviiie, et que devient la réalité ? Assurément, chacun de nous invente comme il peut, mais vous avouerez du moins que, quand on démarque ainsi, tantôt Ben Jonson ou Otway, et tantôt Restif ou Casanova, on est assez mal venu de prêcher l'observation des choses et l'expérimentation de l'homme.

Si l'observation de M. Zola n'est pas d'un « réaliste, » j'ajoute que son style est d'un romantique. Chose bizarre ! ce « précurseur » retarde sur son siècle ! Ses *Études* sonnent l'heure de l'an 1900, et ses romans marquent toujours l'heure de 1830.

C'est une bien grande ingratitude à lui, notamment, que d'avoir traité Théophile Gautier comme il n'a pas craint de le faire. Je ne sache pas du moins une description de M. Zola qui ne soit dans la manière de Théophile Gautier : « La lumière du gaz et des bougies glissait sur les épaules satinées et lustrées de leurs mille reflets, et les yeux papillotaient, bleus ou noirs, les gorges demi-nues se modelaient hardiment sous les blondes et les diamants... les petites mains gantées de blanc se posaient avec coquetterie sur le rebord rouge des loges. » Pourquoi cette description ne serait-elle pas de Théophile Gautier? Mais, celle-ci, pourquoi ne serait-elle pas de M. Zola? « Les rangées de fauteuils s'emplissaient peu à peu, une toilette claire se détachait, une tête au profil fin baissait son haut chignon... de jeunes messieurs, debout à l'orchestre, le gilet largement ouvert et un gardenia à la boutonnière, braquaient leurs jumelles du bout de leurs doigts gantés. » Et, de fait, la première est bien de Théophile Gautier, comme la seconde est de M. Zola.

Qu'il cesse donc de renier ses maîtres ! De grands mots, des épithètes voyantes, des métaphores bizarres, des comparaisons prétentieuses font tous les frais du style de M. Zola : « Sabine devenait l'effondrement final, la moisissure même du foyer, toute la grâce et la vertu pourrissant sous le travail d'un ver intérieur. » Il y a je ne sais quoi de plus empanaché dans les vers de *Tragaldabas* ou dans la prose des *Funérailles de l'honneur* ; je ne crois pas qu'il y ait rien de plus drôle.

Le grand danger de cette manière d'écrire, qui déforme les objets, c'est qu'elle déforme les sujets aussi. Comme on écrit, on pense ; il n'y a rien de plus banal que l'aphorisme ; et pourtant il n'y a rien qui soit de notre temps plus profondément ignoré. L'idée première de l'incroyable roman de M. Zola était juste. M. Zola voulait nous montrer dans le monde parisien la toute-puissance corruptrice de la *fille*, et, sous l'empire de ses séductions malsaines, famille, honneur, vertu, principes, tout en un mot, croulant. Là-dessus, il a fait de sa triste héroïne je ne sais quelle monstre géant « à la croupe gonflée de vices, » une énorme Vénus populaire, aussi lourdement bête que grossièrement impudique, une espèce d'idole indoue qui n'a seulement qu'à laisser tomber ses voiles pour faire tomber en arrêt les vieillards et les collégiens, et qui, par instants, se sent elle-même « planer sur Paris et sur le monde. » Remarquez-le bien; je ne pose pas la question de moralité ou d'immoralité; le public l'a déjà tranchée. Je ne parle que de « réalisme » et de « naturalisme, » et je dis que M. Zola n'a pas l'air de se douter qu'une pareille créature mettrait en fuite ce baron Hulot lui-même, dont il a visiblement prétendu nous donner le pendant.

Il n'y a qu'un côté par où les œuvres de M. Zola ressemblent à ses doctrines ; j'entends la grossièreté voulue du langage et la vulgarité délibérée des sujets. Lui, qui a tant de « souci des littératures étrangères » on dirait qu'il ait médité ce conseil d'un maître. Le passage ne se trouve pas dans l'*Histoire de la littérature anglaise*. « Il faudra qu'un auteur accoutume son imagination à considérer ce qu'il y a de plus vil et de plus bas dans la nature; il se perfectionnera lui-même par un si noble exercice : c'est par là qu'il parviendra à ne plus enfanter que des pensées véritablement et foncièrement basses; c'est par cet exercice qu'il s'abaissera beaucoup au-dessous de la réalité. »

Car où donc enfin nos romanciers ont-ils vu ces mœurs qu'ils nous dépeignent? Et les ont-ils vues seulement? Pour M. Zola, je n'hésite pas à le dire, et j'espère qu'après ce commencement de démonstration le lecteur n'hésitera pas davantage : il ne les a pas vues. Et quand il les aurait vues, quelle serait cette manie de ne regarder l'humanité que par ses plus vilains côtés? Le but? Il y a le but. Quelle mauvaise plaisanterie, et qui commence à trop durer! A qui M. Zola pourra-t-il faire croire que le *delirium tremens* de Coupeau détournera de son verre un seul ivrogne, ou que la petite vérole de Nana balancera jamais dans les rêves d'une malheureuse fille du peuple toutes les séductions de la liberté, du plaisir, et du luxe dont il lui donne les amples descriptions? Il n'y a pas d'excuse, et c'en est assez, décidément, c'en est trop, de ce vice bas et niais dont on prolonge la peinture pendant des cinq cents pages.

Ouvrez les yeux, regardez autour de vous : apparemment le siècle n'est pas si stérile en vertus qu'on n'y puisse de loin en loin rencontrer de bons exemples. De la Madeleine à la Bastille et de la gare de l'Est à Montrouge, on peut encore trouver d'honnêtes gens qui se tiennent pour heureux d'une modeste aisance, des pères de famille qui épargnent, des femmes fidèles à leur mari, et des mères qui raccommodent le linge de leurs enfants. Ne dites pas que ces gens-là n'ont pas d'histoire! Ils en ont une, la plus intéressante et la plus vraie de toutes, l'histoire des jours mauvais, si longue dans toute vie humaine, traversés et subis en commun ; l'histoire des jours heureux et des sourires de la fortune qui sont venus récompenser le labeur et l'effort; et, — si vous avez du talent, — l'histoire de ces sentiments complexes et subtils dont le lien délicat a noué, de jour en jour plus fortement, deux ou plusieurs existences ensemble, chacun sacrifiant aux autres quelque chose de sa personne, chacun dissimulant aux autres quelque chose de ses douleurs, tous mettant en commun leurs joies; et tous pouvant compter sur tous.

Par malheur, ce sont des réflexions que M. Zola ne voudra jamais faire. Il a son esthétique et il a son système. Dans un de ses derniers feuilletons hebdomadaires n'a-t-il pas écrit cette phrase étonnante, que je cite textuellement : « Voyez un salon, je parle du plus honnête; si vous écriviez les confessions sincères des invités, vous laisseriez un document qui scandaliserait les voleurs et les assassins?» Tout commentaire affaiblirait une telle déclaration de principes, toute épithète en altérerait le beau sens,—et c'est une de ces impressions sous lesquelles il faut laisser le lecteur.

15 février 1879.

LE NATURALISME FRANÇAIS

Étude sur Gustave Flaubert.

On ne doit aux morts que la vérité, dit un commun proverbe. Est-ce donc pour cela qu'à peine entrés dans la tombe, il s'élève autour d'eux un tel concert d'éloges, tellement hardis, tellement outrés, tellement extravagants, que, si leurs prétendus admirateurs avaient juré de les déconsidérer à force d'adjectifs, on n'imagine pas qu'ils eussent pu s'y prendre autrement. Amas d'épithètes, mauvaises louanges : on l'a dit, il faut le redire. L'auteur de *Madame Bovary* vaut mieux que ces éclats d'admiration banale. S'il n'est pas de ceux qui laissent, en disparaissant, un vide derrière eux, parce qu'après tout ceux-là seuls vraiment laissent un vide qui sont frappés en pleine maturité de l'âge, en plein progrès du talent, en pleines promesses d'avenir, il est de ceux au moins qui laissent dans l'histoire de la littérature d'un siècle une trace profondément empreinte. Il a donc le droit d'être jugé dès à présent sur ses œuvres, sans esprit de flatterie, comme sans intention de dénigrement.

I

Avant tout et par-dessus tout, Flaubert fut un artiste : artiste par ses qualités, artiste aussi par ses défauts.

Précisons, sans tarder davantage, ce que ce mot d'artiste, que l'on emploie, comme tant d'autres, un peu au hasard, enferme de sens différents; ou plutôt, mettons en lumière ce qu'il contient, tout au fond, de restrictions implicites à l'admiration dont il semble, au premier abord, qu'il soit l'expression absolue. Si, comme le dit Flaubert lui-même, assez lourdement, si « les accidents du monde, dès qu'ils sont perçus, vous apparaissent comme transposés pour l'emploi d'une illusion à décrire, tellement que toutes les choses, y compris votre existence, ne vous semblent pas avoir d'autre utilité, » c'est-à-dire si vous considérez le monde, la nature, la vie, l'homme enfin comme des choses qui seraient faites pour l'art, et non plus l'art comme une chose qui serait faite pour l'homme, vous êtes artiste, au sens entier du mot, dans la force et dans la profondeur du terme. Alors, tout autour de vous, si large ou si restreint que soit le cercle de votre expérience ; que vous ayez confiné bourgeoisement votre vie dans un canton de la Basse Bretagne ou de la Normandie ; que vous ayez promené votre observation vagabonde sur les bords du lac Asphaltite ou sur les ruines de Carthage ; vous n'apercevez, — c'est encore l'expression de Flaubert, — que « ce qui peut profiter à votre consommation personnelle. »

C'est une raison pour qu'il vous échappe bien des choses. Vainement invoquez-vous les grands mots : « l'amour de la littérature pour elle-même », le culte de l'art pour l'art, « la religion de l'idéal. » Si vous avez « fortifié » quelque chose, dans ce que vous appelez ambitieusement « la contemplation des réalités, » ce n'est pas tant, comme vous croyez « la justesse de votre coup d'œil, » c'est surtout, c'est peut-être uniquement la sûreté de votre main. Votre idéal reste toujours un peu bas, comme votre culte un peu matériel, comme votre littérature un peu grossière, parce que vous donnez aux questions de forme et de métier plus d'importance qu'elles n'en devraient avoir. Ce ne sont que des *moyens*, dont il faut certainement avoir la connaissance entière, et vous les traitez comme des *fins*, au delà desquelles vous ne concevriez rien d'ultérieur. Bien plus, et tôt ou tard, poussant à bout l'esthétique de vos aptitudes, vous en arrivez à ce renversement du vrai que de placer *l'artifice au-dessus de l'émotion*; que de professer en propres termes que l'inspiration *doit être amenée plutôt que subie*; que d'estimer enfin tout ce qui s'enseigne, et tout ce qui s'acquiert, et tout ce qui se transmet, au-dessus du *don*, — ainsi nommé parce que c'est la seule chose qui ne se donne ni qui ne se reçoive. Tel fut le cas de Flaubert, et, pour ne nommer à côté de lui personne de vivant, c'avait été jadis, dans l'école romantique, le cas de Théophile Gautier.

Mais aussi, par une juste compensation, de cette curiosité passionnée de la forme, toujours en éveil, toujours en quête, et de cet approfondissement du métier toujours poussé, toujours creusé plus avant, quels effets ne peut-on pas tirer? On est étonné quelquefois de voir une critique technique s'acharner subitement à de certaines réhabilitations littéraires. Ce qui nous étonne, c'est que l'on s'en étonne. Il faut que l'on oublie, à moins qu'on ne l'ignore, l'objet vrai de la critique, et les vraies conditions de l'art. Connaître son métier, certes, ce n'est pas tout, mais n'allez pas croire aussi que ce soit peu de chose. Tel écrivain n'aura pas eu cette gloire de léguer un chef-d'œuvre à la postérité; mais il savait son métier, mais il a renouvelé les procédés de son art, mais ceux qui l'ont dépassé n'y ont pu parvenir qu'en commençant eux-mêmes par l'imiter ; et voilà le mot de ces réhabilitations ! Elles n'ont jamais été plus utiles ni plus bienfaisantes qu'aujourd'hui. Car, il serait facile de le démontrer, ce que la plupart de nos romanciers savent le moins, quoi qu'ils en disent et quoi qu'ils veuillent nous en imposer, ne vous y trompez pas : c'est leur métier. Flaubert savait le sien, et il le savait admirablement. Il ne s'est pas contenté de le savoir, il l'a étendu.

En ce sens, — qui est le sens étroit du mot, — Flaubert est incontestablement un maître. Et, puisqu'on a si souvent rapproché son nom de celui de Balzac, il est maître à bien plus juste titre que l'auteur de la *Comédie humaine*.

Balzac n'est rien que ce qu'on appelle de nos jours un tempérament, une nature, une force presque inconsciente qui se déploie au hasard, sans règle ni mesure, également capable de produire *le Cousin Pons* ou *Eugénie Grandet*, et de se dépenser dans des mélodrames judiciaires, non moins hideux que puérils, tels que *la Dernière Incarnation de Vautrin*. Avec cela, l'un des pires écrivains qui jamais aient tourmenté cette pauvre langue française. On prétendit, quand parut *Madame Bovary*, qu'il y avait là des pages que Balzac eût signées. Certes ! s'il avait pu les écrire ! Aussi, quand Balzac rencontre bien, c'est bien ; mais quand il rencontre mal, alors on peut dire vraiment qu'il ne reste rien de Balzac dans Balzac. Le romancier qui se mettrait à l'école de Balzac, je ne vois pas le profit qu'il en pourrait tirer. Ce « maréchal de la littérature » est un triste modèle. Car, là où il est bon, il est inimitable, et là où l'on peut l'imiter, il est franchement détestable. On a voulu imiter de Balzac les *Scènes de la vie de province*, et cela s'appelle, comme vous le savez, les *Bourgeois de Molinchart*. Mais on a imité, sans beaucoup de peine, au hasard des coupures du roman-feuilleton, *la Dernière Incarnation de Vautrin*, et cela s'appelle, comme vous avez pu le voir un temps sur toutes les murailles de France et de Navarre, *le Dernier Mot de Rocambole*.

On peut, au contraire, se mettre à l'école de Flaubert, parce qu'on peut toujours se mettre à l'école de tout artiste dont l'art est serré, contenu, concentré, maître de soi. A ce titre, et même quand il ne serait pas l'auteur de *Madame Bovary*, j'ose croire que Flaubert aurait encore sa place dans l'histoire de notre littérature contemporaine. Vous avez entendu vanter *l'Éducation sentimentale* par-dessus *Madame Bovary*, et des académiciens ont préféré publiquement le roman de la fille d'Hamilcar à celui de la femme du médecin de Tostes et d'Yonville : ils avaient tort et ils avaient raison. Ils avaient tort, parce que *l'Éducation sentimentale* et *Salammbô*, comme romans, sont des livres ennuyeux et par conséquent illisibles ; ils avaient rai-

son, car il n'y a vraiment rien dans *Madame Bovary*
qui soit supérieur à quelques narrations épiques de
Salammbô, ni rien qui soit égal à deux ou trois
parties descriptives de *l'Éducation sentimentale*.
Mais surtout, s'ils voulaient dire que ces deux romans joints ensemble forment un arsenal entier des
procédés de la rhétorique naturaliste, — et je ne
prends ici ni le mot de rhétorique ni celui même
de naturalisme dans un sens défavorable, — c'est
alors qu'ils avaient raison. Entrons un peu plus
avant qu'on ne l'a fait, dans l'analyse de quelques-
uns de ces procédés.

Voici d'abord un procédé de peintre : « Le soleil,
passant sous l'Arc de Triomphe, allongeait à hauteur
d'homme une lumière roussâtre qui faisait étinceler
les moyeux des roues, les poignées des portières,
le bout des timons, les anneaux des sellettes... »
Vous vous tromperiez singulièrement de ne voir là
qu'une énumération de parties, selon la formule de
l'abbé Delille. C'est un rayon de lumière dont on
suit le trajet tout le long des objets qu'il rencontre,
en n'indiquant de ces objets que les portions que la
lumière accroche, et fait comme émerger de la lumière
diffuse ou de la masse d'ombre dans laquelle les autres
ou se noient, ou s'enfoncent. « Sur la boiserie sombre
du lambris, de grands cadres dorés portaient au bas
de leur bordure des noms écrits en lettres d'or...,
et de tous ces grands carrés noirs sortait çà et là
quelque portion plus claire de la peinture, un front

pâle, des yeux qui vous regardaient, des perruques se déroulant sur l'épaule poudrée des habits rouges, ou bien la boucle d'une jarretière au haut d'un mollet rebondi. » Voilà le procédé dans son détail. Vous le trouverez, non plus à l'état d'indication, comme ici, mais à l'état de tableau complet, dans plusieurs endroits de *Salammbô*. La belle description, — car elle est belle, quoique fantastique, — du lever du soleil sur Carthage, vue du faubourg de Mégara, au premier chapitre du livre, est conduite par ce procédé. « Mais une barre lumineuse s'éleva du côté de l'Orient... » Nous citons cette première phrase uniquement pour la rapprocher de la phrase qui commence dans Chateaubriand le récit des funérailles d'Atala : « Cependant une barre d'or se forma dans l'Orient... » L'analogie ne laisse pas d'être instructive. Elle prouve, à notre avis, deux choses, et deux choses également vraies : la justesse de l'effet, et aussi que Flaubert avait beaucoup étudié Chateaubriand.

Un autre procédé, c'est la transposition systématique du sentiment dans l'ordre de la sensation, ou plutôt la traduction du sentiment par quelque sensation exactement correspondante. « Si Charles l'avait voulu cependant, il lui semblait qu'une abondance subite se serait détachée de son cœur, *comme tombe la récolte d'un espalier quand on y porte la main.* » On tire de là des effets très curieux qui précisent, par une comparaison toute particulière, ce qu'il y a d'un peu vague et d'un peu général quelquefois dans le sentiment : « Elle se rappela... toutes les privations de son âme, et ses rêves tombant dans la boue, *comme des hirondelles blessées;* » ou encore : « Si bien que leur grand amour, où elle vivait plongée, parut se diminuer sous elle, *comme l'eau d'un fleuve qui s'absorberait dans son lit,* et elle aperçut la vase [1]. » Vous direz qu'avant Flaubert vingt autres avaient trouvé de ces comparaisons ; je le sais, et j'ajouterai même, à l'usage des malintentionnés, qu'il en a trouvé pour sa part quelques-unes de singulièrement déplaisantes, quelques autres de singulièrement prétentieuses, et beaucoup de tout à fait malheureuses.

En tant que procédé pur et simple, le procédé vient en droite ligne de Chateaubriand : vous en avez de nombreux exemples dans *Atala,* dans *René,* dans *les Martyrs.* La formule générale en est bien connue de la rhétorique romantique. Il s'agit d'insérer au tissu du récit un élément descriptif et pittoresque, tantôt un fragment de costume, et tantôt un lambeau de paysage. C'est même ce que

---

[1]. Voyez quelques exemples relevés au courant de la plume : *Madame Bovary* (Éd. Charpentier), p. 9, 16, 33, 36, 43, 44, 46, 47, 48, 62, 66, 71, 96, 97, 111, 114, 117, etc. — *Salammbô* (Éd. Charpentier), p. 6, 124, 129, 189, 197, 202, 204, 220, 224, 225, 257, 265, 286, 334, etc. — *L'Éducation sentimentale* (Éd. Charpentier), p. 103, 133, 135, 152, 156, 174, 200, 219, 226, 245, etc. L'abondance de ces indications prouve bien qu'il s'agit là d'un procédé, dans la force du terme, d'une méthode, d'un système.

vers 1830 on appelait de la couleur locale. Mais où je distingue l'originalité de Flaubert, c'est quand, au lieu d'emprunter l'image aux solitudes américaines, comme Chateaubriand, ou à la nature tropicale, comme Bernardin de Saint-Pierre avant Chateaubriand, il l'emprunte à la nature tempérée, moyenne et, si j'ose dire, banale, qui nous environne de toutes parts. Il n'a besoin ni de pitons, ni de palmistes, ni de la rivière des Lataniers, il n'a besoin ni de « serpents *verts*, » ni de « hérons *bleus*, » ni de « flamants *roses*, » ni des rives du Meschacebé; ce sont les espaliers, les hirondelles et les ruisseaux de sa Normandie. — Remarquez en passant qu'un jour, infidèle à cette méthode, il ira chercher des paysages et des mœurs que l'éloignement, à travers le temps et l'espace, rende plus poétiques : c'est alors qu'il écrira *Salammbô*.

Mais, dans *Madame Bovary*, ce que le procédé perd en effets de nouveauté, il le regagne en effets de vérité. Car, d'une première différence il en découle aussitôt une seconde. La comparaison n'est plus ici, comme ailleurs, un ornement du discours, ou à tout le moins une intervention personnelle du narrateur dans son propre récit, elle devient en quelque sorte un instrument d'expérimentation psychologique. Elle n'est plus amenée comme une explication pour l'esprit, comme une distraction pour l'œil ou pour l'imagination du lecteur; elle n'est pas davantage offerte à la curiosité comme un souvenir des lointains voyages ou comme un témoin des infinies lectures de l'auteur ; elle est moins, mais mieux que cela, elle est l'expression d'une correspondance intime entre les sentiments et les sensations des personnages qui sont en scène. L'auteur est vraiment absent de sa comparaison.

Il ne me paraît pas que personne, avant Flaubert, se soit ainsi servi, systématiquement, dans une intention que je crois assez nouvelle et rigoureusement définie, d'un procédé d'ailleurs depuis longtemps connu. Nous pouvons donc dire qu'il a tiré d'un procédé connu des effets nouveaux, et inventer, en littérature, qu'est-ce autre chose? Condamnerez-vous peut-être le procédé du chef de cette substitution systématique de la sensation au sentiment et de l'image à la pensée? Faites attention au moins que vous auriez enveloppé dans la sentence de condamnation toute la poésie romantique. Que si d'autre part, dans l'application du procédé, tous les disciples n'ont pas eu le même bonheur que le maître, c'est à quoi je ne regarderai guère. L'avenir, à ce que j'imagine, ne rendra pas plus un Victor Hugo responsable de M. Vacquerie que nous n'avons rendu *Rodogune* responsable de *Rhadamiste*, ou Racine de Campistron. Tout de même, et, bien entendu, toutes distances, qui sont énormes, fidèlement gardées, j'espère que *Madame Bovary* vivra en dépit de *Germinie Lacerteux*.

Vous savez construire la phrase : voici le moyen

de construire le paragraphe. Il en est plusieurs, selon le degré de rapidité que l'on veut donner au récit, mais je n'en signale qu'un. C'est celui dont on use, ou, pour dire les choses, dont on abuse le plus dans l'école moderne. « Elle se demandait s'il n'y aurait pas eu moyen, par d'autres combinaisons du hasard, de rencontrer un autre homme... Tous en effet ne ressemblaient pas à celui-là ! Il aurait pu être beau, spirituel, distingué, attirant, tels qu'ils étaient sans doute, ceux qu'avaient épousés ses anciennes camarades du couvent. Que faisaient-elles maintenant? A la ville, avec le bruit, le bourdonnement des théâtres et les clartés du bal, elles avaient des existences où le cœur se dilate, où les sens s'épanouissent... Elle se rappelait les jours de distributions de prix, où elle montait sur l'estrade pour aller chercher ses petites couronnes ; avec ses cheveux en tresse, sa robe blanche et ses souliers de prunelle découverts, elle avait une façon gentille, et les messieurs, quand elle regagnait sa place, se penchaient pour lui faire des compliments ; la cour était pleine de calèches, on lui disait adieu par les portières, le maître de musique passait en saluant, avec sa boîte à violon. Comme c'était loin tout cela ! comme c'était loin [1] ! »

---

[1]. Voyez les exemples : *Madame Bovary*, p. 9, 12, 18, 32, 35, 36, 40, 43, 48, 56, 62, 105, 121, 135, 174, 190, 216, 217, 220, 246, 248, 249, 279, 290, 296, 313, 321, etc. ; l'*Éducation sentimentale*, p. 29, 84, 85, 105, 119, 148, 236, 310, 385, 388,

LE NATURALISME FRANÇAIS 147

Nous avons essayé déjà[1] de montrer ce qu'il y avait d'originalité pittoresque dans cet emploi de l'imparfait. Ce serait l'occasion d'insister, et de montrer maintenant ce que nous pourrions appeler la valeur poétique aussi de ce temps, — qui n'est plus le présent et qui n'est pas encore le passé. « Elle *avait* une façon gentille... les messieurs *se penchaient*... la cour *était* pleine de calèches... on lui *disait adieu* par les portières... le maître de musique *passait*... » Et elle a raison de dire : « Comme c'était loin, tout cela ! » Oui, comme c'était loin ! mais non pas à toujours évanoui ! comme c'était loin ! mais comme au plus profond de sa mémoire elle en gardait le cher, et vivant, et riant souvenir ! Comme c'était loin ! et pourtant comme c'était encore près d'elle ! Avec quelle joie mouillée de tristesse elle évoquait toutes ces images pâlies, mais non pas effacées, flottant elle-même, pour ainsi dire, entre le regret des bonheurs qui ne reviendront plus et le charme si profondément humain de s'en souvenir ! Nous avons vu tout à

395, 400, 483, 496. On en trouverait plusieurs aussi dans *Salammbô*. S'ils y sont moins nombreux, c'est un exemple de la *réaction* du sujet sur les moyens qui peuvent servir à le traiter. Un sujet comme *Salammbô* permet une intervention de l'auteur beaucoup plus active et plus fréquente. On y peut user de la description pour son compte, il n'y a pas intérêt à la faire faire par les personnages eux-mêmes.

1. Voyez plus haut le chapitre sur l'*Impressionnisme dans le roman*.

l'heure un commencement de psychologie s'introduire ; nierez-vous qu'ici ce soit une veine de poésie qui s'infiltre insensiblement ?

Mais le procédé sur lequel je veux attirer l'attention, c'est ce procédé par lequel on immobilise le personnage dans une attitude, et par lequel, transportant comme au dedans de lui le mouvement de l'action qui se ralentit, c'est l'histoire de sa vie passée qu'on nous raconte par fragments successifs, ou bien encore le tumulte et la confusion de ses rêves d'avenir sur lesquels on jette une lueur subite. Vous voyez la portée du moyen ; c'est qu'il suffira de quelque finesse des sens pour qu'un rien devienne prétexte à ces sortes d'évocations. Si vous remontiez jusqu'aux origines, peut-être les retrouveriez-vous dans un passage des *Confessions*, à l'endroit où Jean-Jacques, après trente ans passés, apercevant, comme jadis aux jours de sa jeunesse, « quelque chose de bleu dans la haie, » pousse le cri demeuré célèbre : *Ah ! voilà de la pervenche !* De la pervenche ! c'est-à-dire le cortège de souvenirs et d'émotions oubliées que cette fleurette aperçue ressuscite en sa mémoire, et la source des joies auxquelles un hasard d'autrefois associa ce brin d'herbe, qui tout à coup se renouvelle en lui ! Développez le contenu de cette exclamation, prolongez la confession, mettez de l'ordre dans la confusion lointaine de ces réminiscences, vous avez le procédé dont nous parlons.

Il semble qu'il puisse servir à deux choses très

utilement. C'est un moyen précieux d'abord de noter ces réactions qui vont de la nature à l'homme et de l'homme à la nature, et, par conséquent, de fondre et de confondre ensemble l'histoire de l'être humain et la description du milieu où les circonstances l'ont placé. Certains coins de paysage n'éveillent-ils pas plus particulièrement de certaines émotions ? Entre de certains sons et de certains souvenirs n'y a-t-il pas des associations fatales, ou, comme disent les Allemands, des *affinités électives?* « On était au commencement d'avril... la vapeur du soir passait à travers les peupliers sans feuilles... au loin des bestiaux marchaient, on n'entendait ni leurs pas, ni leurs mugissements, et la cloche, sonnant toujours, continuait dans les airs sa lamentation pacifique... A ce tintement répété, la pensée de la jeune femme s'égarait dans ses vieux souvenirs de jeunesse et de pension. » Ici, vous le voyez, la pensée s'enveloppe et, pour ainsi dire, s'estompe elle-même de cette « vapeur du soir » qui flotte là-bas entre les peupliers ; elle se laisse bercer à la « lamentation pacifique » de la cloche de l'église ; et c'est ce « tintement répété » de l'*Angelus* qui la ramène avec obstination vers les images du couvent de sa jeunesse.

En second lieu, le procédé permet au romancier d'entrer, dès le début du roman, dans le vif du récit, *in medias res*, notez ceci, selon le précepte classique ; et de supprimer, pour peu qu'il soit habile, toutes les longueurs inséparables d'une exposition didactique. L'histoire passée des personnages qu'on met en scène peut ainsi n'être racontée qu'autant qu'elle sert d'explication à leur histoire actuelle. Elle n'est plus comme séparée d'eux et mise tout entière en avant d'une action qui n'est pas encore engagée, mais qui suivra tout à l'heure. Reportez-vous à Balzac, et prenez pour exemple l'un de ses bons romans, *le Père Goriot*, si vous voulez. Balzac aura besoin, sans doute, au cours de son récit, de toutes les indications accumulées dans cette longue description par laquelle s'ouvre le livre. Je me plais au moins à le croire, quoique d'ailleurs je ne le voie pas toujours très clairement. Mais comme cette forme d'exposition est lourde! et, parce que nous ne soupçonnons pas d'abord à quoi pourront bien être utiles tous les traits de cette description, comme elle nous paraît longue et fastidieuse! et comme on est tenté de jeter là le volume avant d'avoir absorbé le roman! Au contraire, grâce à ce procédé, vous pouvez insérer désormais chaque détail, si reculé qu'il soit dans les profondeurs du passé, précisément à la place qu'il occupera le mieux, et juste au moment que le lecteur attentif en pressentait l'utilité prochaine.

Il ne faut pas se dissimuler que le danger soit grand. Comme, en effet, au travail ordinaire de concentration et de raccourci, c'est un travail de dispersion des parties que l'on a substitué, il devient très difficile au romancier de se reconnaître lui-même, et de se retrouver au milieu de cette diffusion des détails caractéristiques. L'intrigue, à chaque pas, est en danger, non-seulement de se ralentir, mais de rompre, et de s'égrener tout entière. Entre autres défauts, il n'en est pas qui contribue davantage à rendre la lecture de *l'Éducation sentimentale* absolument insupportable. Tel quel cependant, le procédé ne laisse pas d'avoir sa valeur et, puisqu'il n'est contradictoire à aucune des grandes lois de l'art, c'est assez.

Ajouterai-je qu'il doit répondre à quelque secrète exigence du genre romanesque, et qu'il n'est peut-être pas en somme si révolutionnaire? N'était-ce pas pour répondre à cette même exigence que l'on employait autrefois si volontiers la forme du roman par lettres, ou du journal? pour pouvoir incorporer à l'histoire du présent le souvenir du passé? pour disposer à volonté des formes interrogatives ou personnelles? « Te souviens-tu qu'un jour?.. Vous rappelez-vous qu'un soir?.. Je n'oublierai jamais qu'il y a vingt ans... etc! » Il me paraît que le procédé naturaliste, puisque naturalisme il y a, comporte après tout plus de prestesse et de légèreté de main que l'ancien procédé du roman par lettres, ou par fragments de journal intime. Savez-vous en effet, le grand inconvénient ou, pour mieux dire l'infériorité presque inévitable du roman par lettres?

Ce n'est pas qu'il est plus long et plus traînant, c'est qu'on ne voit guère qu'il y ait moyen d'en faire une œuvre impersonnelle, d'où le romancier disparaisse et s'efface complètement derrière ses personnages. Il y reste toujours quelque chose de l'auteur et de « l'arrangeur » visiblement engagé dans la disposition de l'intrigue. C'est justement ce qu'on peut éviter en reprenant, élargissant, et assouplissant la manière de Flaubert. On sait avec quel succès et quels applaudissements deux fois au moins déjà l'a fait, dans *le Nabab* et dans *les Rois en exil*, M. Alphonse Daudet.

La phrase faite, et le paragraphe construit, il reste à charpenter les grandes scènes. Est-ce encore un procédé dont on puisse reporter l'honneur à son habileté de main que l'art avec lequel Flaubert a traité quelquefois les ensembles? Qui n'a conservé dans la mémoire ce dîner, ce bal et ce souper au château de la Vaubyessard, où les sens déjà si fins d'Emma Bovary s'affinent encore, et s'irritent au contact de la richesse et du luxe aristocratiques? Ou bien encore cet incomparable tableau de la distribution des prix au comice agricole d'Yonville-l'Abbaye? Ne sont-ce pas là trouvailles d'artiste et bonnes fortunes d'écrivain, inspirations certainement « subies » et non pas « amenées, » quoi qu'en dise Flaubert? et pouvons-nous y signaler quelques secrets du métier, c'est-à-dire un quelque chose qui se définisse et qui se formule?

On peut au moins faire observer que ce n'est plus ici la description classique. Ce n'est plus cette description à larges traits d'un ensemble posé d'abord en tant qu'ensemble, du fond duquel, à un moment donné, comme par un geste sec et d'une coupure franche, au moyen d'un « cependant, » ou d'un « tandis que, » on détache l'épisode caractéristique, pour après refermer l'espèce de parenthèse et revenir à l'ensemble. Si vous voulez un bon modèle de cette forme de description, — sauf, bien entendu, le détail déjà tout romantique, — relisez dans *les Martyrs* la description de la bataille des Francs et des Romains.

Ce n'est pas, non plus, comme dans l'art romantique, une succession d'épisodes qui se prolongent, et s'entassent les uns sur les autres, aussi longtemps que le dictionnaire voudra bien subvenir aux exigences de l'artiste. Un assez curieux modèle en est l'infinie description de la vieille cathédrale dans *Notre-Dame de Paris*. Théophile Gautier, dans son *Capitaine Fracasse*, en a impitoyablement abusé. Flaubert aussi, lui-même, est revenu trop souvent à cette coupe descriptive, en plusieurs endroits de *Salammbô*. Et comme il se trouve toujours quelque élève maladroit pour détacher inopportunément les procédés du sujet qu'ils servent à traiter, nous aurons rattaché à Flaubert tous ceux qui se réclament de lui, si nous remarquons que cette façon de décrire, — par accumulation des détails, énumération des parties, et reprise du tableau sous vingt angles différents, — est l'ordinaire façon, pour ne pas dire la seule, de l'auteur des *Rougon-Macquart*[1].

Ici, c'est autre chose. C'est une alternance, et comme un dialogue des éléments de l'action entre eux. Rien n'est véritablement interrompu par rien, et vous ne pouvez pas dire que rien y succède à rien, mais tout y marche ensemble, du même pas, entraîné dans le même mouvement. Tandis qu'au-dessus des têtes le ciel change insensiblement, que vous voyez passer les nuages et que vous sentez courir jusqu'au souffle du vent « soulevant les grands bonnets des paysannes, comme des ailes de papillons blancs qui s'agitent; » en même temps que la foule épaisse continue de jouer son rôle de foule, vous la voyez, vous l'entendez, vous étouffez presque au milieu d'elle, et le discours emphatique du conseiller de préfecture, et le discours fleuri du président du comice continuent de dérouler leurs périodes; et M. Rodolphe Boulanger de la Huchette, avec Emma Rouault, femme Bovary, dans *la salle des délibérations*, sous *le buste du monarque*, continuent leur conversation d'amour; — et tout cela si bien joint, si fortement lié, par des oppositions qui s'appellent et

[1]. Voyez notamment *Le Ventre de Paris* et *Une page d'Amour*.

se complètent, plutôt que par des transitions, si bien fondu, que l'impression de vie et de vérité que l'on en reçoit n'a d'égale que l'impression d'unité du tableau.

Flaubert avait le très naturel et très légitime orgueil de quelques tours de force qu'il avait accomplis en ce genre. « Combien d'écrivains parmi les plus vantés, dit-il lui-même, en parlant de Louis Bouilhet, seraient incapables de faire une narration, *de joindre bout à bout une analyse, un portrait, un dialogue?* » Il élevait Bouilhet trop haut, beaucoup trop haut, mais le mérite qu'il signale, il avait raison de le vanter; il avait raison de croire, et raison, par conséquent, de dire qu'il est rare ; il avait raison s'il se rendait intérieurement le témoignage, lui, Flaubert, de l'avoir eu.

Nous ne noterons plus qu'un dernier procédé : « Une fois, par un temps de dégel, l'écorce des arbres suintait dans la cour, la neige sur les couvertures des bâtiments se fondait. Elle était sur le seuil, elle alla chercher son ombrelle, elle l'ouvrit. L'ombrelle, de soie gorge de pigeon, que traversait le soleil, éclairait de reflets mobiles la peau blanche de sa figure. Elle souriait là-dessous à la chaleur tiède, et *on entendait les gouttes d'eau, une à une, tomber sur la moire tendue.* » En voici un autre exemple : « Le ciel était devenu bleu, les feuilles ne remuaient pas; il y avait de grands espaces pleins de bruyères tout en fleurs, et des nappes de violettes s'alternaient avec le fouillis des arbres, qui étaient gris, fauves ou dorés, selon la diversité des feuillages. Souvent *on entendait sous les buissons glisser un petit battement d'ailes, ou bien le cri rauque et doux des corbeaux qui s'envolaient dans les chênes.* » Permettez-moi d'en citer un troisième : « La nuit douce s'étalait autour d'eux ; des nappes d'ombre emplissaient les feuillages. Emma, les yeux à demi clos, aspirait avec de grands soupirs le vent frais qui soufflait. Souvent quelque bête nocturne, hérisson ou belette, se mettant en chasse, dérangeait les feuilles, ou bien *on entendait une pêche mûre qui tombait toute seule de l'espalier.* »

Voilà le procédé visible. Il apparaît clairement dans la disposition même des parties de la phrase, et jusque dans la façon d'amener le trait final. Je puis bien le définir. Il s'agit de trouver pour telle saison de l'année, pour telle heure du jour et de la nuit, l'indication précise qui donne au vague d'une description générale l'accent de la personnalité. Les murmures d'une nuit de mai ne sont pas les bruits d'une journée d'octobre ; le silence d'un midi d'août n'est pas le silence d'un minuit de décembre. Là-dessus, vous voyez que c'est comme si nous n'avions rien défini, car vous voyez que la valeur entière de la description sera dans le trait final, dans cette touche imperceptible, — ces gouttes d'eau qui tombent sur la moire tendue, le cri des corbeaux qui s'envolent dans les chênes, le bruit de cette pêche qui se détache de l'espalier, — et, pour trouver ce trait final où rencontrer le bonheur de cette touche, il n'est pas plus de règles qu'il n'en est pour devenir artiste, quand on ne l'est pas.

Si je multipliais les citations, vous découvririez ce qu'aussi bien vous avez peut être déjà découvert : c'est que ce trait final est toujours habilement choisi pour donner de la rondeur et du nombre à la phrase. C'est encore ici l'un des liens par où Flaubert se rattache à l'école de Chateaubriand. Je ne crois pas qu'il soit bon de pousser à l'excès cette recherche de l'harmonie de la période. La prose prétendue musicale n'est pas un genre moins faux, ni par conséquent moins nuisible à la langue, que la prose appelée pittoresque. Il n'est pas bon, sous prétexte de peindre, de disloquer la phrase; il n'est pas bon non plus de l'arrondir, pour ainsi dire, trop en rond, sous prétexte de charmer l'oreille. Cependant, s'il est difficile de comprendre ce que l'on veut dire quand on nous parle de la « couleur » des mots, il n'est pas douteux que les mots aient un « son. » De la rencontre de certaines syllabes il résulte parfois d'épouvantables cacophonies. On peut donc se proposer d'en associer certaines autres en vue de produire des effets d'harmonie. Et puis, ce qui tranche la question, c'est qu'on ne trouverait pas dans notre histoire littéraire un grand style qui soit dépourvu de cette qualité, depuis le style de Bossuet, en passant par celui de Buffon, jusqu'au style de Chateaubriand. C'est mieux que de la rhétorique, c'est une partie de l'éloquence, et Flaubert l'avait incontestablement.

Voilà de rares qualités, sans doute, et qui témoignent d'une rare fécondité d'invention dans la forme. C'est beaucoup. Si vous voulez vous en convaincre, prenez le premier roman qui vous tombera sous la main, négligez un instant tout le reste, n'en lisez qu'une seule page, mais éprouvez-y consciencieusement la qualité de la langue, interrogez la construction de la phrase, examinez un peu comme les mots agissent et réagissent les uns sur les autres; et vous serez étonné de voir dans quel moule banal, dans quelles formes usées, dans quelles matrices vulgaires toute cette matière est coulée confusément, au hasard de la rencontre et selon le caprice de la circonstance. Il ne manque pas, dit-on, parmi nous, de gens habiles! Habiles à l'imitation, si vous y tenez, quoiqu'encore il y eût beaucoup à dire! Mais habiles à la création! capables de renouveler les procédés de leur art! et qui aient enrichi leur métier! Ceux-là, comptez-les sur vos doigts; la liste n'en sera pas longue, et vous aurez vite fait l'addition.

Seulement, ce qu'il faut s'empresser d'ajouter c'est que toutes sortes de procédés ne conviennent pas indifféremment à toutes sortes de sujets. Quand on en connaît le maniement, il reste à en trouver l'application. En littérature, comme partout, les procédés ne rendent ce qu'ils contiennent d'effets latents qu'à la condition de converger tous ensemble dans un sujet approprié. Ce sujet, qui depuis s'est toujours dérobé aux prises de Flaubert, il l'a rencontré une fois dans *Madame Bovary*.

II.

On écrira tôt ou tard, à l'occasion de ce livre, un intéressant chapitre d'histoire littéraire. Un de nos maîtres en critique, M. Émile Montégut, il y a quelques années, dans l'une de ces études où son esprit si merveilleusement curieux soulève et remue tant d'idées, en a tracé le sommaire et dicté les conclusions.

C'est une date que *Madame Bovary* dans l'histoire du roman français. Elle a marqué la fin de quelque chose et le commencement d'autre chose. Reprenons l'idée, selon nos forces et à notre manière, en disant que le roman de Flaubert, avant tous ses autres mérites, eut celui de paraître en son temps. C'en est un, très réel, plus rare qu'on ne pense, comme c'en est un autre que de savoir durer, et un autre encore que de savoir finir à son heure. Il faut seulement s'entendre. Paraître en son temps, c'est quelquefois, c'est trop souvent, profiter en habile homme, — et rien de plus, — d'un caprice de l'opinion, d'une fantaisie de la mode, d'une fougue passagère de la popularité. Tel fut, s'en souvient-on? quelques mois après *Madame Bovary*, le cas de *Fanny*, d'Ernest Feydeau. Nous pouvons dès aujourd'hui, ou plutôt nous pourrions, si ce n'était fait, l'enterrer à jamais dans ces hypogées que l'auteur avait fouillés avant que de s'aviser qu'il était né romancier. Mais paraître en son temps, c'est quelquefois aussi reconnaître d'instinct où en est l'art de son temps, quelles en sont les légitimes exigences, ce qu'il peut supporter de nouveautés; et cela, c'est si peu suivre la mode que c'est souvent aller contre elle, c'est si peu s'abandonner au courant, qu'au contraire, c'est y résister et le remonter.

Alors, vers 1856, c'en était fait du romantisme. On ne croyait plus « aux courtisanes conseillant les diplomates, aux riches mariages obtenus par des intrigues, au génie des galériens, aux docilités du hasard sous la main des forts. » On n'estimait plus par-dessus tout « la passion, Werther, René, Frank, Lara, Lélia et d'autres plus médiocres. » Signe des temps, bien caractéristique! Elle-même, l'auteur de *Lélia*, avec cette infinie souplesse de talent qui n'est pas la moindre part de son génie, se préparait à changer de manière. Elle allait devenir l'auteur du *Marquis de Villemer*; son chef-d'œuvre peut-être, au-dessous des grands romans de sa première jeunesse ; l'une du moins de ses œuvres les plus voisines de la perfection.

Cependant, d'autre part, la question du *réalisme* se posait dans le roman comme dans la peinture. Ils étaient quelques-uns qui croyaient être en train de partager l'héritage de Balzac, l'auteur des *Scènes de la vie de Bohême*, l'auteur des *Bourgeois de Molinchart*, deux ou trois autres encore. Le moyen, toutefois, pour lassé qu'on fût des exagérations romantiques, le moyen d'accepter ce réalisme vulgaire? Non certes, on ne voulait plus de ces héros trop extraordinaires, suspendus comme entre ciel et terre, en dehors du temps et de l'espace, sous une lumière artificielle, au milieu d'un décor d'opéra, dans un monde où les événements s'enchaînaient, non plus même, depuis longtemps, sous la loi d'un effet dramatique à produire, mais au gré du libre caprice et de l'extravagante fantaisie de Balzac lui-même, d'Eugène Sue, de Frédéric Soulié ! Mais on ne voulait pas non plus de ce réalisme dénué d'invention, de sentiment, de passion même... et de réalité tout particulièrement. « Quoi! s'écriait George Sand, vous voudriez faire passer toutes les individualités sous la toise? vous déclarez qu'on ne peut peindre qu'avec un seul ton? vous dressez un vocabulaire, et on est hors du vrai si on n'élague pas des langues tout ce que le génie et la passion des races humaines y ont apporté de nuances fortes et brillantes ? » On attendait donc quelque chose : ce fut *Madame Bovary* qui parut.

Nous n'avons pas à rappeler les critiques très vives qui presque de toutes parts accueillirent le livre. Quelques-unes tombaient juste : on peut dire après vingt-cinq ans bientôt passés que la plupart faisaient fausse route. Nous n'avons pas à rappeler non plus l'aventure du procureur ou substitut qui prétendit faire décréter l'auteur d'outrage aux mœurs et d'insulte aux autels. Flaubert en a tiré une assez cruelle vengeance en imprimant ce mémorable réquisitoire à la suite de *Madame Bovary*.

Ce qui est certain, ce dont on peut se rendre compte aujourd'hui très clairement, c'est que *Madame Bovary* contenait, dans une mesure savante, ce qu'il eût été dommage de laisser perdre du romantisme, et ce qu'il eût été dommage aussi de ne pas donner de satisfaction aux exigences du réalisme. On a dit avec raison que ce qu'il y avait de légitime dans le réalisme, en peinture, c'était une « intelligence plus saine des lois du coloris; » on peut dire également que ce qu'il y avait de légitime dans le réalisme, en littérature, c'était une intelligence plus saine des lois de la représentation de la vie. S'il est vrai qu'il y ait eu, depuis vingt-cinq ans environ, un effort constant de la littérature d'imagination, — et de la poésie même, — pour mouler plus étroitement l'invention littéraire sur le vif de la réalité, c'est à *Madame Bovary* qu'il faut faire, pour une large part, remonter l'origine de ce mouvement.

Il y a peu de choses à dire sur l'ordonnance même et la composition du livre. Il est vrai qu'il commence lourdement. Relisez cette entrée de Charles Bovary dans une étude du lycée de Rouen, ces grosses plaisanteries d'écoliers, la description de cette casquette extraordinaire « où l'on retrouvait des éléments du bonnet à poil, du chapska, du chapeau rond, de la casquette de loutre et du bonnet de coton. » Si l'auteur avait voulu donner au lecteur la sensation d'un homme qui fait un gros effort pour se mettre en haleine, il avait réussi. C'était, avec cela, le plein monde réaliste, et vous eussiez dit un chapitre détaché des *Souffrances du professeur Deltheil*. Pourtant, dès le début, dans cette description même, vous pouviez reconnaître un écrivain. Quand il appelait cette casquette, « une de ces pauvres choses dont la laideur muette a des profondeurs d'expression, comme le visage d'un imbécile, » vous pouviez affirmer que l'homme qui avait trouvé ces deux lignes entendait le langage des choses et qu'il savait le rendre. Sauf ce point, sauf peut-être aussi qu'on peut trouver trop longue, puisqu'elle n'est pas essentielle à la suite du récit, l'histoire de la jeunesse et du premier mariage de Charles Bovary, — mais ceci serait discutable [1], —

---

[1]. Nous avons appris depuis, par le chapitre de ses *Souvenirs littéraires* où M. Maxime Du Camp nous a dit les origines

l'œuvre était composée comme une œuvre classique, jetée d'un bloc, ferme en son assiette, une, rapide, admirablement développée.

Brutale d'ailleurs, et pénible à lire, mais non pas immorale. Car, même en admettant que, par l'effet d'un propos délibéré de l'auteur ou de quelques défaillances d'exécution peut-être, il se porte sur l'héroïne une espèce d'intérêt dont elle est d'ailleurs absolument indigne, il n'en est pas moins vrai qu'il n'existe pas, à bien lire le livre, de plus amère dérision de toutes les extravagances romantiques. Jamais le droit divin de l'amour, l'union prédestinée des âmes qui s'appellent à travers l'espace, et qui se rejoignent par-dessus les obstacles, que sais-je encore ? la morale de la passion, non plus cette morale « qui s'agite en bas, terre à terre » dans la prose du ménage, mais « l'autre, l'éternelle, comme dit si bien M. Rodolphe Boulanger de la Huchette, celle qui est tout autour et au-dessus, comme le paysage qui nous environne et le ciel qui nous éclaire, » jamais rien de tout cela n'a été, même depuis lors, à la scène ou dans le roman, cinglé des coups d'une ironie plus méprisante. Et, chose admirable ! ce sont les moyens

---

de *Madame Bovary*, qu'en effet le mari de la vraie madame Bovary avait été marié une première fois, et qu'ainsi la faute de Flaubert, s'il y a faute, serait d'avoir suivi de trop près l'exacte réalité.

eux-mêmes du romantisme qui servaient d'instruments à cette dérision du romantisme.

C'est encore ce que voulait dire M. Émile Montégut quand il rappelait *Don Quichotte* à l'occasion de *Madame Bovary*. Certainement il ne comparait pas le roman de Flaubert à celui de Cervantes, mais il avançait que, comme *Don Quichotte* avait à jamais ridiculisé les dernières exagérations de l'esprit chevaleresque, et comme *les Précieuses* avaient ridiculisé pour toujours la folie du phébus; ainsi *Madame Bovary*, dans son temps, avait ridiculisé les dernières exagérations du délire romantique. Aussi, pour en finir avec cette question d'immoralité, disons-le bien nettement : les femmes qui pleureraient sur Emma Bovary, ne croyez pas trop promptement que ce soit le roman de Flaubert qui les ait perverties : elles l'étaient. Et puis, ce qui est, en matière d'art comme de littérature, la justification suprême, l'œuvre vivait. Pourquoi vivait-elle?

Et d'abord parce qu'elle avait une valeur *documentaire* qu'on ne saurait trop louer. Ce n'est rien que cette valeur documentaire, si le reste ne s'y joint pas, mais ici le reste s'y joignait. Ce coin de province, et cette vie diminuée d'un chef-lieu de canton, tous ces modèles achevés de niaiserie, de vulgarité, de contentement de soi-même; toutes ces variétés infinies de la sottise humaine, la sottise romanesque d'Emma, la sottise naïve de Charles Bovary, la sottise machinale du percepteur Binet, la sottise paterne du curé Bournisien, la sottise prospère de l'immortel Homais ; les comparses eux-mêmes du drame, le sacristain Lestiboudois, le maire Tuvache, le notaire Guillaumin, avec sa « toque de velours marron » et sa « robe de chambre à palmes ; » tous, tant qu'ils sont, Flaubert les a marqués de traits si nets qu'ils vivent, et qu'ils vivent chacun comme le type de son espèce, on pourrait dire, comme la représentation épique du fonctionnaire du village ou du praticien de campagne. Pendant bien des années encore, lorsqu'on voudra savoir ce qu'étaient nos mœurs de province, dans la France de 1850, on relira *Madame Bovary* comme on relira *Middlemarch* lorsqu'on voudra savoir dans quel cercle, vers 1870, s'agitait la vie provinciale d'un comté d'Angleterre. L'un et l'autre, en effet, ce jour-là, Gustave Flaubert et George Eliot, ils ont épuisé leur sujet. Leurs imitateurs, qui sont légion, et dont plusieurs n'ont pas manqué de talent, en savent quelque chose.

Sans doute, au premier abord, tous ces personnages, vous les prendriez pour de purs grotesques. En effet, vous croyez apercevoir en eux ce grossissement des traits, cette déformation des parties, cette altération des rapports vrais qui sont les moyens de la caricature, aussi bien dans le roman que dans les arts du dessin. Mais il faut relire *Madame Bovary*. Alors, si vous pénétrez un peu plus avant, et si vous reprenez le détail des conversations du curé Bournisien, par exemple, et du pharmacien Homais, vous remarquez qu'après tout la limite étroite qui sépare le vulgaire du caricatural est rarement dépassée. Tant les idées s'enchaînent sous la loi d'une logique intérieure ! tant les paroles qui les traduisent y sont adaptées avec une merveilleuse justesse ! tant enfin les moindres reprises du dialogue y sont conformes au secret du caractère et au travail latent de la pensée ! C'est ici l'un des mérites originaux de *Madame Bovary*, — je ne dis pas, je ne puis pas dire de Flaubert. Faire vivre la platitude et la vulgarité mêmes, et les faire vivre sans y mettre rien de soi-même, tout au plus, que l'accent de son mépris d'artiste pour le « bourgeois, » c'est ce qu'on n'avait pas encore fait avant *Madame Bovary*; c'est ce que Flaubert a fait dans *Madame Bovary*; c'est ce qu'il n'a plus fait depuis *Madame Bovary*.

Par surcroît, il s'est trouvé que ce milieu *documentaire* — nature, bêtes et gens, — était le vrai milieu, disons le seul, où pût vivre et se façonner, et se laisser comme pétrir aux circonstances une femme telle qu'Emma Bovary. Essayez, en effet, de la changer de son milieu. Modifiez un seul des éléments qui forment son atmosphère physique et morale ; supprimez un seul des menus faits dont elle subit la réaction, sans le savoir elle-même ; transformez un seul des personnages dont l'influence inaperçue domine ses résolutions ; — vous avez changé tout le roman. Flaubert se faisait illusion quand il prétendait qu'il n'y avait pas dans *Salammbô* « une description isolée et gratuite, » qui n'eût sa raison d'être, et qui ne « servît au personnage. » Mais il pouvait le dire de *Madame Bovary*.

Supposez un instant qu'Emma Rouault ne fût pas née dans la ferme paternelle, que dès la première enfance elle n'eût pas connu la campagne, « le bêlement des troupeaux, les laitages et les charrues ; » l'éducation de son couvent n'aurait pas fait naître au-dedans d'elle cette soif de l'aventure. Moins habituée aux « aspects calmes, » elle ne se serait pas tournée vers les « accidentés. » Supposez encore qu'elle n'eût pas rencontré pour mari ce lourdaud de Bovary « qui portait un couteau dans sa poche, comme un paysan, » ou bien, en tout temps, « de fortes bottes, qui avaient au cou-de-pied deux plis épais, obliquant vers les chevilles, tandis que le reste de l'empeigne se continuait en ligne droite, tendue comme un pied de bois. » Peut-être ne reconnaissez-vous pas l'utilité de cette description déplaisante? C'est que vous n'avez pas réfléchi, comme d'une personne que l'on déteste ou que l'on commence à détester, — surtout sans en avoir des raisons qui soient bonnes, — toutes choses nous deviennent odieuses; comme alors notre attention se fixe et revient obstinément sur un détail de sa conversation ou de son costume; comme son chapeau, sa cravate, ou ses bottes, nous deviennent irritants à voir. Supposez toujours qu'à Yonville, elle ait trouvé du moins quelque appui dans ses défaillances, quelque secours dans sa détresse, une autre compagne que cette excellente madame Homais, « la meilleure épouse de Normandie, douce comme un mouton, chérissant ses enfants, son père, sa mère, ses cousins, pleurant aux maux d'autrui..., mais si lente à se mouvoir, si ennuyeuse à écouter, d'un aspect si commun et d'une conversation si restreinte ; » ou bien encore un autre consolateur, un autre guide que le curé Bournisien, avec « sa face rubiconde, » son « ton paterne, » et son « rire opaque ; » elle succombait sans doute, mais elle succombait d'une autre manière, c'était une vie nouvelle que les circonstances lui imposaient, c'était un autre drame, et c'était une autre *Madame Bovary*.

De cette étude patiente, exacte, approfondie des circonstances et du milieu, la personne se dégageait alors vivante, et, par un naturel effet de cette espèce d'attraction qu'une vie plus intense exerce autour de soi, Emma Bovary devenait le centre et le pivot du roman. Pourquoi cela ? tandis que, dans *l'Éducation sentimentale*, au contraire, où cependant la méthode est la même, où la logique des caractères n'est ni moins finement observée, ni moins rigoureusement suivie, l'intérêt s'éparpille et se divise entre tant de scènes et tant de personnages si divers

10

qu'il finit par s'évanouir, ou pour mieux dire qu'il ne parvient seulement pas à naître ?

Parce qu'il y a dans *Madame Bovary* quelque chose de vraiment romanesque, c'est-à-dire quelque chose de vraiment digne de nous intéresser, et non seulement une psychologie subtile, une psychologie profonde, mais une psychologie raffinée, la psychologie d'un tempérament qui, comme on dit, sort de l'ordinaire. Car ce n'est pas assez pour nous intéresser que de nous présenter un miroir de la réalité. Plus il sera fidèle, comme dans *l'Éducation sentimentale*, et moins nous prendrons plaisir à la vue des images qu'il reflètera. Nous les connaissons. Et toutes les fois que nous y prendrons plaisir, c'est qu'au delà de ce que nous connaissons on nous aura montré quelque chose que nous ne connaissions pas. Rien d'étrange, remarquez-le bien, rien d'idéal, si peut-être ce mot vous choquait, rien qu'on doive soustraire aux plus étroites conditions de la réalité, — ce serait là retourner au romantisme, — mais tout simplement quelque province inexplorée de la nature humaine, et quoi que ce soit de plus fort, ou de plus fin, que le vulgaire.

Nous l'avons dans Emma Bovary. Dans cette nature de femme, à tous autres égards moyenne, et même commune, il y a quelque chose d'extrême, et de rare par conséquent, qui est la finesse des sens. Elle est sotte, mal élevée, prétentieuse ; ni tête, ni cœur ; fausse, avide, par instants même froidement et bêtement cruelle : mais, comme ses sens, exaspérés par la privation de ce qu'elle n'a jamais connu, sont devenus fins et subtils! comme les moindres sensations retentissent longuement et profondément en elle ! comme au plus léger contact de la plus légère impression, vous la sentez qui vibre tout entière !

Suivez-la, par exemple, au château de la Vaubyessard, et voyez-la, transportée pour quelques heures dans ce monde qui n'a jamais été ni ne sera le sien, comme elle aspire le luxe, pour ainsi dire, par tous les pores ; comme elle absorbe, en entrant dans la salle à manger, « cet air chaud qui l'enveloppe, mélange du parfum des fleurs et du beau linge, du fumet des viandes et de l'odeur des truffes ; » comme elle se fond en quelque sorte et se dissout tout entière dans cette atmosphère nouvelle et pourtant qu'elle reconnaît si bien, tandis que ses yeux vont et reviennent d'eux-mêmes, au bout de la table, sur ce vieillard à lèvres pendantes « qui avait vécu à la cour et couché dans le lit des reines ! » Il n'y a rien là sans doute qui rende, comme on dit, le personnage sympathique ; il y a quelque chose du moins qui le relève de son fond de vulgarité. Cette finesse des sens et cette acuité des impressions ne sont, après tout, dans aucun milieu, si communes, et vous êtes en présence de ce que le roman, de quelque nom d'école qu'on le nomme, idéaliste ou naturaliste, vous offre aujourd'hui si rarement ; vous êtes en présence non pas d'une exception, mais d'une espèce, et d'un cas psychologique.

Ramassons tous ces traits maintenant, et d'ici, de ce centre de perspective, considérons, comme en avant, comme en arrière, tout s'unit, tout s'entr'aide et tout conspire pour achever, je ne veux pas dire la beauté, mais la perfection de l'œuvre. Le tempérament, le milieu, les circonstances et cette espèce enfin de volonté molle qui n'est que l'indulgence de la rêverie pour ses propres égarements, l'acquiescement du désir aux moyens de se satisfaire, tout ensemble la pousse vers « *ces joies de l'amour* » et la jette à plein corps dans cette « *fièvre de bonheur* » qu'elle avait si longtemps appelée. C'est le point culminant du drame. Voici de quels traits le poète l'a marqué : « Jamais madame Bovary ne fut plus belle qu'à cette époque; elle avait cette indéfinissable beauté qui résulte de la joie, de l'enthousiasme, du succès et qui n'est que l'harmonie du tempérament avec les circonstances. Ses convoitises, ses chagrins, l'expérience du plaisir et ses illusions toujours jeunes, comme font aux fleurs le fumier, la pluie, les vents et le soleil, l'avaient, par gradations, développée, et elle s'épanouissait enfin dans la plénitude de sa nature. »

Pesez ces deux phrases : elles sont tout le roman, tout Flaubert, tout le système, toute l'école, tout le naturalisme.

Les convoitises d'Emma Bovary, vous savez quelle en était l'ardeur ; ses chagrins, si futile ou même inavouable qu'en pût être la cause, vous savez à quel morne désespoir ils l'avaient insensiblement réduite ; l'expérience du plaisir, vous savez de quelle fougue elle s'y était précipitée. Elle est là, devant vous, *dans la plénitude de sa nature.* Et devant vous aussi vous avez la manière de l'artiste. Il a considéré la plante humaine dans son germe ; il l'a vue qui sortait de terre, qui se faisait un aliment, dans la lutte pour la vie, de tout ce que les circonstances mettaient successivement à sa portée, puis qui grandissait et verdissait sous la rosée des chagrins comme la fleur sous la pluie bienfaisante, qui s'assurait de sa force au souffle des orages, et qui, battue des vents, se redressait plus forte, plus vigoureuse, plus âpre au combat de l'existence, jusqu'à ce qu'enfin, par une belle et chaude journée de soleil, ouvrant son calice aux brutales caresses du rayon d'ardente lumière attendu si longtemps, elle s'épanouissait.

Et après ? Après, selon l'impitoyable logique des choses de ce monde, il ne lui reste plus qu'à mourir. La gradation ou dégradation, qui va mener Emma Bovary du premier au second amant, et du second amant au suicide, n'est pas moins savamment observée ni rendue. Le récit, jusqu'alors analytique et psychologique, devient insensiblement dramatique et, selon le mot à la mode, mouvementé.

De toutes les indications jetées dans la première partie sortent successivement des conséquences : des conséquences naturelles, et des conséquences fatales. Vainement, elle essaie de se retenir sur la pente ; le désir est trop fort, les circonstances trop puissantes, le milieu dans lequel elle s'agite plus disproportionné que jamais à la violence de ses rêves. Vainement, « à la place du bonheur, » elle se figure « une félicité plus grande ; au-dessus de tous les amours, un amour sans intermittence ni fin, et qui s'accroîtrait éternellement. » Vainement elle se débat contre l'affectueuse et naïve sottise de son mari, qui n'a rien vu, rien su, rien compris, et qui se fait un devoir de lui procurer comme des excitations nouvelles. Elle est prise au piège de ses propres illusions, et elle ira jusqu'au bout.

Est-il un récit plus navrant que l'histoire de ses amours avec M. Léon, le clerc de M⁰ Dubocage ? Il est plat, ce clerc, et s'il porte en lui « les débris d'un poète, » c'est de l'un de ces poètes qui furent jadis de l'école du « bon sens. » Il est « incapable d'héroïsme, faible, banal, plus mou qu'une femme, avare d'ailleurs et pusillanime. » Elle le sait, la malheureuse, et elle le sent, et tant d'autres raisons encore qu'elle aurait de « s'en détacher, » mais enfin, tel qu'il est, c'est encore une idole qu'elle peut parer de tous les charmes, et si ce n'est pas « l'être fort et beau, » si ce n'est pas « le cœur de poète sous une forme d'ange » qu'elle continue toujours de rêver, — c'est un amant. Il ne faudrait pas aller plus loin, et il ne faudrait pas dire : c'est un homme. On a critiqué dans le temps l'empoisonnement de l'héroïne. On a prétendu qu'elle aurait dû finir dans le désordre galant et dans la débauche nocturne. C'est une erreur, à notre avis.

Car, en vérité, ç'aurait été ruiner toute la valeur psychologique du roman. Devant un tribunal correctionnel, un avocat, dont le premier devoir était de laver son client du reproche d'outrage à la morale publique, a bien pu soutenir, sans le démontrer d'ailleurs, que cette mort était l'expiation nécessaire, et la revanche tragique du devoir trop longtemps insulté. En fait, et mise à part toute considération de ce genre, Emma Bovary ne pouvait pas, ne devait pas finir autrement. L'abaisser plus bas, c'était démonter la logique intérieure de son caractère, et, par un dénoûment outré, c'était détruire le personnage tout entier. Alors, en effet, comme dans *Germinie Lacerteux*, le cas devenait pathologique, au sens entier du mot. Mais, du moment qu'il fût devenu pathologique, à quoi bon cette lente et minutieuse étude des conditions et du milieu? Il fallait qu'il restât humain, entièrement humain, et c'est précisément l'art avec lequel Flaubert a su le maintenir humain, sous la loi des conditions moyennes et normales de l'humanité, de la réalité, de la vie, qui est un des grands mérites encore de *Madame Bovary*.

Les circonstances qui façonnent sa triste héroïne, si vous les prenez une à une, pouvaient agir, elles agissent quotidiennement, sur tout le monde aussi bien que sur elle. Il n'est pas un de ses rêves qui soit, à proprement parler, le songe d'un malade, — si toutefois vous l'isolez de celui qui précède et de celui qui suit. Il n'y a pas un de ses désirs qui ne contienne en soi quelque chose de légitime, — si seulement vous l'épurez en le divisant d'avec les occasions qui lui ont donné naissance et d'avec les conséquences qui l'ont suivi. « Elle cherchait à savoir ce que l'on entendait au juste par les mots de *félicité*, de *passion* et d'*ivresse* qui lui avaient paru si beaux dans les livres. » Faites là-dessus, si vous le voulez, le procès au romantisme ; je demanderai seulement : Qui de nous ne s'est posé les mêmes questions ? Tout au lendemain de son mariage, il lui arrivait de songer quelquefois « que c'étaient là pourtant les plus beaux jours de sa vie... Pour en goûter la douceur il eût fallu *sans doute* s'en aller vers ces pays à noms sonores, où les lendemains de mariage ont de plus suaves caresses. » Ce « sans doute » était-il après tout si coupable ? Seulement, à ces questions vagues, une nature moins sensuelle, une intelligence plus ferme, une volonté plus active répondent par l'acceptation du devoir quotidien, dont elles apprennent vite à goûter le charme et la poésie latente. Elle, au contraire, elle écoute chanter dans sa mémoire « la légion lyrique des femmes adultères. » Et elle en vient grossir le nombre, pour aussi longtemps que vivra le romantisme.

Ce qui fait donc l'odieuse originalité du personnage, si vous parlez morale, mais sa rare valeur, si vous parlez esthétique, c'est ce qui fait, notons-le bien, la valeur de toutes les créations qui se perpétuent dans l'histoire de l'art, c'est la convergence de tous les effets, se développant et se composant sous la loi d'un type plus qu'ordinaire, ou, si vous l'aimez mieux, tous dirigés par la main de l'artiste vers la réalisation d'un idéal voulu.

Cet idéal assurément n'est ni très noble ni très élevé. Ce ne sont pas au surplus des satisfactions de ce genre qu'il faut demander à Flaubert et ce n'est pas, aussi bien, ce qu'il veut donner au lecteur. Il faut faire observer, cependant, qu'à défaut des autres mérites que nous essayons de signaler, il y aurait encore dans *Madame Bovary* quelque chose qui relèverait singulièrement la vulgarité des personnes et du milieu : je veux dire cette verve satirique et cette puissance d'ironie, ce redoublement de sarcasmes que Flaubert dirige contre le « bourgeois » avec une violence qui ressemble à de la haine, et dont vous diriez parfois l'expression d'une vengeance personnelle du romancier contre ses héros.

Ce ne sont pas seulement ces platitudes de langage qui défraient à Yonville et ailleurs, les conversations courantes, qu'il prend plaisir à souligner au passage : « Charles se traînait à la rampe, *les genoux lui rentraient dans le corps ;* » ou bien: « Il écrivit à M. Boulard, libraire de Monseigneur, de lui envoyer *quelque chose de fameux pour une personne du sexe, qui était pleine d'esprit.* » Mais il n'est pas un de ses personnages que sa raillerie n'éclabousse, depuis le pharmacien Homais et le curé Bournisien, jusqu'à ceux dont il esquisse à peine la silhouette vers un coin du tableau. C'est madame Bovary, la mère, négociant le mariage de son fils : « Madame Dubuc ne manquait pas de partis à choisir. Pour arriver à ses fins, madame Bovary fut obligée de les évincer tous, *et elle déjoua même fort habilement les intrigues d'un charcutier qui était soutenu par les prêtres.* » C'est encore, à l'autre bout du récit, madame Homais, l'humble épouse du pharmacien, quand son mari devient le grand homme d'Yonville et autres lieux circonvoisins. « Il s'éprit d'enthousiasme pour les chaînes hydro-électriques Pulvermacher ; il en portait une lui-même, et le soir quand il retirait son gilet de flanelle, *madame Homais était tout éblouie devant la spirale d'or sous laquelle il disparaissait, et sentait redoubler ses ardeurs pour cet homme plus garrotté qu'un Scythe et splendide comme un mage* ». Observez comme ici déjà l'auteur se montre à côté de ses personnages. « Plus garrotté qu'un Scythe ! » que voulez-vous que madame Homais comprenne à cette expression ? Elle-même enfin, Emma Bovary, n'est pas plus qu'une autre épargnée : « Que ne pouvait-elle enfermer sa tristesse *dans un cottage écossais, avec un mari vêtu d'un habit de velours noir à longues basques, et qui porte des bottes molles, un chapeau pointu et des manchettes ?* » Et ailleurs encore : « La mère Bovary, les jours suivants, fut très étonnée de la métamorphose de sa bru ; en effet, Emma se montra plus docile, et *même poussa la déférence jusqu'à lui demander une recette pour faire mariner les cornichons.* » On pourrait multiplier les exemples. Dans *Madame Bovary*, deux ou trois fois, quand il sut par hasard mêler à ces accents d'ironie l'accent aussi d'une sympathie vraie pour les choses qui vraiment en sont dignes, Flaubert a rencontré quelques pages d'une magnifique éloquence.

Il faut en citer une. C'est quand, aux comices d'Yonville, on décerne pour cinquante-quatre ans de services dans la même ferme une médaille de vingt-cinq francs à Catherine-Nicaise-Élisabeth Leroux, de Sassetot-la-Guerrière.

« Alors on vit s'avancer sur l'estrade une petite vieille femme de maintien craintif et qui paraissait se ratatiner dans ses pauvres vêtements. Elle avait aux pieds de grosses galoches de bois, et le long des hanches un grand tablier bleu. Son visage maigre, entouré d'un béguin sans bordure, était plus plissé de rides qu'une pomme de reinette flétrie, et des manches de sa camisole rouge dépassaient deux longues mains à articulations noueuses. La poussière des granges, la potasse des lessives et le suint des laines les avaient si bien encroûtées, éraillées, durcies, qu'elles semblaient sales, quoiqu'elles fussent rincées d'eau claire, et à force d'avoir servi, elles restaient entr'ouvertes, comme pour présenter d'elles-mêmes l'humble témoignage de tant de souffrances subies. Quelque chose d'une rigidité monacale relevait sa figure. Rien de triste ou d'attendri n'amollissait son regard pâle. Dans la fréquentation des animaux, elle avait pris leur mutisme et leur placidité. C'était la première fois qu'elle se voyait au milieu d'une compagnie si nombreuse, et intérieurement effarouchée par les drapeaux, par les tambours, par les messieurs en habit noir et par la croix d'honneur du conseiller, elle demeurait tout immobile, ne sachant s'il fallait avancer ou s'enfuir, ni pourquoi la foule la poussait et pourquoi les examinateurs lui souriaient. Ainsi se tenait, devant ces bourgeois épanouis, ce demi-siècle de servitude. »

Vous ne trouverez pas dans la littérature contemporaine beaucoup de pages d'une substance plus forte, ou d'un éclat plus solide, ou d'une beauté plus classique. C'est dommage, seulement, qu'on n'en rencontre pas beaucoup non plus, même dans *Madame Bovary*.

On voit par quel concours de circonstances, par

quel accord de qualités et sous l'empire de quelle inspiration « subie » *Madame Bovary* est devenue ce qu'elle est dans l'œuvre de Flaubert, et ce qu'on peut croire qu'elle demeurera dans l'histoire de la littérature contemporaine : un livre capital. Nous avons essayé de tout résumer en quatre mots. Les procédés de Flaubert convenaient admirablement au sujet qu'il avait choisi ce jour-là. Il n'est pas inutile d'appuyer sur ce point, et, renversant, comme on dit, l'expérience, de se proposer, après l'épreuve, la contre-épreuve.

III

L'œil de Flaubert ne va guère plus loin que la surface des choses, et s'il lui manque un don, il n'en faut pas douter, c'est le don de voir au delà du visible. C'est un psychologue, sans doute, mais son observation ne démêle que ce qui se laisse lire sur les visages, dans la structure de la face, dans le relief des traits, dans les jeux de la physionomie. Lui, qui débrouille si bien les effets successifs et accumulés du milieu extérieur sur la direction des appétits et des passions du personnage, ce qu'il ignore, ou ce qu'il ne comprend pas, ou ce qu'il n'admet pas, c'est l'existence d'un milieu intérieur. Il ne conçoit pas qu'il y ait au dedans de l'homme quelque chose qui fasse équilibre à la poussée, pour ainsi dire, des forces du dehors. Toute une psychologie subtile, bien autrement complexe que sa psychologie physiologique, la psychologie des forces intellectuelles et volontaires qui soutiennent le bon combat contre le choc de la sensation, et qui font échec aux assauts du désir, lui échappe entièrement. Ne lui parlez pas d'une liberté qui se détacherait en quelque façon du corps, qui le dominerait, et qui l'asservirait à des fins plus élevées que la satisfaction des désirs corporels : il ne vous entendrait pas.

Il a laissé plusieurs fois échapper de singuliers aveux, et tout à fait involontaires. « Son spiritualisme [1], dit-il, d'une de ses héroïnes, — madame Dambreuse croyait à la transmigration des âmes, — ne l'empêchait pas de tenir sa caisse admirablement. » Et pourquoi, bon Dieu ! l'aurait-il empêchée de tenir « admirablement sa caisse ? » Il a dit encore, dans sa lettre à Sainte-Beuve, et comparant à l'eunuque Schahabarim les « bonshommes de Port-Royal, » qu'après tout « Schahabarim lui semblait moins antihumain, moins spécial, moins cocasse que des gens vivant en commun et qui s'appellent jusqu'à la mort : *Monsieur.* » C'est à peu

---

1. Je crois que comme plus haut on a vu Restif de la Bretonne confondre les *puristes* avec les *puritains*, Flaubert ici brouillait *spiritualisme* avec *spiritisme*.

près comme s'il avait dit : Quoi de plus antihumain qu'une amitié qui ne dégénère pas en compagnonnage, et quoi de plus « spécial » que la dignité de la tenue ? Il y a certainement une lacune dans sa connaissance de l'homme.

Je n'en veux d'autre preuve que la surprenante impuissance de sa langue, partout ailleurs si ferme et si riche d'expressions créées, toutes les fois qu'il essaye de pénétrer dans le domaine psychologique. « Il lui découvrait enfin une beauté toute nouvelle, qui n'était peut-être que le reflet des choses ambiantes, *à moins que leurs virtualités secrètes ne l'eussent fait épanouir.* » Qu'est-ce que cela veut dire ? Et ceci : « Au milieu des confidences les plus intimes,... *on découvre chez l'autre ou dans soi-même des précipices ou des fanges qui empêchent de poursuivre.* » Ces deux exemples sont tirés de *l'Éducation sentimentale.* On en trouvera d'aussi remarquables, pour le moins, dans *Madame Bovary.* « Vous est-il arrivé quelquefois de rencontrer dans un livre une idée vague que l'on a eue, quelque image obscurcie qui revient de loin, et *comme l'exposition entière de votre sentiment le plus délié ?* » C'est du pur galimatias. Ou encore : « Elle ne croyait pas que les choses pussent se représenter les mêmes à deux places différentes, *et puisque la portion vécue avait été mauvaise, sans doute ce qui restait à consommer serait meilleur.* » C'est le badinage qui est consommé, comme dit l'autre, et la cause est entendue. Lorsqu'un écrivain tel que Flaubert balbutie de telles pauvretés, c'est qu'il ne conçoit pas très clairement lui-même ce qu'il veut dire. Évidemment, ses procédés matérialistes ne peuvent pas le conduire au delà de cette région vague où le sentiment est encore engagé dans la sensation, où la volonté se confond avec le désir; et tout un monde lui demeure fermé.

Mais justement, par une de ces bonnes fortunes assez fréquentes dans l'histoire de la littérature et de l'art, il s'est trouvé que, pour écrire *Madame Bovary*, toutes les qualités qui lui manquaient eussent été de surcroît. Son héroïne était tout embarrassée dans les liens de la chair, et tous ses sentiments se résolvaient en sensations. Elle-même ne voyait clair en elle qu'autant qu'elle pouvait ramener ses rêves à des impressions physiques antérieurement reçues. « *Au galop de quatre chevaux*, elle était emportée depuis huit jours vers un pays nouveau, d'où ils ne reviendraient plus. Ils allaient, *ils allaient les bras enlacés*, sans parler. Souvent, du haut d'une montagne, ils apercevaient *quelque cité splendide, avec des dômes, des ponts, des navires...* » Ce n'est pas Flaubert qui compose le tableau, mais ce n'est pas non plus Emma Bovary. Cet attelage qui l'emporte, c'est un ressouvenir des romans qu'elle a lus, où les héros « crevaient des chevaux à toutes les pages; » ces amants enlacés, ils lui reviennent aux yeux du fond des keepsakes qu'elle feuilletait au couvent, où l'on voyait « un jeune homme en court manteau qui serrait dans ses bras une jeune fille; » et ces cités splendides, n'est-ce pas encore dans quelque album d'images ou dans quelque romanesque description qu'elle en a eu la vision première? Elle a la mémoire des sens. Ce sont ses yeux qui se souviennent, et les parties du tableau ne s'associent ensemble qu'autant qu'elles lui rappellent quelque chose de matériellement éprouvé. Vous pouvez maintenant ne pas aimer le personnage; vous ne pouvez pas contester que les procédés de Flaubert conviennent admirablement à le peindre. Allons plus loin : on ne pouvait le peindre qu'avec ses procédés.

Il nous reste à montrer pourquoi Flaubert n'a rencontré qu'une *Madame Bovary*. On nous a raconté qu'il n'aimait guère à s'entendre appeler toujours l'auteur de *Madame Bovary*. Aurait-il donc préféré qu'on le saluât l'auteur de *la Tentation de saint Antoine*, ou peut-être du *Candidat*? Ce n'est pas que l'on ne conçoive aisément l'espèce d'impatience et d'irritation. Cependant il demeurera l'auteur de *Madame Bovary*, comme d'autres avant lui sont demeurés pour nous, celui-ci l'auteur de *Manon Lescaut*, et celui-là l'auteur de *Paul et Virginie*. Qui de nous s'inquiète aujourd'hui de *la Chaumière indienne*? ou de... je voudrais nommer ici quelque roman de l'abbé Prévost, et voilà qu'il ne m'en revient seulement pas le titre sous la plume. Ainsi de Flaubert. On en est quitte ordinairement pour dire que la même inspiration n'a pas deux fois visité l'écrivain ; en toute occurrence, c'est assez cavalièrement décliner le plus difficile de la tâche ; ici, certainement, ce n'est pas assez dire, — ici, quand il advient par hasard que l'exécution soit partout à peu près égale. Il faut chercher alors et découvrir quelque vice intérieur dans la manière de l'artiste, ou dans la conception de l'homme et de la vie que se faisait l'écrivain.

Nous avons eu l'occasion, chemin faisant, de signaler dans *Madame Bovary* telles ou telles qualités dont les unes, comme par exemple l'intensité de vie, font défaut dans *Salammbô*, et les autres, comme la sévérité de l'ordonnance, ou l'unité de la composition, dans *l'Éducation sentimentale*. Ce n'est rien que cela. La vérité c'est que dans *Salammbô*, Flaubert a voulu faire ce qu'on a très ingénieusement appelé du « réalisme épique [1]. » Il a soutenu cette ambitieuse gageure d'appliquer à la restitution de l'antique, — et de quel antique ! le plus inconnu, le plus mystérieux, le plus complètement évanoui, dont il ne reste pas pierre sur pierre, dont il ne nous est pas parvenu quatre inscriptions seulement ! — les mêmes moyens qu'il venait d'appliquer

---

1. L'expression, très heureuse, et qui convient mieux qu'aucune autre à caractériser, jusque dans *Madame Bovary*, le réalisme de Flaubert, est de Saint-René Taillandier.

avec tant de bonheur à la peinture d'un chef-lieu de canton et d'une paysanne pervertie. Il a perdu, comme on sait, et si le livre, à certains égards, est un tour de force, il n'est guère au total qu'une mystification.

J'ajoute aussitôt que, de cette mystification Flaubert lui-même a commencé par être la victime. Il y a d'ailleurs de fort belles parties dans *Salammbô*, les unes qui séduisent par leur air d'étrangeté phénicienne, et les autres qui désarment la critique par leur beauté, leur solidité, leur largeur d'exécution. Même, il y en a qui sont véritablement humaines. Quand Flaubert nous raconte les terreurs de Carthage assiégée par les mercenaires, et qu'il nous peint le bout de tableau que voici : « Les riches, dès le chant des coqs, s'alignaient le long des Mappales et, retroussant leurs robes, ils s'exerçaient à manier la pique. Mais faute d'instructeur, on se disputait. Ils s'asseyaient essoufflés sur des tombes, puis recommençaient. Plusieurs même s'imposèrent un régime. Les uns, s'imaginant qu'il fallait beaucoup manger pour acquérir des forces, se gorgeaient, et d'autres, incommodés par leur corpulence, s'exténuaient de jeûnes pour se faire maigrir, » est-ce que vous ne reconnaissez pas à ces traits la « garde nationale, » les « soldats citoyens, » les baïonnettes ou les piques intelligentes de tous les temps et de tous les pays ? Je recommande encore aux curieux de cet art dont nous avons parlé, — et qui consiste à lier étroitement les détails descriptifs au tissu de l'action en faisant marcher du même pas la gradation des sentiments, — le fantastique et beau chapitre qui porte le titre de *Hamilcar Barca*.

Malgré tout, *Salammbô* n'en est pas moins, dans son ensemble, une œuvre manquée. Nous avons vu dans *Madame Bovary* ce que peut pour une œuvre la rencontre heureuse d'un sujet et des meilleurs moyens qui peuvent servir à le traiter. *Salammbô* nous est un remarquable exemple de ce que peut, au contraire, la disproportion ou plus exactement la disconvenance du sujet et des moyens. Nous en dirons autant de *l'Éducation sentimentale*. Ici non plus Flaubert n'a pas trouvé la forme qui convenait à son sujet. Mais il y a autre chose encore, et quelque chose de plus grave, ce qu'il y a de plus grave peut-être pour un romancier, parce qu'il n'y a rien qui stérilise plus sûrement l'imagination.

Nous avons noté, de ci, de là, cette haine du « bourgeois, » qui caractérise Flaubert. « Les uns voient bleu, dit-il quelque part, les autres voient noir; la multitude voit bête. » C'est sa devise. Je n'ai pas besoin d'en faire longuement ressortir la fausseté. La multitude ne voit pas « bête, » elle voit « banal, » ce qui ne vaut pas mieux, si vous voulez, mais ce qui n'est pas moins tout à fait différent. Quand le mauvais destin du romancier misanthrope l'oblige à traverser la rue, « il se sent écœuré par la bassesse des figures, la niaiserie des propos, la satisfaction imbécile transpirant sur les fronts en sueur. » Je m'étonne seulement qu'il ne s'aperçoive pas qu'il a contracté lui-même quelques-uns des ridicules, ou tout au moins quelques-unes de ces façons de parler bourgeoises, qui semblent l'exaspérer si vivement chez les autres. Quand il esquisse le portrait du percepteur Binet « qui *possédait* » une si belle écriture, ne vous semble-t-il pas entendre ce début d'un roman de Balzac : « En 1792, la bourgeoisie d'Issoudun *jouissait* d'un médecin nommé Rouget? » Et quand il nous peint ailleurs ces gentilshommes habitués au maniement des chevaux de race, et à ce qu'il appelle *la société des femmes perdues*, est-ce que cette expression banale ne trahit pas le bourgeois qui persiste, en dépit qu'il en ait, chez cet artiste farouche? Mais lorsque,—parlant toujours en son nom personnel, — il nous apprend que « le sieur Arnoux se livrait *à des espiègleries côtoyant la turpitude*, » ô Muse du naturalisme! est-ce Flaubert qui parle, ou si c'est M. Prudhomme?

Il y a plus et il y a pis. Si vous détachez en effet ces plaisanteries elles-mêmes des personnages auxquels elles ne sont pas toujours très habilement incorporées, je pense que vous les trouverez pour la plupart assez lourdes. Il n'est pas de journaliste ou de vaudevilliste qui n'en rencontre d'aussi bonnes ou de meilleures. L'inoffensif bonhomme, par exemple, « qui se fait habiller par le tailleur de l'École polytechnique », ou tout autre du même acabit, c'est la pâture quotidienne des nouvellistes à la main. Et l'on aura beau dire, il est d'un esprit presque aussi « bourgeois » de prendre plaisir à relever de certaines sottises que de les laisser échapper. On en peut sourire, mais les recueillir, comme fait Flaubert, et les souligner d'un ricanement de triomphe, et s'enorgueillir visiblement d'en reconnaître l'énormité, ce n'est faire preuve, au total, ni de tant de liberté d'esprit ni de tant de force de satire.[1] Flaubert ne laisse pas de ressembler parfois à son curé Bournisien : il avait comme lui « la stature athlétique, » il a souvent, comme lui, « le rire opaque. »

Au fond, la bêtise humaine, quand on essaie d'en donner la plus large définition, est un je ne sais quoi qui oscille de l'idiotie à la prétention. Pourquoi le pharmacien Homais est-il bête? Uniquement parce qu'il est prétentieux, c'est-à-dire uniquement parce qu'à chaque fois qu'il ouvre la bouche, il affirme la conscience entière qu'il a de sa supériorité. Est-on bien sûr que Flaubert n'ait jamais donné dans cette prétention? Je crois au moins qu'il n'était pas fâché de s'entendre dire qu'il était « dur pour l'hu-

---

1. Sur ce point, l'œuvre posthume du romancier, *Bouvard et Pécuchet*, nous a donné depuis cruellement raison.

manité. » Par malheur, en travaillant depuis lors à se perfectionner dans le mépris de l'homme, en même temps que dans le maniement du matériel de son art, il a oublié que l'ironie était fatalement inféconde. « La désillusion est le propre des faibles. Méfiez-vous des dégoûtés, ce sont presque toujours des impuissants. » C'est lui-même qui l'a dit, et très bien dit.[1].

Il y a plus d'une raison de cette impuissance et de cette infécondité de la désillusion. D'abord, c'est qu'il se dissimule souvent, et des idées saines, et des sentiments vrais, et des intentions délicates sous les apparences de la sottise et de la naïveté. Il le savait sans doute, puisqu'il l'a dit encore lui-même : « Comme si la plénitude de l'âme ne débordait pas quelquefois par les métaphores les plus vides. » Oui ! par les métaphores les plus vides, et par les gestes les plus étranges, et par les actes les plus imprévus ! Mieux encore, il avait su voir et il avait su rendre, dans *Madame Bovary*, — toujours *Madame Bovary*, — ce qu'il y avait de digne de respect dans l'humble témoignage de ces *pauvres mains entr'ouvertes*; ce qu'il y avait de profondeur d'affection paternelle sous l'écorce rugueuse du père Rouault ; ce qu'il y avait de silencieusement dévoué dans l'amour timide et discret de ce pauvre petit Justin

---

[1]. Dans la curieuse préface qu'il a mise aux *Dernières Chansons* de Louis Bouilhet, et d'où nous avons tiré toutes les citations qui ne viennent pas de ses romans.

pour Emma Bovary ; ce qu'il y avait de réelle grandeur enfin dans la placidité un peu hautaine du docteur Larivière, « plein de cette majesté débonnaire que donne la conscience d'un grand talent, de la fortune, et quarante ans d'une existence laborieuse et irréprochable. » En deux mots, dans *Madame Bovary*, tandis qu'il avait copié la réalité sur le vif et qu'il l'avait transportée dans son roman, telle quelle, tout entière ; ici, dans *l'Éducation sentimentale*, ayant commencé par éliminer de la réalité tout ce qu'elle peut contenir de généreux et de franc, il n'est pas étonnant qu'il ne nous en ait rendu que ce qu'elle a de plat, de vulgaire et de laid. « Le sieur Arnoux » n'est pas le seul, dans ce prétendu roman, « qui côtoie la turpitude ». Hommes et femmes, ils en sont tous là !

Ajoutez que nul de nous ne fait bien que ce qu'il fait avec amour. La première vertu du poète, comme du romancier, celle sans qui toutes les autres aussitôt diminuent de prix et risquent de tomber à rien, c'est l'universelle sympathie pour les misères et les souffrances de l'humanité. Peut-être n'y a-t-il d'œuvres vraiment maîtresses que celles où le poète et le romancier mettent quelque chose d'eux-mêmes, et dépensent un peu de leur cœur. Il faut savoir être dupe en ce monde, non seulement pour être heureux, mais encore pour être juste. Détester les hommes, s'enfoncer dans le mépris d'eux et de leurs actes, chercher avec une obstination maniaque l'envers, — je ne dis pas des beaux, je dis des bons sentiments, — ce n'est peut-être pas la meilleure manière de se préparer à les représenter au vrai, ce n'est pas non plus la meilleure manière de réussir à nous intéresser. Vous vous moquiez du bourgeois ! le bourgeois vous l'a rendu cruellement le jour qu'il vous inspira *l'Éducation sentimentale*.

Il est un art cependant de laisser briller une lueur de sensibilité jusque dans la plus méprisante ironie. C'est quand l'ironie n'est qu'une forme de l'indignation généreuse. Elle ne blesse pas alors, elle venge et elle console, parce que, au travers du mépris déversé sur tout ce que l'on hait d'une juste haine, elle laisse entrevoir ce qu'on aime ou ce qu'on aimerait. « Le tissu de notre vie, dit le poète, est composé d'un fil mêlé, bien et mal unis ensemble ; nos vertus deviendraient orgueilleuses si nos fautes ne les fouettaient pas; mais nos vices désespéreraient s'ils n'étaient pas consolés par nos vertus. » Et c'est alors que l'ironie, bien loin d'étrécir et de rapetisser les choses, les élargit au contraire et les grandit. C'est de quoi je pense qu'on chercherait vainement un exemple dans l'œuvre entière de Flaubert. Quand la mort, il y a cinq ou six semaines, est venue brusquement le surprendre, il achevait de publier cette lourde féerie du *Château des cœurs*, où, dans les plaisanteries du plus mauvais goût s'épanouissait encore cette même haine inexpiable du « bourgeois, » sans qu'on y puisse deviner, — non pas même les raisons que pouvait avoir Flaubert de haïr ainsi l'humanité, car ceci ne regardait que lui, — mais un idéal quelconque dont il eût le culte et l'amour. Il aimait l'art, dira-t-on, et je répète : Qu'est-ce qu'aimer l'art sans aimer l'homme ?

Là-bas, à Yonville, dans sa mansarde, Binet, le percepteur, tourne encore, tourne toujours, tourne avec rage. De son outil s'échappe une poussière blonde qui s'envole dans un rayon de soleil. Il y en a qui aiment autour de lui, il y en a qui viennent, il y en a qui disparaissent, il y en a qui pleurent, il y en a qui meurent. Lui, Binet, tourne toujours, et fabrique « des ronds de serviette, dont il encombre sa maison avec la jalousie d'un artiste et l'égoïsme d'un bourgeois. » Il y eut de cet artiste et de ce bourgeois dans Flaubert. L'artiste a fait *Salammbô, la Tentation de saint Antoine, Hérodias*, — autant d'œuvres manquées. Le bourgeois a écrit *un Cœur simple, l'Éducation sentimentale, le Candidat* et *le Château des cœurs*, — autant d'œuvres manquées encore. Pourtant, comme l'artiste était très habile, et même consommé, dans la pratique de son art, on trouve profit à lire *Salammbô*. Comme le bourgeois était très consciencieux, et qu'il savait bien son métier, on peut trouver plaisir à lire *l'Éducation sentimentale*. Disons-le sans marchander ; c'est là déjà quelque chose, et c'est même beaucoup. Il est d'ailleurs un troisième Flaubert, le seul et le vrai Flaubert ; c'est l'auteur de *Madame Bovary*, et qui restera l'auteur de *Madame Bovary* :

J'en connais de plus misérables.

15 juin 1880.

LES
ROMANS DE MISS RHODA BROUGHTON

« Qui l'a faite ? Quiconque il soit, en ce a été prudent que il n'y a point mis son nom. » Je parle de l'anonyme qui traduisit pour la première fois en notre langue, — à ce qu'il croyait, — un roman de miss Rhoda Broughton, il y a de cela tantôt six ou sept ans. L'auteur anglais, assurément, méritait mieux. Non qu'elle ait égalé, parmi ses illustres devancières, l'auteur de *Jane Eyre* ou l'auteur d'*Adam Bede*. On peut même prédire, et sans aucun espoir d'être démenti par l'avenir, qu'elle ne les égalera jamais. Mais, à quelque distance d'*Adam Bede* et de *Jane Eyre*, qui pourraient bien être les chefs-d'œuvre du roman anglais contemporain, il y a place, heureusement, pour des œuvres fort honorables encore. C'est de quoi le lecteur conviendra, nous l'espérons, s'il veut bien lire, même *Nancy* dans la traduction anonyme, et surtout *Adieu les amoureux!* — *Fraîche comme une rose*, — et *Joanna*, dans l'agréable traduction de madame C. du Parquet. Outre quelques-unes des mérites ordinaires à la plupart de ces romans de mœurs dont l'Angleterre est la patrie d'élection, il y reconnaîtra des qualités originales et qui n'appartiennent bien qu'à miss Rhoda Broughton. Deux ou trois de ces récits sortent certainement de la moyenne et valent la peine d'être distingués dans le torrent de ces romans pieux, ou plus exactement piétistes, dont les filles de clergymen inondent périodiquement le pays du *Common Prayer Book*, ce qui leur est une manière, — lucrative à la fois en ce monde et profitable dans l'autre, — d'abaisser l'orgueil de leur cœur charnel, de terrasser le démon, et de glorifier Dieu. Ce sont, je crois, quelques-unes de leurs expressions favorites.

Les mérites ordinaires d'un bon roman anglais, on les connaît; et le compte en est réglé depuis longtemps.

Les romans anglais sont honnêtes, d'abord, et sans vouloir ici faire aucune confusion de la morale et de l'art, j'ose avancer ce paradoxe que, dans le temps où nous sommes, c'est peut-être quelque chose, pas grand'chose, mais pourtant quelque chose. La lecture des romans anglais, en général, repose, apaise, console, et quelquefois même fortifie.

On dit, à la vérité, que les romans de miss Rhoda Broughton auraient fait un peu scandale, et, par l'audace des situations et la liberté du langage, tranché sur l'uniformité des productions édifiantes. Mais j'ai quelque peine à le croire. Ou bien alors, il faudrait que la lecture des *Soirées de Médan* m'eût étrangement corrompu le goût et perverti le sens moral. L'une des héroïnes de miss Rhoda Broughton, quelque part, en frappant du pied, traite le mot « convenable » et les convenances en même temps, de petit, de lâche, et de servile. Elle a tort, j'y consens; mais puisqu'elle est en colère ! Une autre, dans un autre roman, émet cet aphorisme que « le mariage décidément est une chose haïssable. » Il est évident qu'elle se trompe. Mais puisqu'elle n'en finit pas moins par être heureuse en ménage, et même, au dénouement, puisqu'on la voit descendre « la pente de la vie, l'œil fixé sur ce Dieu redouté, mais bon, que l'on discerne à travers le voile de ses œuvres magnifiques! » Est-ce bien là de quoi choquer, ou seulement effaroucher, le plus austère puritanisme? Mais non pas même quand ailleurs on aurait plaisamment habillé quelque homme d'église, et traité le recteur de Plass-Beerwynn d'imbécile, sans plus de façons? A moins qu'il ne fût convenu, comme le prétendait un jour Macaulay, que la morale anglaise, tous les six ou sept ans, doit devenir féroce, et la vertu britannique éprouver le besoin de s'assurer d'elle-même en opposant sa raideur à la facilité de nos mœurs continentales?

Il résultera donc de là que les romans de miss Rhoda Broughton ne sont pas un prêche perpétuel, comme ceux de miss Yonge, par exemple, ni même, si vous le voulez, ce qu'on appelle une morale en action. Au surplus, soyez certains qu'ils contiennent tout autant de sermons qu'un lecteur français en puisse raisonnablement supporter. Il y a de bien jolis détails dans *Joanna*, et cependant, déjà, la matière d'édification y tient une si large place, — comme si l'auteur eût jugé qu'il était temps enfin pour elle de cesser de scandaliser ses respectables compatriotes, — qu'il est à craindre que tout le monde, chez nous, n'ait pas la patience d'aller jusqu'au bout du récit.

Un autre mérite, et bien souvent loué, des romans anglais, c'est la fidélité scrupuleuse, et aussi l'habileté rare, avec laquelle ils rendent l'aspect extérieur des choses. On serait tenté de dire que ce don n'est pas moins particulier, moins spécial, moins unique dans la littérature contemporaine aux romanciers anglais, que jadis aux petits maîtres hollandais dans l'histoire de la peinture. C'est l'art de se laisser faire et de transporter directement sur la toile ou de fixer par des mots l'impression des choses telle qu'on la reçoit, presque involontairement. Pour le bien sentir, ce sont des exemples insignifiants par la nature même des objets représentés qu'il convient de choisir : « Joanna a besoin de pleurer, et elle se sent soulagée par les larmes qui coulent en grosses gouttes sur ses garnitures de crêpe et qui s'arrêtent tout à coup quand elle s'aperçoit qu'un gras et bel enfant frisé, assis en face d'elle, la regarde obstinément et effrontément, comme s'il se demandait s'il est permis à une grande personne de pleurer. »

Voici un bout de conversation que je détache encore de ce même roman de *Joanna*, — pour compenser ce que j'en ai dit tout à l'heure :

« — On se passe difficilement de la société des militaires quand on y a toujours été habituée, dit pompeusement mistress Moberley. Ces enfants appartiennent à l'armée, leur père était officier !

» — Dites qu'il était le chirurgien du régiment, s'écrie l'honnête Diana.

» — Je ne nie pas qu'il fût docteur, mais cela n'empêche pas d'être militaire.

» — Personne ne fait grand cas des docteurs, rétorque Diana. Qui de nous voudrait danser avec le docteur Slop ?

» — Vous savez aussi bien que moi qu'ils ont rang d'officier, s'écrie avec chaleur mistress Moberley, et leur uniforme est beaucoup plus beau.

» — Ce n'est pas la même chose, répète obstinément Diana, et toutes les fois que je vous entendrai dire que papa était officier, j'expliquerai tout de suite qu'il n'était que chirurgien militaire. »

Ce n'est rien, et ce dernier trait sans doute est moins encore : « Cependant les taquineries cessent, les deux enfants se retirent dans l'embrasure d'une fenêtre, où ils font si peu de bruit que Joanna, qui va s'assurer de la cause qui les tient si tranquilles, les trouve occupés sérieusement à essayer qui gardera le plus longtemps un centime sur son nez. » Mais c'est justement parce que ce n'est rien que c'est quelque chose, justement parce que ces détails en eux-mêmes sont de nul prix, justement parce qu'il n'y a pas dans ces quelques lignes un seul mot qui peigne, je veux dire qui vienne pour l'effet, justement parce que cela n'a de mérite enfin que d'avoir été vu, senti, aimé, compris et rendu.

Et de là, nous pourrions déduire une comparaison, qui serait peut-être instructive, entre le *réalisme* des romans anglais et le *naturalisme* de nos romans français. C'est dommage que les romans de miss Rhoda Broughton ne nous en offrent pas l'occasion naturelle. Mais, quelles que soient leurs qualités, ils n'ont vraiment pas assez d'étoffe : ils ne sont pas, si je puis ainsi dire, d'une substance assez forte.

Il ne suffit pas, en effet, que des romans soient faciles, agréables, émouvants même à lire, pour porter le poids de ces sortes de discussions ; il faut encore qu'ils donnent à penser ; et le plus vif admirateur des romans de miss Rhoda Broughton n'oserait leur accorder cette louange. Ce sont les romans du grand écrivain qui vient de mourir, George Eliot, et de préférence même, je crois pouvoir le dire, à ceux de Dickens ou de Thackeray, qu'il faudrait prendre. Alors on verrait clairement ce qu'il y a de différence entre nos réalistes français, qui copient de parti pris et comme seul digne d'être copié, ce qui est rare, curieux, singulier à noter, et les réalistes anglais, qui ne s'attachent qu'à ce qu'ils voient à travers l'émotion de leurs souvenirs intimes : voilà pour la forme; — ce qu'il y a de différence entre l'intérêt superficiel que les romanciers français prennent à leurs personnages, et la communauté de vie morale que les romanciers anglais entretiennent avec les leurs; voilà pour le fond. « Il n'y a pas de nouveauté qui puisse valoir cette douce monotonie où chaque chose est connue et aimée parce qu'on la connaît, » dit quelque part l'auteur du *Moulin sur la Floss*, et l'auteur d'*Adam Bede* : « Oui ! Dieu merci, l'amour humain est comme les puissantes rivières qui fécondent la terre : il n'attend pas que la beauté vienne à lui, mais il s'élance et la porte avec lui. » Tout le réalisme anglais, tout le naturalisme hollandais peut-être, est comme enfermé dans la circonvolution de de ces deux formules. Mais convenez qu'il n'y a rien de moins familier à nos romanciers français que l'un ou l'autre de ces deux axiomes.

Ces différences tiennent à plusieurs causes, très complexes, que ce n'est pas ici le temps de débrouiller, mais dont voici, sauf erreur, l'une des principales, et qui peut en même temps être comptée parmi les traits caractéristiques du roman anglais : ce sont des romans psychologiques.

On n'entend pas toujours très bien le sens exact de ce mot. Aussi dit-on volontiers que les romans anglais manquent d'action. C'est parce que nos romans français, en général, commencent au point précis où finissent les romans anglais. Même quand ce sont des romans dignes d'être appelés psychologiques, — et non pas des poèmes en prose, ou des plaidoyers, ou des romans d'aventures, — on peut observer, en effet, que nos romanciers prennent ordinairement des caractères tout formés, qu'ils jettent dans le train de la vie du monde, et dont ils étudient les modifications successives au contact des événements et des hommes. En Angleterre, ce qu'il semble que l'on étudie beaucoup plus volontiers, c'est comment les caractères se forment, et par quelle suite insensible de transitions l'enfant devient un homme et la jeune fille une femme. C'est peut-être pourquoi les enfants et les jeunes filles jouent un rôle si considérable dans un si grand nombre de romans anglais. — Faites au surplus, comme toujours, la part des exceptions : il ne s'agit que d'indiquer une direction générale.

Prenez maintenant *Nancy*, qui n'est pourtant pas, il s'en faut de beaucoup, le meilleur entre les cinq ou six romans de miss Rhoda Broughton. Rien de plus simple, ou même de plus banal, que le sujet. Il peut tenir en quatre mots : une toute jeune fille épouse un homme de vingt-cinq ou trente ans plus âgé qu'elle : c'est tout. Que croyez-vous qu'un romancier français tirât de la donnée, réduite à ces seuls termes? ou, car je poserai peut-être mieux la question d'une autre manière, de quel point pensez-vous qu'il partit ? Selon toute vraisemblance, et presque toujours, car la situation n'est pas neuve, du moment précis où, toute illusion étant détruite, l'un ou l'autre des deux époux n'aperçoit plus d'une union disproportionnée que les inconvénients et les charges. Là-dessus, relisez *Indiana*. Mais l'auteur anglais, au rebours. C'est d'avant le mariage qu'elle part. Et comme après tout elle ne saurait s'empêcher d'être de son pays, c'est-à-dire de tourner, un peu plus, un peu moins, son récit aux choses de la morale, elle dessine et présente ses caractères par les côtés qu'il faut pour que rien ne s'oppose irrémédiablement au bonheur de cette jeune femme et de ce vieux mari.

Le mariage a lieu : Nancy Grey devient lady Tempest; un nom bien mal choisi, pour le dire en passant, et qui jure étrangement avec le caractère vrai de la personne. Cependant il n'est guère naturel que cette enfant s'éprenne vivement de ce vieillard. Tout le roman est donc consacré, sans qu'il s'y mêle que fort peu de drame, à l'étude subtile du curieux travail d'une âme honnête sur soi-même pour accorder son bonheur avec son devoir, et quand ce point d'équilibre psychologique est une fois atteint, le roman est terminé.

La conclusion, c'est qu'il se pourrait bien qu'en dépit de tant de chefs-d'œuvre du roman français, le théâtre fût pourtant chez nous, depuis Corneille, au moins, l'art national par excellence. En Angleterre, et depuis *Robinson Crusoé*, depuis *Paméla* surtout, c'est le roman. Il n'y a d'action pour nous que si nous voyons, même dans le roman, poindre et grandir le drame. Mais le drame intérieur cependant? la lutte de soi-même contre soi-même? ce combat qu'il faut soutenir pour devenir enfin le maître de ses désirs? pourquoi ne l'appellerions-nous pas drame, aussi bien, et pourquoi ne serait-ce pas action? C'est ce drame intérieur que les romanciers anglais excellent à représenter, inhabiles au contraire, maladroits presque tous, et je dirai même radicalement impuissants à construire, à ménager, à dénouer le drame extérieur. Voyez plutôt le décousu de tels romans de Thackeray, qui seraient autrement du premier ordre, de l'*Histoire de Pendennis* ou de *la Foire aux vanités*; ou voyez encore par quels incidents de mélodrame vulgaire Dickens a gâté quelques-uns de ses chefs-d'œuvre, *la Petite Dorrit*, par exemple, ou *Dombey et Fils*, pour ne citer que ceux qui me reviennent en mémoire.

L'originalité des romans ou, pour mieux dire, de

quelques-uns des romans de miss Rhoda Broughton, c'est qu'ils contiennent ce drame, et, par conséquent, provoquent un peu de cet intérêt de curiosité qui nous a tout l'air d'être ce que le lecteur français exigerait d'abord du romancier.

A ce point de vue, tels romans de miss Rhoda Broughton, *Adieu les Amoureux !* par exemple, ou encore *Fraîche comme une rose*, (que pour notre part nous préférons peut-être à tous les autres), malgré quelques longueurs, semblent écrits pour le public français. Ce ne sont plus de ces récits où l'on voyait défiler toutes les classes de la société tour à tour, et qui promenaient le lecteur de l'hôpital et de la prison pour dettes aux salons de la banque et de l'aristocratie, trop heureux quand on ne lui faisait pas faire à la suite de la famille Pendennis ou de la tribu des Dorrit un voyage de plusieurs chapitres sur le continent. Mais, au contraire, par le petit nombre des personnages en jeu, par la concentration de l'intérêt, par le sacrifice du détail à quelques scènes capitales, par la rapidité de l'action enfin, et par l'unité de la composition, ce sont des romans comme on les aime en France, moins réels, mais non pas moins vrais peut-être ; d'une observation moins particulière et moins britannique, pour ainsi dire, mais non pas pour cela moins juste ; moins curieux sans doute aux yeux de la critique, parce qu'ils sont moins originaux, mais plus intéressants pour le grand public des lecteurs, parce qu'ils sont plus courts, et surtout plus émouvants.

Joanna, nous l'avons dit, est plus anglais. On regrettera vivement que la dernière partie n'y réponde pas aux deux premières. La peinture de la Villa Portland, des dames Moberley, de cet intérieur de province où le sort ennemi jette la pauvre Joanna..., miss Rhoda Broughton n'a pas tracé de plus joli tableau, dont les tons soient plus justes, et l'effet plus heureux. Mais elle m'a gâté son héroïne en la transformant je ne sais en quel « ange gardien » de l'homme qu'elle aime, qu'un obstacle insurmontable l'a empêchée d'épouser, qui s'est marié depuis, et qu'elle continue trop naïvement de vouloir guider vers « la splendeur éclatante. » Au moins si Anthony Wolferstan, — c'est le nom du bien-aimé, — n'était pas colonel des grenadiers de la garde! Il n'y a pas d'ailleurs de défaut plus ordinaire aux romans de femme, et c'est même un signe auquel ils se reconnaissent. Les débuts presque toujours en sont singulièrement heureux, de vraies trouvailles bien souvent, une manière hardie, large, et neuve de poser le sujet, puis tout à coup vous perdez terre, l'imagination reprend ses droits, et les figures, comme on dit, tournent au type. C'est fini. Nous voilà lancés dans les espaces, dans le bleu sombre comme dans *Joanna*, dans le noir, comme dans *Adieu les amoureux!* quelquefois aussi, mais plus rarement, dans le rose. Charmant défaut, dans la conversation, — mais particulièrement désagréable et grave, dans le roman. On dit alors, depuis Horace, que les caractères ne se tiennent pas, — *non servantur ad imum*, — vieille remarque, vieille citation, vieille vérité.

Je ne répondrais pas qu'il ne fût assez facile, trop facile de signaler le même défaut dans *Adieu les amoureux!* à savoir : la même soudaine déviation dans le développement des caractères. Mais, après tout, puisqu'il échappe à la lecture et qu'on ne l'aperçoit qu'à la réflexion, passons outre, et disons que le roman est des plus courts, des plus vifs, des plus serrés que nous connaissions parmi les romans anglais.

Une jeune fille, miss Lénore Herrick, orpheline dès l'enfance, impérieuse, fantasque, audacieuse, s'éprend, non pas d'un jeune homme, — les jeunes hommes sont d'ordinaire mal partagés, mal traités, assez insignifiants, quand ils ne sont pas ridicules, de pauvres sires, dans les romans de miss Rhoda Broughton, — mais d'un homme dont le caractère, façonné par une expérience déjà longue, est aussi volontaire, dominateur, et absolu que le sien. Elle l'amène pourtant, de coquetteries en coquetteries, et malgré qu'il en ait, à l'amour. De la rencontre, ou plutôt du choc de ces deux caractères, l'un et l'autre dominés par une passion profonde, mais incapables également de se plier aux exigences l'un de l'autre, jaillissent naturellement des défiances,

12.

des soupçons, des colères, des outrages. Vous diriez de ces deux amoureux qu'ils se haïssent encore plus qu'ils ne s'aiment, qu'ils éprouvent plus d'humiliation d'aimer que de plaisir d'être aimés, et que leur orgueil à tous deux résiste contre cette fatale abdication de la personne et cette dépossession du moi, par où cependant il faut bien que tout amour humain se termine.

On retrouve des traits de cette curieuse manière d'aimer dans *Joanna*, mais surtout dans *le Roman de Gilliane*. C'est aussi bien comme une marque où l'on reconnaît les romans de miss Rhoda Broughton. A la vérité, c'est devenu, dans le *Roman de Gilliane*, et même un peu déjà dans *Joanna*, ce qu'on appelle procédé, mais à l'origine, et dans *Adieu les amoureux !* c'était trouvaille, et c'était invention.

J'achève en quatre lignes une sèche analyse du roman, car je ne voudrais détourner personne du plaisir de le lire. Les coquetteries de Lénore irritent son fiancé jusqu'à l'offense. Ils rompent et se séparent pour ne plus se rencontrer qu'une fois, par hasard, au cours d'un voyage en Suisse, et se dire l'éternel adieu, Lénore avant de mourir et l'amant avant de devenir l'heureux époux d'une petite cousine, moins séduisante, mais moins coquette et plus soumise, probablement, que sa fiancée d'autrefois. La morale, je pense, est assez claire; un prédicateur ne la déduirait pas mieux : jeunes filles, ne soyez point trop coquettes, et vous souvenez que la parfaite épouse anglaise doit obéir à son mari !

S'il ne s'agit, quand on ouvre un roman pour le lire, que de perdre une heure ou deux assez agréablement, il est bien possible que l'on voie dans *Adieu les amoureux !* le meilleur des romans qu'ait donnés jusqu'ici miss Rhoda Broughton. Mais si c'est l'auteur à qui l'on s'intéresse, et de qui l'on cherche à voir les qualités sous leur jour le plus favorable, il faut passer par-dessus le titre, un peu prétentieux, et lire : *Fraîche comme une rose*.

L'histoire est aussi d'une jeune fille et d'un mariage manqué, je veux dire qui manque deux fois, mais qui finit par se conclure. J'aime mieux ce dénouement. Se marier, c'est moins poétique, moins romanesque, moins romantique assurément que de mourir phtisique dans « la haute et froide vallée de l'Engadine, » mais là où l'observation ne fait que courir à fleur de peau, là où l'on glisse, comme dans les romans de miss Rhoda Broughton, sans jamais appuyer bien profondément, là enfin où l'on conte une histoire plutôt que l'on ne construit une œuvre, je n'aime pas qu'au moment où je commençais de prendre un vif intérêt à leur sort, on vienne ainsi méchamment me tuer mes personnages. J'ai donc été très aise de voir Esther Craven épouser Saint-John Gerard.

Elle est d'ailleurs très finement contée, cette histoire, et délicatement esquissé, ce caractère de jeune fille. Coquette elle aussi, comme Lénore Herrick, mais coquette naïve, et presque sans le savoir, non plus par besoin de dominer, mais au contraire par besoin d'être aimée, de se sentir entourée d'affections attentives, d'une protection toujours présente et d'un amour toujours vigilant. Orpheline, vivant avec son frère dans une modeste ferme du pays de Galles, Esther Craven est adorée de Robert Brandon, qu'elle n'aime pas, mais à qui cependant elle s'engage, parce qu'il l'aime, parce qu'il est bon, parce qu'il est importun surtout, le pauvre et honnête Bob, et quoi qu'il ait des « souliers bien mal faits. » Un jour, d'anciens amis de son père, qui par hasard se sont souvenus d'elle, invitent la jeune fille à venir passer quelque temps auprès d'eux à la campagne. Sir Thomas et lady Gerard ont une pupille, miss Constance Blessington, et un fils, qu'on appelle Saint-John, Saint-John ! un bien joli nom ! ne peut s'empêcher de soupirer Esther, un nom bien plus joli que Bob ! Et la voilà toute prête à se faire aimer de Saint-John, d'autant plus que, dans ce vieux château, sir Thomas est toujours en colère, lady Gerard toujours somnolente, miss Blessington imperturbablement correcte et glaciale. Elle réussit. Son malheur veut seulement qu'en s'engageant à Saint-John, elle n'ait oublié que de parler de Bob, et le jour où Saint-John, averti par la très froide, mais très jalouse miss Blessington, l'interroge à ce sujet, il s'ensuit une rupture et le naufrage des espérances d'Esther.

Ce qui est original ici, c'est le détail, que malheureusement nous sommes obligé de supprimer, c'est surtout la prise douloureuse que ces aventures quotidiennes, banales, vulgaires exercent pourtant sur l'imagination du lecteur. Cela tient à ce que l'auteur, non sans art, a placé toutes ses héroïnes dans cet âge intermédiaire, encore si voisin de l'enfance, où la jeunesse reçoit la première et dure leçon de l'expérience et de la vie réelle.

Toutes ou presque toutes, Esther Craven ou Lénore Herrick, le coup qui les frappe les étonne, pour ainsi dire, plus encore qu'il ne les blesse. Elles ont peine à croire que le malheur ne soit pas un rêve. Et leur consternation est celle d'un enfant qui, pour la première fois mis en présence de la mort, comprend qu'il n'y a rien d'éternel, et qu'il vient de disparaître quelqu'un du cercle de ses habitudes et de ses affections. Quoi donc! elles sont capables de se faire elles-mêmes du mal! On n'aura donc plus pour leurs fautes l'inépuisable indulgence qu'elles avaient jusqu'ici rencontré partout autour d'elles! On les jugera donc désormais sur leurs actes et non plus sur leurs intentions! C'est ainsi qu'il se mêle à la douleur d'Esther Craven je ne sais quel sentiment de surprise en même temps que d'effroi de l'avenir; et ce sont toutes ces nuances de la douleur, habilement assorties ensemble, qui donnent au caractère son originalité pathétique.

C'est au lendemain même de la rupture qu'une dépêche rappelle brusquement Esther auprès de son frère, qui se meurt. Elle part, mais divers incidents la retardent, et tout est fini quand elle arrive. Obligée de recevoir l'hospitalité chez la mère de Bob, dont l'intérieur méthodiste est agréablement peint, quoique un peu en caricature, elle cherche un moyen de gagner sa vie et devient dame de compagnie chez une lady Blessington, la tante précisément de la rivale qu'elle a connue chez les Gerard. Il paraît que Saint-John maintenant doit épouser miss Blessington. Il se montre cependant, et l'ancien amour aussitôt renaît entre Esther et lui. Vainement essaient-ils d'y résister, et même se séparent-ils une seconde fois; une grave maladie d'Esther précipite le dénouement. Saint-John revient pour la troisième fois, et c'est miss Blessington, comme jadis Robert Brandon, que l'on sacrifie à l'éternel égoïsme de l'amour.

Le Roman de Gilliane est bien inférieur à ceux dont nous venons de parler. Il nous fournit toutefois l'occasion d'achever de caractériser l'auteur en disant deux mots du genre auquel elle s'est visiblement consacrée. Ce que miss Rhoda Broughton semble étudier presque uniquement, en effet, dans ses romans, et ce que l'on pourrait appeler son domaine psychologique réservé, c'est la coquetterie. Toutes ces jeunes filles sont coquettes, mais chacune d'elles à sa façon. Esther Craven, c'est la coquetterie qui s'ignore ; Lénore Herrick, c'est la coquetterie qui provoque les hommages pour le plaisir d'user de son pouvoir ; Joanna, c'est la coquetterie qui veut gouverner vers le bien et diriger vers l'idéal l'homme de son choix ; Gilliane, enfin, dans ce dernier roman, c'est la coquetterie la plus naturelle et la plus permise, celle qui veut triompher des préventions, et complaire aux yeux d'un juge défiant.

On a fait cette remarque, plus d'une fois, que les romanciers anglais ne ressemblaient pas mal à des mineurs toujours à la recherche de quelque filon productif. « Ils n'obéissent pas à une vocation, ils sont en quête d'une manière et d'un succès [1]. » Et quand ils ont trouvé cette manière, ils s'y tiennent, car, puisqu'il ne s'agit que de réussir, de quoi se soucieraient-ils encore quand ils ont une fois réussi ? L'auteur d'*Adieu les amoureux* et de *Fraîche comme une rose* moralise agréablement sur les dangers d'être coquette. Notez d'ailleurs qu'il y a manière et manière. Le mot, quelquefois, sert assez improprement à désigner ce que l'on appellerait mieux l'originalité, la personnalité d'un grand artiste, et cette part de soi-même qu'il ne peut s'empêcher de mettre dans ses œuvres. Il sert plus souvent, et plus justement, à désigner un ensemble de procédés raisonnés, acquis et voulus, que l'on applique sans beaucoup de travail et

1. Ed. Scherer, *Études critiques sur la littérature contemporaine*.

comme mécaniquement à la reproduction non pas tout à fait des mêmes sujets, mais, pour parler le langage qui convient ici, à la fabrication de produits similaires. Je crains que ce ne soit un peu le cas de miss Rhoda Broughton.

Ajoutons quelques mots. On aura sans doute remarqué combien étroite à la base, et combien fragile est l'intrigue de tous ces romans. Ils sont construits sur une pointe d'aiguille. Je ne veux pas précisément dire par là qu'ils soient vides d'événements, mais bien que le choix, l'enchaînement, le rapport de ces événements est singulièrement arbitraire. Presque dans tous ces romans, il suffirait d'un geste, il suffirait d'un mot, pour que l'intrigue s'achevât et que l'aventure fût dénouée. Pourquoi personne ne prononce-t-il ce mot, ou ne fait-il ce geste? On ne saurait vraiment le dire, si ce n'est parce qu'il faut que le roman, bon gré, mal gré, s'étende au delà des modestes proportions d'une nouvelle et remplisse, de quelque façon que ce soit, un nombre de pages déterminé.

Voici, par exemple, Esther Craven : elle aime Saint-John, elle en est aimée; vingt fois l'occasion s'est offerte, et toute naturelle, de rompre avec Robert Brandon et de dégager la promesse qu'elle lui a faite, — promesse vague, arrachée plutôt à son impatience qu'à sa compassion même, et nullement à son amour; — pourquoi ne l'a-t-elle pas saisie? Je serais embarrassé de le dire, et miss

Rhoda Broughton aussi. Voici Joanna, dont le mariage ne manque avec sir Anthony Wolferstan que parce qu'elle apprend un jour, tout à fait inopinément, qu'il y a je ne sais quelle tache sur le nom de son père, une tache dont elle se reprocherait de déshonorer l'écusson des Wolferstan? Il faut donc qu'elle ait attendu jusqu'à dix-huit ou vingt ans pour savoir ce qu'était son père, et cela, demeurant sous le toit de sa propre tante, la meilleure, mais la plus indiscrète et la plus bavarde des femmes, et c'est de la mère de Wolferstan elle-même qu'elle apprendra cette nouvelle, et Wolferstan lui-même l'apprendra pour la première fois. Tout cela est trop artificiel, trop léger de construction, ce sont là de ces incidents que l'on combine à volonté, mais qui ne sont ni la fidèle représentation de la vie dans sa réalité, ni la déduction logique des caractères eux-mêmes, tels qu'ils nous sont donnés et que nous les avons admis.

Aussi n'est-il pas étonnant qu'il y ait bien des longueurs dans les romans de miss Rhoda Broughton. Et j'appelle ici longueurs, — car il n'est presque pas un mot de la langue littéraire qu'il ne faille aujourd'hui définir avant de l'employer, — les descriptions, peintures, épisodes enfin de toute sorte qui ne servent à rien, absolument à rien, qu'à grossir un volume, et vraiment décourager l'attention du lecteur. J'ai cité la description de l'intérieur des Moberley dans *Joanna*, de l'intérieur encore des

Brandon dans *Fraîche comme une rose*. Elles sont bien faites, amusantes, et vraisemblablement fidèles, comme ces portraits dont nous n'hésitons pas à garantir la ressemblance, quoique nous n'en ayons pourtant jamais rencontré l'original. Mais elles sont parfaitement inutiles, puisqu'elles ne nous font avancer d'un pas ni dans la connaissance du caractère intime des personnages, ni dans la connaissance même d'un milieu dont on ne leur fait pas subir l'influence.

Je pourrais multiplier les exemples : il suffira d'un seul. Esther Craven, cherchant une place de dame de compagnie, fait insérer une annonce dans un journal, et voilà miss Rhoda Broughton qui part de sa meilleure plume : « Et maintenant, cet avertissement parcourt en long ou en large le monde civilisé, pénètre dans les cafés, dans les hôtels, dans les maisons particulières, confondu avec ces paragraphes nombreux comme les sables de la mer, qui... » Vous comprenez bien qu'il n'y a pas de raison pour que l'on s'arrête, une fois lancé dans cette voie. C'est un développement de collège, une matière à mettre en vers latins. Si quelqu'un dépose une dépêche au bureau du télégraphe, je puis partir du même style : « Et maintenant cette dépêche parcourt en long et en large... » ou si j'embarque mes personnages sur un paquebot : « Et maintenant, livré aux hasards de la mer... » Le procédé est renouvelé de Dickens, il est vrai, mais pour l'employer à propos, ce n'est pas trop d'être Dickens lui-même. Et quand ces sortes de descriptions n'importent pas au récit, pour avoir le droit de s'y aventurer, il faut, comme Dickens lui-même, avoir cette vision poétique et cet art d'animer l'insensible qui caractérisent en effet à un si haut degré l'auteur de *Martin Chuzzlewitt* et de *David Copperfield*.

Enfin, et quoique ce soit toujours une témérité grande que de vouloir juger de la manière d'écrire et du style d'un écrivain dont nous n'avons pas parlé la langue dès l'enfance, puisque l'on dit que le style de miss Rhoda Brougthon n'a pas, en Angleterre, le suffrage des connaisseurs, je crois volontiers ce qu'on en dit. Et même à travers une traduction le lecteur s'apercevra, je n'en doute pas, à chaque page de *Fraîche comme une rose* et d'*Adieu les Amoureux !* d'un singulier mélange de prétention et de vulgarité. Certes, j'y sais quelques pages charmantes, quelques descriptions d'une fraîcheur tout anglaise, quelques bouts de dialogue d'un accent vif, net et juste. Mais il est trop évident que miss Rhoda Broughton se travaille à dire de bons mots, et qu'elle n'y réussit pas toujours. Écrire que le « salon du matin, à Felton, est ainsi nommé, parce qu'on s'y tient le soir », cela passerait en France pour une plaisanterie de petit journal, et je ne pense pas que ce soit beaucoup meilleur, ni d'un goût beaucoup plus fin en Angleterre. Ou bien encore, dire que « le train rapide qui emporte Esther vers une nouvelle existence est saupoudré comme certains gâteaux, » j'ai peine à me figurer que ce soit en aucune langue une façon bien simple, ou bien piquante, de signifier qu'il neige.

Il me paraît, d'ailleurs, à ces signes, qu'on en est en Angleterre où nous en sommes nous-mêmes. Nous aussi, nous écrivons de ce style précieux et brutal, entortillant de périphrases les choses les plus simples, comme de mauvais imitateurs de Marivaux, et de ci, de là, laissant échapper quelque mot vulgaire, emprunté de l'argot de la rue ou de l'atelier... Mais le sujet est de ceux qui demanderaient un volume.

Contentons-nous donc de dire, qu'en dépit de toutes ces critiques, les romans de miss Rhoda Broughton sont certainement à lire. *Adieu les amoureux!* et *Fraîche comme une rose*, sont des œuvres fort honorables. Irons-nous d'ailleurs jusqu'à soutenir, pour expliquer l'estime assez modérée qu'il semble que l'on en fasse en Angleterre, ce paradoxe, après tout fort soutenable, que les compatriotes d'un écrivain vivant n'en sont pas toujours les meilleurs juges, ni surtout les juges sans appel? Il faudrait pour cela qu'indépendamment des qualités de forme qu'on leur dispute, ces romans eussent une profondeur d'originalité qu'ils n'ont véritablement pas. Ce sont d'agréables récits, et voilà tout. Il est d'ailleurs un moyen de concilier les éloges dont les romans de miss Broughton nous paraissent dignes et les critiques dont ils ont été l'objet en Angleterre : c'est de faire la part très large au bon goût, au tact et à l'habileté de sa traductrice. Et, de fait, rien ne sera plus juste.

15 mars 1881.

LE *REPORTAGE* DANS LE ROMAN

Le mot n'est certes pas de la langue du grand siècle, et Boileau, que je sache, ne l'a nulle part employé; mais, depuis quelques années, l'usage l'a tellement consacré, l'usage, — dont il faut que les académies elles-mêmes, tôt ou tard, et bon gré, mal gré, subissent l'autorité souveraine, — et puis, il dit si bien ce qu'il veut dire !

Être curieux de tout, et pourtant ne s'intéresser à rien, ou peut-être s'intéresser particulièrement à ce qu'il y a de moins intéressant au monde, comme le menu d'un souper de *centième*, la robe d'une demoiselle, ou les *performances* d'un cheval de course; — enregistrer au jour le jour, méthodiquement, les incidents les plus banals de ce que l'on est convenu d'appeler la vie parisienne, chiens écrasés, fiacres versés, caissiers en fuite, banquiers ruinés, voleurs arrêtés, assassins découverts, procès gagnés, procès perdus, filles séduites, liaisons rompues, mariages manqués, amoureux noyés, asphyxiés, ou pendus; — servir le tout ensemble, avec les noms propres, ou sous des initiales transparentes, ou sous des sobriquets plus révélateurs en quelque sorte que les noms eux-mêmes, agrémenté de spirituelles médisances ou de plaisanteries d'un goût douteux, et parfois relevé, d'une façon tout à fait imprévue, d'un trait de morale pharisaïque; — voilà le *reportage*, et voilà sous quelle forme il est en passe, traîtreusement, de s'introduire, je ne dirai pas seulement dans le roman, je suis obligé de dire dans la littérature contemporaine.

Ce n'est point hasard, si, pour étudier cette forme particulière du naturalisme dans le roman, nous choisissons et rapprochons ici les noms de M. Jules Claretie, l'auteur de *la Maîtresse* et des *Amours d'un interne*, et de MM. Edmond Texier et Camille Le Senne, les auteurs en collaboration de *la Dame du lac* et du *Mariage de Rosette*. Mais c'est qu'ils travaillent en effet tous trois dans la partie. Leur domaine, c'est *l'actualité*. Servons-nous du mot que les poètes, ayant licence de tout oser, et puisque aussi bien nous sommes en veine de barbarisme, n'ont pas craint de mettre à la mode. *La modernité*, c'est leur domaine.

Le proverbe, un proverbe très naturaliste, a bien raison de dire qu'on ne ment pas à ses origines. Il y a des romanciers qui sont venus au roman par le théâtre, et, ceux-là, dans tout un long récit qu'ils écrivent, n'y eût-il qu'une scène, une seule scène de passion, elle sera dramatique, et coupée selon les lois du théâtre. Il y en a d'autres qui sont venus au roman par la poésie : ceux-ci, leurs descriptions les trahissent, et si consciencieusement qu'ils s'appliquent à la peinture de l'exacte réalité, je ne sais quoi de délicat et de charmant, ou de douloureux et d'ému, perce toujours, qui les fait reconnaître poètes. Il y en a d'autres encore, — et c'est le cas de nos auteurs, — qui sont venus au roman par le journalisme, et vous les reconnaissez justement à cette préoccupation qu'ils ont de construire leurs romans sur les choses du jour, et d'imaginer, si je puis ainsi dire, dans la direction de la curiosité publique.

Ils commencent par faire une espèce d'enquête générale sur l'état de l'opinion. Quel est l'événement parisien de l'année dernière dont le retentissement dure encore, ou dont on puisse espérer, à tout le moins, de réveiller aisément l'écho ? De quelle intrigue pourrait-il bien former le nœud ? et quel enchaînement de faits divers, ou quelle heureuse combinaison des menus scandales du boulevard et du bois, pourrait bien grossir l'aventure jusqu'aux proportions d'un volume ? C'est évidemment la première question que se posent les auteurs du *Mariage de Rosette* et de *la Dame du lac*. Il s'agit d'abord pour MM. Le Senne et Texier de rendre à « tout Paris, » ce que « tout Paris » leur a prêté ; — le tout Paris des journaux, c'est-à-dire des courses et des premières représentations. Ils démarquent alors l'événement et dénaturent l'intrigue, ils déguisent les principaux personnages et griment les simples comparses ; on voit passer dans leurs récits des rois imaginaires et des princes fantastiques ; puis ils opèrent des mélanges, ils brouillent, ils amalgament, ils combinent, et concentrant tout cela sous l'enveloppe d'un style extraordinairement travaillé dans sa négligence, ou bizarrement précieux dans sa brutalité voulue, ils nous offrent des œuvres si parisiennes qu'elles cessent d'être humaines, si pleines d'allusions que pour les lire il faudrait avoir sous la main la collection des faits divers de l'an dernier, si fragiles enfin, qu'une fois ôtées les parties d'actualité qui les soutiennent huit jours, elles croulent et s'évanouissent tout entières. MM. Le Senne et Texier n'ont pas été fidèles aux promesses de leurs premiers romans. Nous ne le constatons pas sans un regret bien sincère. L'élégante histoire de *Cendrillon* et le récit bizarre, hardi, mais en somme très curieux, qu'ils avaient intitulé : *les Idées du docteur Simpson*, nous avaient fait espérer beaucoup mieux que *la Dame du lac*, mieux que *Monsieur Candaule*, et mieux que *le Mariage de Rosette*.

M. Jules Claretie ne s'y prend pas tout à fait de la même manière. Il ne reste pas moins, aussi lui, comme MM. Le Senne et Texier, un journaliste dans le roman.

Curieux de toute sorte de choses, d'histoire et de fiction, de science et d'art, de politique et de poésie, l'œil et l'oreille toujours au guet, servi d'ailleurs, trop bien servi, par une facilité merveilleuse, — que j'appelle merveilleuse pour ne pas la nommer regrettable, — M. Jules Claretie semble se borner, depuis quelques années, à vider, pour ainsi dire, périodiquement, des carnets de reporter dans le cadre d'une intrigue romanesque. Si quelques circonstances ont tourné l'attention vers les gens de théâtre, M. Claretie, qui connaît les gens de théâtre, qui les a vus de près, et pratiqués, lui-même auteur et critique dramatique, d'écrire aussitôt et de publier le Troisième Dessous. Mais voici qu'une question scientifique s'élève ou plutôt reparaît, après avoir été pendant longues années reléguée, du commun accord des physiologistes et des médecins, dans le vaste domaine de l'inconnu, du douteux, et de l'inaccessible ; M. Claretie tout aussitôt de courir à la Salpêtrière, de consulter les uns, de faire causer les autres, de prendre force notes, et quand il croit être au courant de la question, de nous offrir les Amours d'un interne.

Notez bien le point. Ce n'est pas une histoire à conter qui le hante ; ce ne sont pas des figures entrevues ou rencontrées qui l'obsèdent jusqu'à ce qu'il les ait fixées, pour s'en débarrasser, dans une action dramatique ou dans une intrigue de roman; ce n'est pas enfin quelque remarquable et singulier état de l'âme ou de la conscience humaine dont il éprouverait le besoin de retrouver les antécédents, ou de déterminer les conséquences psychologiques. Non ! ce sont des informations qu'il a prises, en sa qualité de journaliste à qui rien de parisien ne doit demeurer ni ne demeure, en effet, étranger, et que le moment est venu de mettre en œuvre, parce qu'elles se présentent comme autant de réponses à des préoccupations actuelles de l'opinion publique. « On trouvera, nous dit-il dans la courte Préface qu'il a mise à ce dernier roman, étudiée dans ce volume — *et pour la première fois par un romancier,* — une des formes les plus étranges de la grande maladie du siècle. » Qu'est-ce à dire ? Vous l'entendez bien. Il n'est bruit dans toute une province du monde savant, que des expériences d'un habile professeur ; M. Claretie saisit l'occasion et la saisit avidement ; et plutôt que de ne pas utiliser toutes ses notes, il se condamnera de gaieté de cœur à nous raconter les étranges amours de l'étudiant en médecine Finet avec Lolo, la cataleptique.

C'est ici que la question devient intéressante. En effet, les auteurs du *Mariage de Rosette* et l'auteur des *Amours d'un interne* semblent avoir de quoi répondre, et répondre victorieusement.

Oui, diront-ils, nous prenons des notes, autant de notes que nous en pouvons prendre, et nous copions la réalité, nous la calquons d'aussi près que nous puissions la calquer, et nous la reproduisons, aussi fidèlement que nous la puissions reproduire; que voulez-vous donc davantage? Au surplus, loin que nous ayons aucun parti pris de voir les choses en mal et de les peindre en laid, remarquez, au contraire, que nous faisons effort pour « dégager de la réalité littérale ce souffle de rêve qui est comme la brise de ce monde. » Que demandez-vous que l'on fasse? et que faut-il pour vous contenter? Si, par hasard, nous construisons en dehors et au-dessus de la réalité présente, dans le monde idéal du rêve et de la poésie, vous nous accusez de combiner l'imaginaire avec le fantastique; voici, cependant, que pour vous satisfaire, nous essayons d'être vraisemblables, d'être vrais, d'être réels, de ne rien peindre que nous n'ayons vu de nos yeux, de ne rien dire que nous n'ayons entendu de nos oreilles, de ne rien inventer qu'il ne vous soit facile à vous-même de confronter avec son original; et vous nous ferez un grief de l'exactitude même de nos informations! vous retournerez contre nous les scrupules de notre conscience d'artiste! et vous crierez au *reportage!* Mais où donc alors voulez-vous que l'on prenne la matière, l'étoffe, la substance d'une littérature, sinon dans la vie contemporaine elle-même? Sans doute ce ne sont pas des Manfred et des Lara qu'il vous faut pour vous plaire, des Han d'Islande et des Quasimodo! Il n'y en a plus, si tant est qu'il y en ait jamais eu.

Que reste-t-il, par conséquent, que d'imiter la vie quotidienne ? Et la vie quotidienne, où est-elle, sinon dans nos journaux, journaux du soir et journaux du matin, dans l'historiette qui défrayait hier les conversations de la ville, dans le procès qui remplira demain trois et quatre colonnes de la feuille la plus grave aussi bien que de la plus « boulevardière, » dans la multiplicité de ces indiscrétions enfin, de toute sorte, qui deux fois le jour viennent déconcerter les sages de ce monde, et leur apprendre qu'ils essaieraient vainement de dérober à la curiosité publique le nom de leur tailleur et l'adresse de leur bottier ? Et nous, romanciers, auteurs dramatiques, poètes même, cette vie quotidienne, plus heureusement nous l'imiterons dans son infinie diversité, ne voulez-vous pas convenir que plus nous aurons le but approché ?

Mais je dis précisément que vous ne l'imitez pas dans sa diversité. Le fait est que le champ d'observation où la plupart de nos romanciers se renferment est trop restreint ; c'est un effet de la centralisation littéraire ; et leur observation, en général, ne va pas assez profondément, mais se joue comme à la surface des choses ; c'est un effet de la rapidité de la production. Ce que j'appelle faire du *reportage* dans le roman, expliquons-nous donc bien nettement, ce n'est pas emprunter à la chronique d'hier un fait divers dont on aurait besoin pour la disposition d'une intrigue, le développement d'un caractère et la démonstration d'une idée; mais c'est suivre la mode changeante et capricieuse dans la curiosité dont on la voit s'éprendre, aujourd'hui pour les questions économiques et demain pour les questions médicales; aujourd'hui, pour les demoiselles qui jettent du vitriol au visage de leurs amants infidèles et demain, pour les fils de famille qui tombent dans les lacets d'une fille d'expérience. Ce n'est pas s'approprier l'actualité, comme on fait les inventions de ses prédécesseurs, par droit de conquête et de plus habile occupant, mais c'est subordonner le choix de ses sujets aux brusques variations de l'opinion publique, et recevoir ainsi des faits la loi que l'art devrait leur imposer. C'est s'en prendre enfin à ce qu'il y a de plus superficiel dans le spectacle de la vie courante, et, chose bizarre! sous prétexte d'exactitude entière dans l'observation, c'est précisément aboutir à ne représenter des choses que ce qu'elles ont de moins réel.

On ne fait pas assez attention que c'est toujours par là, par ce qu'elles contiennent d'actuel et de moderne à leur heure, que les œuvres d'imagination vieillissent et périssent. Je ne veux pas élever la discussion trop haut, et je me contenterai de modestes exemples. Dites-moi donc par où les romans de mademoiselle de Scudéri, par exemple, et les romans de Crébillon fils ont péri? Précisément par ce qu'ils contiennent de conforme ou, comme on disait alors, d'analogue aux mœurs de leur temps. Si vous ôtez du *Grand Cyrus* et de la *Clélie* ce qu'ils contiennent de galant, de romanesque et d'héroïque à la façon du xviie siècle, il n'en reste plus rien ; comme si vous dépouillez *les Égarements du cœur et de l'esprit* de ce qu'ils contiennent d'ingénieux, de galant et de licencieux à la façon du xviiie siècle, vous avez emporté le fond avec la forme, la substance avec l'enveloppe, et la moelle avec l'écorce. Mais, au contraire, pourquoi *la Princesse de Clèves* et pourquoi *Manon Lescaut* dureront-elles autant que la langue française ? pourquoi *Valentine* et pourquoi même *Eugénie Grandet*? des œuvres cependant bien diverses, et d'une qualité de style singulièrement inégale ? Nous avons déjà répondu : parce qu'elles ne sont datées, en dépit de la chronologie, ni *Manon Lescaut* de 1731, ni *Valentine* de 1833 ; parce que les indications de temps et de milieu, le costume et le mobilier, le décor et le langage du jour, n'y sont que ce qu'ils devraient toujours être, des accessoires ; enfin, et d'un mot, parce que ce sont des œuvres composées par le dedans, et non pas fabriquées laborieusement par le dehors. Autre point, qu'il importe encore de tâcher d'éclaircir.

Ce que l'on ne peut pas en effet disputer au réalisme, naturalisme, impressionnisme, ou de quelque autre nom qu'on l'appelle, c'est qu'il n'y a de ressource, de salut et de sécurité pour l'artiste et pour l'art que dans l'exacte imitation de la nature. Là est le secret de la force, et là, — ne craignons pas de le dire, — la justification, la légitimité du mouvement qui ramène tous nos écrivains, depuis quelques années, des sommets nuageux du romantisme d'autrefois au plat pays de la réalité. D'où vient donc le malentendu ? et pourquoi, si je lis *la Maîtresse*, de M. Jules Claretie, ferai-je à l'auteur un grief de ce que j'ai l'air de louer quand je parle de Flaubert et de *Madame Bovary*, — mais non pas, à la vérité, de *Bouvard et Pécuchet* ? Pareillement, ce que j'ai certainement plaisir à louer dans *le Nabab* ou dans *les Rois en exil*, comment se fait-il qu'à mon grand regret je croie devoir le reprendre dans *la Dame du lac* ou dans *le Mariage de Rosette* ?

Il me serait facile d'opposer en termes généraux la supériorité de l'exécution; mais il vaudra mieux essayer de pousser plus avant, et nous ne sommes pas au terme de l'analyse. Il est rigoureusement vrai que M. Alphonse Daudet a mis en œuvre des éléments ou des matériaux du même genre que ceux dont MM. Le Senne et Texier font emploi. Mais, dans *le Nabab* et dans *les Rois en exil*, l'idée du roman et la connaissance des types était antérieure à la recherche, à l'accumulation, au choix des matériaux. Les auteurs de *la Dame du lac* et du *Mariage de Rosette*, au contraire, avaient déjà tous leurs matériaux assemblés, et comme sous la main, qu'ils attendaient encore qu'une occasion s'offrît de les utiliser, et sans soupçonner eux-mêmes quelle serait cette occasion. En d'autres termes, ils avaient décidé que *la Dame du lac*, roman parisien, serait suivie d'un autre roman parisien, mais ils ne savaient pas ce que serait ce roman, et ils attendaient qu'un événement parisien à intervenir leur en suggérât le sujet, quel qu'il fût et pût être. C'est encore ainsi que la vive curiosité de M. Claretie s'étant un jour portée sur « ces névroses bizarres qui produisent les affolées du monde ou du théâtre, et les déséquilibrées du foyer ou de la place publique, » il avait commencé d'observer, d'étudier, de prendre des notes, bien résolu par avance à mettre dans un roman, dont la forme demeurait tout entière à trouver, les internes, les filles de service et les pensionnaires de la Salpêtrière. Mais, au rebours, j'affirmerais sans hésitation que Flaubert avait observé la vraie madame Bovary longtemps avant que de songer à faire un roman de l'histoire de la femme du praticien d'Yonville.

Tout est là : dans le sens et dans la direction du mouvement. Il s'agit de savoir si la conception de l'œuvre est antérieure à la recherche des moyens d'exécution, ou si les moyens d'exécution, au contraire, sont acquis, étiquetés et classés antérieurement à la conception de l'œuvre. La question est si l'œuvre se soutient d'elle-même, ou par la poussée d'une armature extérieure.

Et ne croyez pas que ce soit peu de chose. Vous diriez aussi bien qu'il n'importe guère si le savant, entré dans son laboratoire, préparant ses combinaisons ou commençant ses dissections, cherche quelque chose ou ne cherche rien. Mais, de même qu'en science, il ne sert à rien, ou presque rien, de constater des faits, si quelque idée directrice ne préside à cette constatation, tout de même en art, il ne sert à rien d'accumuler des études et de copier d'après nature, si quelque intention délibérée ne gouverne le choix de ces études et ne dirige la main qui copie. Mettez d'ailleurs maintenant à votre chapeau l'étiquette qu'il vous plaira. Soyez naturaliste ou ne le soyez pas. Le mot importait tout à l'heure : il importe beaucoup moins maintenant. La qualité de votre observation dépendra bien moins de la patience ou de la précision avec laquelle vous prendrez des notes, que de la justesse de coup d'œil et du bonheur de main avec lequel vous aurez choisi les notes qui seules peuvent servir à votre dessein.

Il est probable qu'alors vous ne serez pas exposé, comme dans *le Mariage de Rosette*, à me présenter, sous le nom de Samuel David, à la page 213, le même personnage qui s'appelait Abraham David, à la page 97. Et vous ne courrez pas la chance, comme dans *les Amours d'un interne*, de nous raconter à la page 324 l'histoire des « hystériques demeurées pétrifiées, tombées en catalepsie, changées en statues au premier son des cymbales, » et l'histoire des « cymbales d'une musique jetant brusquement en catalepsie toute une file d'hystériques, » à la page 456. Évidemment ces légères inadvertances tiennent à ce que, pour M. Jules Claretie, les faits, comme pour MM. Le Senne et Texier les personnages, ou plus exactement les personnalités, ont une valeur propre, une valeur individuelle, une valeur indépendante enfin de l'action à laquelle ils prennent part, ou du tableau dans lequel ils figurent. Le fait de ces cataleptiques, brusquement changées en statues, voilà ce qui paraît curieux à M. Claretie. Peu importe d'ailleurs qu'il vienne en son temps ou qu'il soit amené sans raison suffisante. Est-il intéressant à connaître ? et le connaissiez-vous ? ou si c'est M. Jules Claretie qui vous le fait connaître ? Voilà toute la question. Pareillement, dans le roman de MM. Le Senne et Texier, comment vous semble-t-il que soit enlevé ce rapide croquis d'Abraham ou de Samuel David ? Encore ici, reconnaissez-vous l'homme ? ou ne le reconnaissez-vous pas ? Si non, les auteurs sont en faute, et les voilà prêts, je n'en doute pas, à s'accuser de la meilleure grâce ; mais si oui, que demandez-vous davantage ; et le but n'est-il pas atteint ? C'est qu'ils font du roman, si vous le voulez et si vraiment vous tenez à ce mot, mais ils font du reportage et du journalisme d'abord.

Je disais tout à l'heure qu'ils n'avaient pas d'idée

de roman antérieure au choix de leurs personnages, à la construction de leur intrigue, à l'accumulation de leurs matériaux. J'avais raison et cependant je me trompais. Ils ont une ferme intention et un propos délibéré : c'est de donner au public ce que le public demande, et de le servir selon son goût. Que si d'ailleurs ils se méprennent sur ce goût du public, je n'y prends pas garde pour cette fois, et c'est ici, bien entendu, de ce qu'ils veulent faire, non de ce qu'ils font, que je parle. Il n'est pas de journaliste non plus qui ne soit exposé tous les jours à se méprendre sur la manière dont le public accueillera le premier Paris ou l'article de fond qu'il vient d'écrire. Mais, incontestablement, c'est sur l'état de l'opinion et sur le mouvement de la curiosité qu'il règle lui-même ou qu'il croit régler son article, et son principal souci, c'est de donner une forme, une figure, une voix à ce que pensent, comme lui, toute une catégorie de lecteurs. Ainsi des romanciers qui font du *reportage* dans le roman.

Il est possible qu'ils voient juste, il est possible qu'ils sachent observer, il est possible qu'ils sachent rendre, mais ils ont la main et l'œil ainsi faits qu'ils ne rendront, et n'observeront, et ne verront que ce qu'ils croient particulièrement propre à piquer la curiosité du public auquel ils s'adressent. — Ils écrivent pour être lus, — et, quoi qu'en disent les hommes à principes, c'est le cas de tous ceux qui écrivent, — mais j'estime qu'ils songent bien moins à se satisfaire eux-mêmes qu'à satisfaire un certain public. Ils sont comme à la piste de la vérité d'aujourd'hui, médiocrement soucieux, à ce qu'il semble, de savoir si la vérité d'hier était la même, ou si celle d'aujourd'hui ne sera pas l'erreur de demain. Et nous pouvons dire que tous les sujets, indistinctement, leur sont bons, parce qu'en effet il n'en est pas un dans le cadre de qui, par avance, ils ne soient sûrs, avec un peu d'habileté, de pouvoir introduire tout l'arriéré de leurs observations et tout le stock, en quelque manière, de leurs notes accumulées. Or, et c'est un point encore d'une grande importance, il n'y a rien, je crois, qui contribue, plus sûrement que cette disposition d'esprit, à rétrécir de plus en plus le champ de l'observation.

Et comment pourrait-il en aller autrement? Ce public, en effet, à la curiosité de qui le romancier se fait comme une spécialité de donner les satisfactions qu'elle exige, il se compose bientôt d'un très petit nombre d'initiés pris pour représentants de l'opinion tout entière. Je pose une seule question. Je demande à MM. Le Senne et Texier quelle espèce d'intérêt ils croient que les rentiers de Guingamp, par exemple, ou de Quimper-Corentin, puissent prendre à la lecture du *Mariage de Rosette*, et je demande à M. Jules Claretie ce que pourront bien entendre aux *Amours d'un interne* les honnêtes bourgeoises, les bonnes mères de famille de Brignoles et de Draguignan ? A quoi veulent-ils que s'attache, dans un roman qui se passe tout entier dans le monde « théâtral, » un public qui ne connaît rien de ce monde ? A quoi, dans un roman dont l'action se circonscrit au périmètre de la Salpêtrière, un public à qui les noms d'hystérie, d'hypnotisme et de catalepsie sont aussi profondément inconnus, grâce aux Dieux, que les affections ou maladies qu'ils représentent ?

Eh bien ! mais, répondront-ils, c'est pour leur faire connaître cet inconnu, précisément, que nous écrivons *les Amours d'un interne* ou *le Mariage de Rosette*. Erreur ! répondrai-je à mon tour. Vous confondez deux choses qui diffèrent et qui diffèrent profondément. *Actualité* n'est pas *réalité*. Je sais bien là-dessus que, pour un journaliste, la France entière, comme jadis elle était contenue pour un courtisan du grand roi dans les antichambres de Versailles, est aujourd'hui contenue dans quelques quartiers de Paris. Mais je voudrais précisément que l'observation du romancier passât quelquefois la barrière, s'étendît par-delà les fortifications, et même ne dédaignât pas de visiter parfois la province. Faut-il le dire en quatre mots ? On fait aujourd'hui trop de pièces pour le public des *premières* et trop de romans pour les lecteurs de Paris, et d'un certain Paris encore, qui n'est pas tout Paris.

L'humanité cependant est plus large. Si curieuses que puissent être les déformations que les caractères ou les tempéraments subissent en s'accommodant à de certains milieux, très artificiels, comme l'atmosphère surchauffée de nos salons et de nos théâtres, je soutiens qu'à mesure qu'on les étudie de plus près, et que l'on s'y enferme à la façon de tel spécialiste dans son oculistique, ou tel autre dans telle autre étroite province de la science médicale, on perd le sens de l'ensemble et l'habitude même de la véritable observation. C'est un homme précieux qu'un habile oculiste, quand il s'agit de se faire opérer de la cataracte : mais assurément, ce n'est pas lui que j'interrogerai si je veux me faire une idée de l'histoire naturelle générale. On raconte à ce propos qu'un jour un illustre professeur vantait, et vantait sans mesure, un travail qu'il avait eu récemment l'occasion de lire, ou peut-être qu'il avait été chargé d'examiner. C'était la monographie d'un mollusque, si vous voulez, ou d'un poisson, si vous l'aimez mieux. Oui, mais, fit observer quelqu'un tout à coup, si pourtant ce mollusque ou ce poisson n'existait pas, que resterait-il bien du travail que vous vantez? et quelle espèce d'intérêt nous présenterait-il?

On ne saurait mieux dire. Et la question revient plus souvent qu'on ne croit, en matière d'art comme de science. Il ne suffit pas d'avoir vu, d'avoir observé, mais il faut encore que quelque chose de général, voilà pour la science ; et quelque chose d'universellement humain, voilà pour l'art; soit comme engagé dans votre observation même. Autrement, si votre roman ou votre Mémoire scientifique dépend et dépend tout entier de l'existence éphémère des singularités qu'il constate ou des personnages qu'il met en jeu, ni l'un ni l'autre n'est fait, il reste à faire, et c'est tout naturellement qu'il deviendra le bien du premier qui s'en emparera. Mais, si je suivais plus loin cette indication, ce serait la théorie de l'invention littéraire qu'il faudrait examiner, et ce n'en est pas aujourd'hui le temps. Bornons-nous donc à signaler le danger et résumons-le d'un mot qui ramène, je ne veux pas dire cette discussion, mais ce programme de discussion, à son point de départ : l'observation devient moins large à mesure qu'elle devient plus exacte, plus précise, plus microscopique et, par conséquent, à mesure, s'éloigne davantage de la nature même et de la vérité.

Ajoutons en terminant que toutes les objections tombent si les romanciers ne se proposent d'autre succès que le succès du jour, et l'oubli du lendemain. S'ils n'ont d'ambition en 1881 que de satisfaire les caprices de 1881, et qu'ils se soucient médiocrement du jugement qu'on pourra porter de leur œuvre en 1882, c'est leur affaire, nous n'avons rien à dire, et c'est comme si nous n'avions rien dit. Mais si nous avions pu supposer un seul instant que l'ambition littéraire des auteurs du *Mariage de Rosette*, ou de l'auteur des *Amours d'un interne*, se

14

réduisit à si peu de chose, nous n'aurions absolument soufflé mot ni de l'un ni des autres. Si nous avons cru devoir en parler, c'est que leurs derniers romans soulevaient une question littéraire intéressante, — *sur l'emploi de l'actualité dans le roman,* — mais c'est aussi, c'est surtout que nous croyons et que nous espérons qu'ils pourraient les uns et les autres faire usage de leur talent pour donner tort à notre critique même. M. Claretie possède une incontestable et très remarquable habileté de facture, quoiqu'il ne travaille pas, si je puis ainsi dire, assez *serré*; MM. Le Senne et Texier ne sont ni des observateurs médiocres, ni des analystes inhabiles; je ne crois pas me tromper en les louant particulièrement d'une certaine indépendance de plume qui donne parfois l'illusion de la libre satire; voudront-ils donc se condamner au reportage à perpétuité?

15 avril 1881.

LES ORIGINES
DU ROMAN NATURALISTE

On a dit des réalistes, et je ne saurais décider si c'est avec plus d'esprit ou de profondeur, que « leurs qualités, qui sont grandes, perdaient leur prix pour n'être pas employées comme il faudrait; — qu'ils avaient l'air de révolutionnaires parce qu'ils n'affectaient d'admettre que la moitié des vérités nécessaires; — et qu'il s'en fallait à la fois de très peu et de beaucoup qu'ils n'eussent strictement raison. » Ce peintre de talent, Eugène Fromentin, qui fut un si rare écrivain, ne parlait en ces termes, ou du moins n'avait l'air de parler que de peinture; mais le sens de ses paroles allait au delà de sa pensée même, et portait plus loin, qu'il y visât ou non; si bien que, pour caractériser ce qui fait la force et la faiblesse à la fois du naturalisme en littérature, et certain de ne pouvoir trouver mieux, je ne voudrais pas changer un mot, ni seulement déplacer une virgule, aux quelques lignes que je viens de transcrire. Il me suffit, où Fromentin sous-entendait le nom de Gustave Courbet, de mettre lisiblement le nom de M. Zola.

M. Zola, tout récemment, rassemblait en un volume une demi-douzaine d'études, sur Balzac, sur Stendhal, sur Flaubert, — au demeurant sur lui-même. Il nous présente ce livre comme une « histoire du roman naturaliste, étudié dans les chefs qui en ont successivement apporté et modifié la formule. » Acceptons-le provisoirement pour tel. C'est donc un *morceau* de pensée, comme les romans de M. Zola, selon l'expression dont il a lui-même enrichi la langue, sont un *morceau* de rue. Je suis obligé de dire que, si la brosse de M. Zola, vigoureuse et puissante, est habile à peindre le morceau de rue, sa plume, très hésitante, — sous son apparence de précision brutale, — et très maladroite, est prodigieusement inhabile à traduire le morceau de pensée. J'en ai déjà plus d'une fois cité de mémorables exemples ; il pourra donc être assez aujourd'hui d'un seul, pourvu qu'il soit topique. C'est quelque part où M. Zola se défend, avec plus de bonne volonté que de succès, on va le voir, de toute accusation d'orgueil ou de vanité. Moi ! s'écrie-t-il, orgueilleux ! moi, Zola, crevant de vanité ! — le mot est de lui, je n'ai pas besoin de

le dire ; — moi, convaincu de ma propre valeur !
« *J'ai trop de sens critique!* » Il a trop de sens critique ! Or notez que le sens critique est tout justement ce qui lui manque le plus. Ses vues sont courtes, sa judiciaire est chancelante ; il n'a ni le sentiment de la nuance, ni le sentiment de la mesure ; et même, lorsqu'il veut affecter l'impartialité, c'est en vain, il a beau faire, il ne saisit jamais qu'un seul aspect des choses. Il n'en écrit pas moins bravement : « J'ai trop de sens critique. » C'est-à-dire, il ne se pique que de voir toujours parfaitement clair, que de raisonner toujours parfaitement droit, que de conclure toujours parfaitement juste, rien de plus ; et c'est ce qu'il a trouvé de mieux pour écarter de lui cette accusation d'orgueil que j'eusse, à sa place, très aisément acceptée, mais surtout sans mot dire. Car il y gagnait deux choses : l'une, de ne pas laisser voir comme en effet le reproche, puisque reproche il y a, tombait sur lui, droit et d'aplomb ; et l'autre, de ne pas faire preuve une fois de plus, avec toutes ses prétentions au style, d'une fâcheuse ignorance de la propriété des termes de la langue.

Veut-il peut-être qu'on lui fournisse la meilleure justification qu'il pût produire? C'est qu'il se mêle à son orgueil une dose copieuse de naïveté. M. Zola ne se fâchera pas, ou du moins je l'espère. Il aime, — sans se douter qu'il a ce trait de commun avec Boileau, — que les choses soient nommées

14.

par leur nom. Et puis, il ne se gêne vraiment pas assez quand il parle des autres pour que nous soyons tenus, si nous parlons de lui, d'envelopper notre façon de penser dans les circonlocutions d'usage.

On n'a pas oublié le jour que, critiquant, avec autant d'injustice que de justesse, un poème récent de Victor Hugo, (c'était *l'Ane*), et s'acharnant sur je ne sais quel vers où le nom de Niebuhr se trouvait enchâssé, il s'en allait, demandant aux échos d'alentour : « Niebuhr ? Qu'est-ce que Niebuhr ? Où celui-ci prend-il Niebuhr ? Que l'on m'amène quelqu'un qui connaisse Niebuhr ! » Il est clair qu'il ne savait pas que sa question sonnait aux oreilles à peu près comme s'il eût demandé ce que c'était que Bichat. Je cite le nom de Bichat : c'est pour flatter la manie de physiologie qui possède l'auteur de « l'histoire naturelle » des Rougon, et que, l'ayant amadoué de la sorte, je lui fasse accepter plus facilement ce qui me reste à lui dire.

Au surplus, nous aurions tort de lui en vouloir de son ignorance : il l'a cultivée, c'est vrai, mais elle lui est naturelle. Il aurait grand tort surtout de vouloir s'en défaire, et son plus cruel ennemi n'oserait lui souhaiter ce malheur.

C'est sa force, et sa joie, et son pilier d'airain !

Plus encore que cela, c'est le meilleur de son originalité. Ce n'est pas un mince avantage, au fait, que de s'endormir chaque soir, et de se réveiller chaque matin, profondément convaincu que l'Amérique, ou voire la Méditerranée, restent toujours à découvrir. Je parle ici sans plaisanterie. Cette vigoureuse ignorance n'est-elle pas la force même de la jeunesse ? et pour attaquer les préjugés (c'est un mot qui signifie, comme chacun sait, les idées que nous ne partageons pas) quelle meilleure disposition y a-t-il que de n'en avoir jamais examiné les fondements, si ce n'est de ne pas se douter qu'ils en puissent avoir un ? Il est fâcheux seulement que l'on s'avise alors d'écrire l'histoire, et que, tandis que l'on avait tant de choses à nous dire des Rougon-Macquart croisés de Quenu-Gradelle, on perde plutôt son temps à vouloir nous conter, tout à fait fantastiquement, les origines du roman naturaliste.

La question est mal posée, d'abord, et, il faut mettre en doute le sens critique de M. Zola, si c'est M. Zola qui se trompe, ou sa sincérité, si c'est le lecteur que l'on trompe. Est-ce que nous serions admis, par hasard, si nous voulions discuter l'esthétique naturaliste, à laisser de côté Balzac et Flaubert, *le Père Goriot* et *Madame Bovary*, pour aller nous en prendre aux romans de Paul de Kock, à *la Laitière de Montfermeil* ou à *Gustave le Mauvais Sujet* ? Et M. Zola peut-il croire en conscience, que, si la critique persiste à maintenir contre lui les droits du roman qu'il appelle idéaliste, ce soit au nom des Alexandre

Dumas et des Frédéric Soulié, par un reste d'admiration de collège pour *les Mémoires du Diable*, ou pour *Monte-Cristo* ? Mais s'il ne le croit pas, quel est alors ce procédé de discussion ? « Les lecteurs exigeaient en ce temps-là, nous dit-il, qu'on les tirât de la réalité, qu'on leur montrât des fortunes réalisées en un jour, des princes se promenant incognito avec des diamants plein leur poche, des amours triomphales, enlevant les amants dans le monde adorable du rêve, enfin tout ce qu'on peut imaginer de plus fou et de plus riche, toute la fantaisie d'or des poètes. » Où a-t-il vu cela, je le demande, que dans le roman-feuilleton, à moins que ce ne soit dans le roman de Balzac ? Où sont-elles, dans *Clarisse Harlowe* et dans *la Nouvelle Héloïse*, ces « fortunes réalisées en un jour ? » Où sont-ils, dans *Werther*, dans *René*, dans *Obermann*, dans *Adolphe*, ces « princes qui se promènent incognito avec des diamants plein leur poche ? » Où sont-elles enfin, dans les tragiques histoires d'*Indiana*, de *Valentine*, de *Jacques*, ces « amours triomphales enlevant les amants dans le monde adorable du rêve ? » Voilà les chefs-d'œuvre du roman idéaliste ; avec tous leurs défauts, que nous signalerons volontiers à M. Zola, quand il le voudra, car il ne les connaît pas, et voilà, si sa critique était avisée, les œuvres et les noms auxquels il devrait s'attaquer. « Tout ce qu'il y a de plus fou et de plus riche, » mais, qu'il nous le montre donc une fois dans les romans de Mérimée! et nous nous engageons, par échange de bons procédés, à lui montrer, nous, dans les romans de Balzac, « toute la fantaisie d'or des poètes ! »

La vraie question, cependant, la voici. Vous ne trouverez pas, depuis Richardson et Jean-Jacques, un seul romancier, de quelque valeur ou seulement de quelque renom, qui n'ait eu la prétention, plus ou moins hautement affichée, de rétablir dans leurs droits méconnus par des conventions arbitraires la vérité, la nature, la réalité. Rien de plus facile que d'accumuler des textes. Je n'en produirai qu'un, mais qui devra toucher, j'imagine, comme une délicate attention de notre part, l'auteur du *Ventre de Paris*. « La vraie nature, disait Fielding il y a plus de cent ans, est aussi rare à rencontrer chez les écrivains que dans la boutique des Quenu-Gradelle un vrai jambon de Mayence, ou de vraie mortadelle de Bologne[1]. » Ils en ont tous dit autant, n'importe pour aujourd'hui sous quelle forme, et tous, ils ont écrit, l'un après l'autre, sur son enseigne : « Au vrai jambon de Mayence, » ou : « A la vraie mortadelle de Bologne. »

---

1. Je ne saurais pourtant me tenir de joindre, au moins en note, quelques lignes de la préface que Crébillon fils a mise en avant de ses *Égarements du Cœur et de l'Esprit* : « Le roman, si méprisé des personnes sensées, et souvent avec justice, serait peut-être de tous les genres *celui qu'on pourrait rendre le plus utile*... si, au lieu de le remplir de *situations ténébreuses et forcées*, de héros dont *les caractères et les aventures sont tou-*

Remarquez de plus, et la chose en vaut la peine, qu'ils ont tous voulu dire la même chose. Ils n'ont pas entendu ces mots de nature et de réalité comme cabalistiques, celui-ci d'une manière et celui-là de l'autre, mais, unanimement, dans leur sens le plus simple, le plus ordinaire, le plus banal. « Nature, » c'est-à-dire « nature; » et « réalité, » c'est-à-dire « réalité. » De telle sorte que le vrai problème n'est pas de savoir de quel œil chacun d'eux a vu la nature, ni même comment sa main obéissait à son œil, et dans le difficile passage de la sensation à l'exécution s'écartait peut-être de la nature; ou du moins ces problèmes ne viennent que bien loin après le principal, qui est de savoir ce qu'était pour chacun d'eux, en son temps, et dans son milieu, la notion commune de nature et de réalité. Or, à mesure que les générations croissaient en expérience et que la vie des sociétés se compliquait, ce sont ces notions, elles aussi, qui toutes seules se compliquaient et s'élargissaient. Et c'est sur quoi M. Zola, s'il eût voulu vraiment construire un livre, eût dû faire porter tout l'effort de sa démonstration.

Il eût alors parlé de Rousseau tout autrement qu'il ne l'a fait et signalé, par exemple, dans *la Nouvelle Héloïse*, quelque chose d'absolument nou-

jours hors du vraisemblable; on le rendait... le tableau de la vie humaine... On ne pécherait plus contre les convenances et la raison; le sentiment ne serait plus outré; *l'homme enfin verrait l'homme tel qu'il est;* on l'éblouirait moins, mais on l'instruirait davantage. »

veau : le premier roman moderne où l'amour ait été traité comme chose sérieuse, et comme affaire importante de la vie.

L'amour, en effet, ou plus généralement les relations d'un sexe à l'autre, n'avaient été jusqu'alors traitées, dans notre littérature, et le théâtre mis à part, que de deux manières : à la manière italienne, c'est-à-dire galante comme dans les romans de mademoiselle de Scudéri, par exemple, ou à la manière libertine, c'est-à-dire gauloise, comme, par exemple, dans *le Diable boiteux*. — J'excepte ici de la généralisation *Gil Blas* et *Manon Lescaut*, à titre d'œuvres uniques, de la même façon que dans l'histoire du roman anglais on en excepterait *Robinson Crusoé* et les *Voyages de Gulliver*. — On vit donc pour la première fois, dans *la Nouvelle Héloïse*, l'amour devenu le héros du roman. On y vit pour la première fois, aussi, les malheurs domestiques d'un Saint-Preux ou d'une Julie d'Étange, élevés par l'ampleur du développement et l'éloquence de l'accent jusqu'à la dignité des infortunes tragiques de la race d'Atrée et de Thyeste. On y vit pour la première fois, encore, les personnages du drame placés dans la dépendance de ce que nous avons depuis lors appelé le milieu, puisqu'il n'est pas jusqu'à ces odeurs qui jouent dans le roman naturaliste un rôle si capital, — ou si capiteux, — que, dans la chambre de Julie, Saint-Preux n'ait avidement respirées. On y vit enfin, pour la première fois, un écrivain livrant au public sa propre histoire, et sinon « sa tante et sa belle-mère toutes vives, » (la formule est de M. Zola), du moins les paysages qu'il avait vus, les personnes qu'il avait connues, les *expériences* qu'il avait traversées. De ce jour, le roman moderne était créé. La vie commune venait d'entrer dans le domaine de l'art, la vie réelle, dépouillée de ces déguisements, plus ou moins antiques, et de ces travestissements, à l'espagnole ou à la napolitaine, dont on l'avait jusqu'alors affublée.

Je passerai rapidement sur *Werther* et sur *René*. Ce ne sera pas toutefois sans donner le conseil à M. Zola de lier connaissance avec Gœthe. La lecture n'en est pas toujours amusante, et je lui concède que plus d'une fois il y bâillera. En revanche, il apprendra combien de temps l'auteur de *Werther* attendit qu'un accident de la vie réelle vînt lui apporter tout fait le dénouement que son imagination ne lui avait pas suggéré. Mais quant à *René*, puisqu'il est ici question de « roman expérimental, » on serait reconnaissant à M. Zola de vouloir bien nous indiquer quelque part une expérience psychologique plus personnelle.

Et à ce propos, pourquoi ne dirions-nous pas deux mots d'*Obermann* et d'*Adolphe?* « Le cadre du roman se simplifie encore, dit M. Zola, — louant avec emphase l'une des œuvres les plus médiocres de MM. de Goncourt ; — il ne s'agit plus d'une galerie de portraits, d'une série de types nombreux et variés... Cette fois, c'est une figure en pied, la page d'une vie humaine, et rien autre. Pas de personnages, ni au même plan ni au second plan... plus de roman proprement dit... la dernière formule est brisée... il n'est plus nécessaire de nouer, de dénouer, de compliquer, de grossir le sujet dans l'antique moule ; il suffit d'un fait, d'un personnage qu'on dissèque, en qui s'incarne un coin de l'humanité souffrante... » Il dit, comme vous voyez, peu de choses en beaucoup de mots ; c'est l'enthousiasme qui se déborde ; les grandes admirations sont loquaces. Là-dessus, il me fera plaisir de me montrer « l'antique moule » dans *Obermann*, et la « dernière formule » dans *Adolphe*.

Que si maintenant Gœthe, si Chateaubriand, si les romantiques à leur suite, n'ont pas une place plus large dans l'histoire des origines du roman naturaliste, c'est justement parce que, bien loin d'avoir agrandi le cercle que Rousseau venait de tracer au roman moderne, ils l'auraient plutôt rétréci.

Le monde de *la Nouvelle Héloïse* est incontestablement plus divers que le monde de *Werther*, et surtout de *René*. Les acteurs y vivent plus en dehors d'eux-mêmes ; ils y sont engagés dans des relations plus nombreuses, plus variées, plus complexes ; ils y sont plus mêlés à ce qui se passe autour d'eux. Le malheur, il est vrai, c'est que, dès qu'ils ouvrent les yeux sur ce qui les environne, Rousseau, qui les accompagne, aussitôt leur ôte la parole, et commence de disserter en leur nom. Si l'inconvénient ne serait pas inséparable de la forme épistolaire, c'est ce qu'il y aurait lieu d'examiner. On voit du moins que dans *Clarisse Harlowe*, Richardson, avant Rousseau, ne l'a pas plus évité que George Sand, après Rousseau, dans *Jacques*. Mais, en tout cas, il fallait y parer. C'est à quoi servit le roman historique.

Je ne serais pas plus embarrassé de défendre que d'attaquer ce genre un peu passé de mode aujourd'hui. Ce n'est pas un genre faux, c'est plutôt un genre neutre. Mais quelle que soit au fond sa valeur intrinsèque, et quoi que l'on puisse penser de *Notre-Dame de Paris* ou de *Cinq-Mars*, et du *Monastère* ou du *Dernier des barons*, un point est hors de contestation, c'est que le roman historique est une excellente école pour apprendre à poser en pied un personnage, et le détacher en quelque manière de la dépendance de son auteur.

On passe aisément à Goethe de parler par la bouche de Werther, et nous en savons plus d'un qui ne se soucie guère, en écoutant René, que d'entendre Chateaubriand. Il est moins facile à Victor Hugo de mettre ses idées dans la bouche de Louis XI, et l'on exige de Walter Scott qu'il fasse parler Marie Stuart comme elle a dû parler, je veux dire comme on se figurait, au temps de Walter Scott, qu'elle avait dû parler. Or ainsi, nombre de détails familiers, détails de bric-à-brac, je l'avoue, plus souvent que d'histoire authentique ; détails de costume et d'ameublement que leur insignifiance eût écartés d'un récit de mœurs contemporaines ; détails vulgaires ou grossiers, que l'on ne supportait jadis qu'autant qu'ils avaient reçu de l'histoire une consécration de dignité, pour ne pas dire presque de poésie, se sont l'un après l'autre glissés dans la trame du récit. Tel se fût presque indigné de rencontrer des toucheurs de bœufs dans un roman de mœurs contemporaines, qui comprenait pourtant, et ne se plaignait pas, que, pour écrire *Ivanhoe*, Walter Scott mît en scène des porchers saxons. On eût trouvé premièrement inutiles, et secondement du plus mauvais goût, ces descriptions aujourd'hui si fréquentes d'assommoirs, de bouges et autres mauvais lieux, mais on ne s'étonnait pas outre mesure que Victor Hugo, dramatisant le Paris du moyen âge, y décrivît plus que copieusement la population de la cour des Miracles.

C'est que l'on se rendait compte, ou si vous l'aimez mieux, c'est que l'on sentait instinctivement que la valeur du roman historique dépendait toute entière d'une reconstitution des personnages par l'intermédiaire de ce fameux milieu. Otez en effet le milieu : plus de roman historique ; mais posez le milieu : vous créez le roman historique. Cette simple remarque permettra peut-être à M. Zola de comprendre l'admiration très sincère que Balzac a professée pour Walter Scott. « Il est très curieux de voir le fondateur du roman naturaliste, nous dit M. Zola, l'auteur de *la Cousine Bette* et du *Père Goriot*, se passionner ainsi pour l'écrivain bourgeois qui a traité l'histoire en romance. » Eh! non! beaucoup moins curieux qu'il ne semble à M. Zola. Mais, dans le roman de Walter Scott, par-dessous le décor historique, Balzac, sans doute, a vu ce que tout le monde y voit, le roman de mœurs qui tissait insensiblement sa trame, dans les filets de laquelle il allait bientôt avoir enveloppé toutes les classes de la société.

L'œil de M. Zola n'est décidément sensible qu'aux couleurs crues, rouge écarlate, vert pomme, jaune serin; il prend Stendhal pour un psychologue, Frédéric Soulié pour un idéaliste; et ce qui l'étonne le plus dans la *Correspondance* de Balzac, c'est que Balzac fasse une différence entre l'auteur des *Trois Mousquetaires* et l'auteur des *Puritains d'Écosse*. Est-ce qu'ils ne font pas tous les deux du roman historique, et que faut-il davantage?

Si M. Zola n'a pas vu pour quelle part le roman historique avait contribué à l'élargissement du roman de mœurs, il n'a pas vu non plus pour quelle autre part y avait contribué le roman de George Sand.

Je ne voudrais rien exagérer. Au sens où M. Zola prend le mot de naturalisme, il n'y a rien de moins naturaliste que les romans de George Sand. Et cepen-

dant, pour ne toucher ici qu'un seul point parmi
tant d'autres, n'est-il pas vrai que c'est de l'apparition de *Valentine* et de *Jacques* que date l'introduction des questions sociales dans le cercle du
roman ? Pourquoi M. Zola, quand il nous parle
« d'aventures qui ne se seraient jamais passées et
de personnages qu'on n'aurait jamais vus, » ne nous
souffle-t-il mot de tels et tels romans de George
Sand ? Qu'y a-t-il dans *Valentine* qui ne se passe,
ou ne puisse se passer, tous les jours ? et pourquoi les personnages de *Jacques* n'auraient-ils pas
existé ? Les souffrances d'une femme mal mariée,
qu'y a-t-il là qui ressemble si peu « aux gens que
l'on coudoie dans les rues ? » Le désespoir d'un
mari qui voit sa femme de jour en jour s'écarter
de lui davantage, qu'y a-t-il là qui diffère tant « de
la vie toute plate que mène le lecteur ? »

Mais, de plus, et c'est ici la nouveauté du roman
de George Sand, en même temps que ç'en fut jadis
le danger, les personnages ne sont plus comme autrefois enfermés dans le cercle de la famille, ils sont
en communication perpétuelle avec les préjugés,
c'est-à-dire avec la société qui les entoure, et avec
la loi, c'est-à-dire avec l'État. Plus tard, c'est le
riche que le romancier mettra en contact avec le
pauvre, et le patron avec l'ouvrier, le peuple avec
la bourgeoisie, pour instituer ce que M. Zola veut
qu'on appelle des *expériences*. Il n'importe pas, là-dessus, que *le Meunier d'Angibault* ou *le Compagnon*

du tour de France soient médiocrement divertissants à lire. Il n'importe pas davantage que, dans *Valentine* même et dans *Jacques*, les personnages vers la fin du récit, tournent au type, comme disait Sainte-Beuve, et deviennent de purs symboles. Il n'importe pas non plus que ces thèses, toutes fondées sur le droit divin de la passion, soient fausses pour la plupart, et quelques-unes d'autant plus dangereuses qu'elles sont plus éloquemment développées. Mais ce que l'on ne peut pas nier, c'est qu'en devenant la substance même du roman, ces thèses y aient comme introduit nécessairement tout un monde de personnages qu'on n'y avait pas encore vus figurer.

Je conviens d'ailleurs sans difficulté qu'il manquait ici quelque chose, et ce quelque chose, je le désigne d'un mot en disant que ces romans ne sont pas des romans où l'on mange. Tel historien, très grave, a soutenu que l'invention de la chemise avait marqué l'une des étapes de la civilisation moderne, et tel autre, non moins grave, que l'on en pourrait dire autant de la substitution du pantalon à la culotte. Ç'a été la grande révolution accomplie par Balzac dans le roman que d'y avoir fait entrer les préoccupations de la vie matérielle. Il faut vivre, — *primum vivere, deinde philosophari;* — pour vivre, il faut manger; pour manger, il faut de l'argent; pour avoir de l'argent, il faut travailler; pour travailler, il faut apprendre, savoir, exercer un métier, c'est-à-dire être l'homme d'une profession, d'une condition, d'une classe déterminées.

C'est ainsi que s'est introduite dans le roman la diversité des conditions, chacune caractérisée par les traits qui lui sont propres, retracée dans les conversations des personnes, et reproduite pour ainsi dire jusque dans la nature de l'intrigue. « Il faut être, a-t-on dit, presque commerçant pour comprendre *César Birotteau*, et presque magistrat pour comprendre *Une Ténébreuse Affaire*. » C'est encore ainsi, par une inévitable nécessité de liaison, que s'est déversée dans le roman l'exacte terminologie des ateliers, le solécisme commercial, le barbarisme industriel, la catachrèse des halles, la synecdoque de la rue, langue vivante, a-t-on dit, mais plutôt langue barbare, en ce qu'elle est toujours abréviative du souci de bien dire et libératoire de l'obligation de penser. Enfin, c'est encore ainsi que s'est introduite dans le roman cette question d'argent et, naturellement, avec elle, tout ce que l'acquisition de la fortune, ou le soin de la conserver seulement, exige de patience et d'efforts, de calculs et de combinaisons, d'arithmétique et d'algèbre, de chicanes et de procès, de défaites subies et de batailles gagnées...

« Il ne les a pas logés, tous ses beaux jeunes gens sans le sou, dans des mansardes de convention, tendues de perse, à fenêtres festonnées de pois de senteur, et donnant sur des jardins ; il ne leur fait pas manger des *mets simples, apprêtés par les mains de la nature;* il ne les habille pas de vêtements sans luxe, mais propres et commodes; il les met en pension bourgeoise chez la maman Vauquer ou les accroupit dans l'angle d'un toit, les accoude aux tables grasses des gargotes infimes, les affuble d'habits noirs aux coutures grises, et ne craint pas de les envoyer au mont-de-piété, s'ils ont encore, chose rare, la montre de leur père. »

C'est à Théophile Gautier que j'emprunte ces lignes. M. Taine, dans la belle étude qu'il a consacrée jadis à Balzac (et qui pourrait bien avoir éveillé la vocation de M. Zola), remuant cette même question d'argent, en a peut-être parlé plus fortement que Théophile Gautier. Mais nous aimons mieux la légère et bienveillante ironie qui perce ici sous l'éloge. Théophile Gautier donne la vraie note. Admirons Balzac, mais ne sacrifions personne sur ses autels. Il n'a pas fondé « notre roman actuel » peut-être même, — et c'est un aveu dont il faut tenir compte à M. Zola, — renierait-il l'école de Médan; il a tout simplement écrit le roman de Balzac. N'est-ce pas assez?

Maintenant, si nous ne voulions pas strictement imiter ces indications rapides à la littérature française, croit-on qu'il n'y aurait pas bien lieu de dire ici quelques mots du roman de mœurs anglais contemporain?

M. Zola prendrait-il sur lui d'affirmer que Dickens

ou Thackeray, pour ne nommer que les plus populaires, n'ont pas exercé quelque influence, eux aussi, sur le naturalisme français ? Beaucoup plus grande assurément, et beaucoup meilleure que MM. de Goncourt, dont M. Zola loue tous les romans, forme et fond, en vérité, comme s'il ne s'apercevait pas que ces laborieux et précieux artisans de style, plus alambiqués qu'un Crébillon ou qu'un Boufflers, s'éloignent du naturalisme à mesure qu'ils appliquent à des sujets plus vulgaires, comme celui de *Germinie Lacerteux*, des procédés de style plus savants, ou pour mieux dire plus étranges, et moins naturels ? C'est par là que l'école est en train de compromettre ses qualités. Il y a eu, presque de tout temps divergence, — excepté dans *les Souffrances du professeur Deltheil* et *les Bourgeois de Molinchart*, — entre la forme de ses sujets et l'enveloppe dont elle les habille. Le style de Mérimée, par exemple, que Flaubert accusait de n'être pas un style, très simple, un peu maigre en effet, mais d'autant plus net et plus précis, est infiniment plus voisin de la réalité que le style, très précis aussi, mais dur, avec des reflets métalliques, pour ainsi dire, très artificiel et très compliqué de *Madame Bovary*.

Nous ne croyons pas donner un mauvais conseil à M. Zola en lui signalant ce danger. Nous voyons, au surplus, qu'il commence à le comprendre. Il y a, dans les dernières pages de son volume, quelques idées assez justes sur le style, et particulièrement sur la difficulté d'être naturaliste, si l'on ne s'efforce pas tout d'abord d'être naturel. Mais puisqu'il a de telles idées, comment peut-il louer le style de MM. de Goncourt? ou pourquoi le loue-t-il tant, s'il a vraiment de telles idées? A moins que peut-être ce ne soit là ce qu'il appelle, « rester en dehors des banalités et des *complaisances* de la critique courante [1]. »

On soupçonne sans doute, au terme de cette rapide esquisse, qu'il y a peut-être d'autres « chefs » du roman naturaliste que ceux que M. Zola s'est contenté de nommer. Il est vrai qu'en revanche il pouvait se taire de Stendhal. L'influence de *la Chartreuse de Parme* a été nulle dans l'histoire littéraire du siècle. Quoi qu'on en dise, ni Flaubert, ni M. Alphonse Daudet, ni M. Zola lui-même, ni personne enfin ne s'en est inspiré. Mais quant à louer particulièrement l'auteur de *Rouge et Noir* d'avoir constamment répété qu'à une société bourgeoise c'étaient des mœurs bourgeoises qu'il convenait de donner en spectacle, on a déjà vu l'erreur ou l'injustice. J'aimerais autant alors que l'on attribuât à Scribe l'honneur de l'invention.

---

[1]. Il resterait à faire ici, dans ce programme d'une histoire du roman naturaliste, la place de Gustave Flaubert. Nous nous permettrons de renvoyer au chapitre où nous avons essayé d'en déterminer l'importance.

La part de Balzac, à son tour, si considérable qu'elle soit, plus considérable que celle de George Sand, ne l'est pas plus que celle des romanciers, qui, sur les traces de Walter Scott, ont les premiers replacé dans leur milieu les hommes d'autrefois, ou essayé de les y replacer. Et pourquoi, si c'est à Balzac un mérite si rare « d'avoir dégagé de l'argent tout le pathétique terrible qu'il contient, » n'en serait-ce pas un tout aussi rare à Rousseau que d'avoir le premier fait descendre le pathétique de l'amour des hauteurs de la scène tragique dans le roman de la vie commune? L'amour, avec tous les sentiments morbides qui se dérobent sous le prestige de son nom, comme avec toutes les passions qui se dissimulent sous son masque pour courir à leur assouvissement, jouerait-il dans la vie contemporaine un rôle moins « pathétique » et moins « terrible » que l'argent? L'auteur de *Nana* ne le soutiendra pas, ni l'admirateur de *la Cousine Bette*.

Eh! certes oui! disons-le, puisqu'il plaît à M. Zola, que les romantiques ont « rompu la chaîne de la tradition française, » mais convenons que leur œuvre n'a pas péri tout entière et qu'il est demeuré d'eux des acquisitions durables. Accusons-les d'être « les bâtards des littératures étrangères; » M. Zola le veut, nous le voulons avec lui; mais avouons toutefois qu'ils ont singulièrement élargi l'horizon de nos regards et que nous en profitons.

N'ajoutons pas, à la vérité, « qu'ils cessaient d'être

en cela les fils légitimes de leurs pères du xvIII^e siècle, » car ce serait une méprise. M. Zola, qui parle souvent, depuis quelque temps, « de remonter à Diderot et à ses contemporains, comme aux seules sources vraies de nos œuvres modernes, » ignore sans doute que Diderot est tout Anglais. Sa science lui vient de Newton, sa philosophie de Bacon, sa morale de Shaftesbury ; c'est dans Stanyan qu'il apprend l'histoire, c'est Chambers qu'il refond dans son *Encyclopédie ;* disciple avec cela de Richardson et de Sterne dans le roman, comme dans le drame fidèle imitateur de Moore et de Lillo. Vous ne trouverez pas dans l'histoire de notre littérature deux écrivains qui soient ainsi comme anglicisés ; et je ne parle pas de ce qu'il emprunte à ses amis et connaissances, le Genevois Rousseau, les Allemands Grimm et d'Holbach, les Italiens Galiani, Riccoboni, Goldoni et *tutti quanti*. Si celui-là représente « la tradition française, » vraiment, ce n'était pas la peine de traiter les romantiques de « bâtards des littératures étrangères ! »

Il est possible, au surplus, qu'en dépit des chicanes, cette manière de construire l'histoire du roman naturaliste ne déplaise pas trop à M. Zola. Si l'on détermine, en effet, depuis Rousseau jusqu'à M. Paul Alexis, l'apport certain de tous les romanciers de quelque valeur et, comme on dit, leur part de contribution, au roman naturaliste, il semble permis à M. Zola de se féliciter et de se congratuler plus fièrement que jamais d'être M. Zola.

Zola comme un soleil en nos ans a paru !

Car enfin, n'est-ce pas comme si nous accordions que *l'Assommoir* est le terme où tout devait aboutir? et, tandis qu'il suffisait à M. Zola d'une demi-douzaine de précurseurs pour préparer les voies aux Rougon-Macquart, si nous y mettons la douzaine, et plus que la douzaine, que pourrait-on bien lui concéder, ou, lui-même, que pourrait-il souhaiter davantage? Heureusement qu'il n'est besoin que d'une seule et bien simple distinction pour changer la face des choses.

En effet, si M. Zola le prenait comme on vient de le dire, ce serait comme si jadis Courbet se fût imaginé que c'était pour qu'il pût brosser un jour *l'Enterrement d'Ornans* ou *les Demoiselles de la Seine* que les Van Eyck en leur temps avaient inventé la peinture à l'huile. Mieux encore, ce serait comme si M. Manet s'imaginait que ce fût pour lui que les Italiens du xiv° siècle eussent fixé les lois de la perspective. Pareillement, de tous ceux ou de presque tous ceux qui l'ont précédé, le roman naturaliste a hérité quelque chose, mais on oublie qu'il se pourrait bien qu'héritier négligent, maladroit ou incapable, il eût omis de faire les actes conservatoires du meilleur de l'héritage.

On ne voit guère que, jusqu'ici, par exemple, et sauf l'unique Flaubert, personne dans l'école ait hérité de Balzac le grand art de la composition. Ce qui passe la permission, c'est que l'on s'en vante. Incapable de composer, M. Zola nie qu'il y ait un art de la composition. Nul n'aura le droit de mettre dans le roman de l'avenir un intérêt que l'auteur d'*Une Page d'amour* se rend bien compte que, pour sa part, il ne saurait y mettre. Tout ce qu'il peut faire, c'est de suspendre des tableaux comme dans une galerie : le grand art sera donc de suspendre des tableaux dans une galerie.

S'ils n'ont pas hérité de Balzac l'art de la composition, ils n'ont pas hérité davantage du roman anglais, sauf le seul M. Alphonse Daudet, la science de la psychologie. Mais l'auteur du *Ventre de Paris* en sera quitte pour nier la psychologie. Faire de la psychologie, c'est faire, comme il le dit, « des expériences dans la tête de l'homme; » lui, fera des expériences « sur l'homme tout entier, » si ce n'est qu'il oubliera régulièrement, comme on oublie ce qu'on ignore, que l'homme a une tête et même qu'en certains cas, on a vu, — prodige inouï ! — cette tête qui gouvernait ce corps.

Je veux pourtant faire à M. Zola la partie plus belle encore, et non seulement j'admets un instant, qu'il soit l'héritier du meilleur de Balzac, mais je suppose que tout ce qu'il a rejeté de l'héritage de Balzac et des autres, ce soit à bon droit, pouvant aisément se l'approprier, s'il l'eût voulu, mais suspectant légitimement l'origine romantique d'une partie de cette fortune. Son erreur alors n'en est que plus extravagante. Il devient un simple Prudhomme qui, s'il fait un jour la traversée de Calais à Douvres, s'imagine complaisamment que c'est à lui, Prudhomme, que songeait Fulton en appliquant là-bas, sur l'Hudson, la vapeur à la navigation. Or, comme c'est là ce que tout le monde peut croire, également, c'est ce que personne, justement, ne doit croire. Cependant, il n'y a pas d'illusion plus commune, et il n'y en a pas de moins philosophique. M. Zola, par malheur, y donne aussi pleinement que possible. Et pour parler le langage qui lui plaît, il croit, ou il parle comme s'il croyait être le terme d'une *évolution* dont il n'est avec toute son école que ce qu'on appelle un *moment*, et peut-être un moment insignifiant.

Il résulte de là plusieurs conséquences.

La première, c'est que le roman naturaliste fera son temps, et qu'avant même de l'avoir accompli, peut-être verra-t-il renaître telle forme du roman qu'il considère fort impertinemment comme à jamais condamnée. Les romantiques n'étaient-ils pas bien convaincus d'en avoir fini avec les classiques? l'auteur de *Ruy Blas* avec l'auteur du *Cid* ou de *Britannicus*?

La seconde, c'est que la formule naturaliste n'a le droit d'exclure du domaine de l'art aucune autre formule, non pas même la formule du roman historique, encore moins la formule du roman idéaliste. Et qui sait si nous ne verrons pas renaître le roman d'aventures, avec lequel pourtant le xviii° siècle croyait bien en avoir terminé ? Rappelez-vous ce que pensait et ce qu'a dit Voltaire de ces *Mémoires de d'Artagnan*, par exemple, d'où nous devions voir sortir *les Trois Mousquetaires*.

La troisième, c'est que justement parce que le roman naturaliste répond de nos jours à certaines préoccupations, ou plutôt, j'oserai le dire, à un certain abaissement de l'esprit public, rien ne nous garantit que l'avenir ne lui sera pas très sévère, pour avoir aidé de toutes ses forces à cet abaissement, et que cet avenir ne soit pas plus prochain qu'on ne pense. J'ai nommé plus haut, à propos de M. Zola, Restif de la Bretonne ; son succès dans le temps n'a pas été beaucoup moins bruyant, et qu'en reste-t-il ? Qui est-ce qui connaît, si ce n'est les amateurs de gravures, *la Paysanne pervertie* ?

La quatrième, c'est que, quelle que soit la formule, il n'y a jamais au fond des œuvres que ce que les hommes y mettent, et c'est ce qui fait que les œuvres demeurent quand les théories tombent. Quelle était la formule de l'auteur de *Manon Lescaut ?*

La cinquième... Mais je laisse au lecteur le plaisir de la tirer, ainsi que la sixième, sans compter toutes celles qui pourraient suivre, et j'arrive promptement à la dernière. Elle sera bien nette. C'est que s'il ne faut pas beaucoup de romans de l'espèce de *Nana* pour mettre bien bas la fortune du naturalisme, ce ne sont pas des livres comme ce dernier-né de M. Zola qui la relèveront.

15 septembre 1881.

LE NATURALISME ANGLAIS

Étude sur George Eliot

I

Entre les grands romanciers dont l'Angleterre contemporaine est aussi fière que nous le pouvons être de Balzac ou de George Sand, et qui déjà balancent dans l'histoire la réputation de l'auteur de *Clarisse Harlowe* lui-même, ou de l'auteur de *Tom Jones*, il en est un à qui cette singulière fortune est échue, qu'ayant été loué, qu'étant loué tous les jours encore, dans sa propre patrie, par-dessus les Bulwer, les Dickens, les Thackeray, c'est à peine cependant si ses œuvres ont passé le détroit, et que, tandis que ses admirateurs ne craignent pas de prononcer à côté de son nom le grand nom de Shakespeare, vous ne trouveriez pas peut-être, sur cent liseurs de romans, un liseur français qui connût George Eliot. Tout le monde, — je prendrai du moins la liberté de le supposer, — a lu *la Foire aux vanités* et tout le monde a lu *David Copperfield*; les uv res de mistress Gaskell, ou de miss Braddon, qui ne sont pas, il s'en faut, de la même qualité de forme ni de fond, ont pu faire leur chemin en France; et les noms eux-mêmes des Wilkie Collins ou des Anthony Trollope sont parvenus jusqu'à nos superbes oreilles. Comment donc et pourquoi l'auteur d'*Adam Bede* et du *Moulin sur la Floss*, au total (et quoique la critique n'ait laissé passer inaperçue presque aucune de ses œuvres), a-t-il rencontré si peu d'admirateurs parmi nous?

Il est d'autant plus difficile de s'expliquer cette indifférence, que, George Eliot ayant levé, voilà tantôt vingt-cinq ans, le drapeau du naturalisme en Angleterre, elle eût pu fournir à nos réalistes jadis, à nos naturalistes aujourd'hui, ce qui jusqu'à présent leur manque le plus pour achever la démonstration de leur doctrine : des œuvres, et, dans le nombre, sans discussion possible, trois ou quatre chefs-d'œuvre.

Je ne puis, en effet, me défendre de croire que M. Zola, par exemple, s'il eût connu, ne fût-ce que par ouï-dire, ou ouï-dire de ouï-dire, *Silas Marner* ou *Middlemarch*, se fût gardé d'écrire ce qu'un beau matin d'il y a trois ou quatre mois il écrivait, *ex abrupto*, sur les littératures protestantes. A maltraiter comme il a fait le roman anglais contemporain (*Silas Marner* est de 1861, mais *Middlemarch* est de 1872), il eût compris qu'il commettait la même faute qu'eût commise en son temps le peintre des *Casseurs de pierres* à déblatérer contre la peinture hollandaise. Car, non seulement il faut convenir qu'il y a des arts protestants, et qu'ils sont naturalistes ; mais, en Hollande comme en Angleterre, on pourrait presque dire que c'est pour avoir poussé le naturalisme jusqu'à ses dernières conséquences, parfois même au delà, qu'ayant rencontré des chefs-d'œuvre, ils font hésiter, et suspendent la condamnation qu'autrement nous porterions d'instinct, Latins et catholiques au fond que nous sommes, contre les prétentions du naturalisme dans l'art.

Essayez un instant, par la pensée, d'effacer de l'histoire toute la peinture hollandaise et tout le roman anglais, le naturalisme n'est plus qu'un système errant à travers les espaces du vide métaphysique ;— système que l'on peut accepter ou doctrine que l'on peut combattre, doctrine que l'on peut soutenir et système que l'on peut réfuter ; — mais doctrine qui se dément en quelque sorte soi-même, et dès le premier pas qu'elle veut faire à terre, manquant de support dans la réalité, chancelle, trébuche et tombe. Au contraire, si les Ruysdaël et les Hobbema, quoique suspects, ceux-là, d'un peu de poësie, si les Van Ostade et même les Jean Steen ou les Adrien Brauwer sont des maîtres ; si *Tom Jones*, et *Amélia* peut-être, sont des chefs-d'œuvre, et qu'*Adam Bede* en soit un autre, et *le Moulin sur la Floss* un autre encore ; c'est alors que le système, plongeant par ses racines dans un sol profond, d'une richesse, d'une fécondité, d'une puissance incontestables, s'impose à la discussion, et que la critique ne peut plus se contenter de formules qui laisseraient en dehors de leurs prises toute une moitié de l'art moderne.

Reste à savoir, il est vrai, si ce naturalisme hollandais ou anglais ne serait pas comme vivifié par un principe intérieur qui jusqu'ici ferait défaut à notre naturalisme français. C'est précisément ce que l'on ne saurait nulle part peut-être rechercher plus utilement que dans l'œuvre de George Eliot ; c'est précisément ce que l'on s'étonne qui n'ait pas attiré sur elle toute l'attention de l'école, et c'est précisément ce que je me propose ici d'étudier.

II.

Le premier grand roman de George Eliot, *Adam Bede*, parut en 1859. L'auteur approchait alors de quarante ans. Charlotte Brontë, depuis trois ans, était morte ; Dickens et Thackeray vivaient encore. Il importe beaucoup en critique de déclarer hardiment l'ignorance où l'on est de ce que l'on ne sait pas, et de montrer loyalement au lecteur l'importance des lacunes qu'après beaucoup d'efforts on n'a pas pu réussir à combler. J'avouerai donc sans ambages que je ne vois pas très bien contre qui, dans l'Angleterre de 1859, George Eliot a prêché le naturalisme. Ce n'était pas, je pense, Dickens, qu'elle pouvait accuser d'idéalisme ; ce n'était pas Thackeray qu'elle pouvait suspecter de sentimentalisme ; c'était sans doute bien moins encore l'auteur de *Jane Eyre* ou de *Shirley* ; qui donc alors ? N'en avait-elle qu'à ces romans de mœurs soi-disant mondaines qui jadis, et de nos jours même, avec les romans que publient par douzaines les filles de *clergymen* étaient, et n'ont pas cessé d'être la plaie de la littérature anglaise ? Mais j'inclinerais plutôt à croire, en considérant, d'une part, les liaisons de l'auteur d'*Adam Bede* avec les positivistes anglais, et, songeant d'autre part combien était grande encore, il y a vingt-cinq ans, l'influence de Thomas Carlyle, que c'est en adversaire de l'apocalyptique Écossais rare humoriste, mais grand assembleur de nuages, que se posa George Eliot.

Quoi qu'il en soit, ce qui est certain, c'est qu'au cœur même de ce dramatique récit d'*Adam Bede*, et jeté brusquement, avec cette parfaite insouciance de l'art de composer qui caractérise trop souvent les Anglais, on pouvait lire un long manifeste sur la portée duquel il était impossible de se méprendre un seul instant. Il ne sera pas inutile d'en détacher quelques passages :

« Je n'aspire, disait donc l'auteur, qu'à représenter fidèlement les hommes et les choses tels qu'ils se sont reflétés dans mon esprit. Le miroir est assurément défectueux ; les contours y seront quelquefois faussés ; l'image indistincte ou confuse : *mais je me crois tenu de vous montrer aussi exactement quel est ce reflet, que si j'étais sur le banc des témoins, faisant ma déposition sous serment.* »

Vous reconnaissez la comparaison même dont abusent aujourd'hui nos naturalistes, sauf pourtant ce détail qu'ils n'admettent guère la *défectuosité* du miroir, et que, ce qu'ils voient, ils sont très convaincus qu'ils le voient tel qu'il est, et même jamais mieux que s'ils sont seuls à le voir, ce qui leur arrive plus souvent qu'ils ne le croient. Leur demanderez-vous maintenant pourquoi, pouvant ainsi tout refléter, ils ne reflètent à l'ordinaire que le banal, ou le laid, ou l'odieux ? George Eliot encore avait répondu pour eux :

« Je découvre une source d'inépuisable intérêt dans ces représentations fidèles d'une monotone existence domestique, *qui a été le lot d'un bien plus grand nombre de mes semblables* qu'une vie d'opulence ou d'indigence absolue, de souffrances tragiques ou d'actions éclatantes. Je me détourne sans regret de vos sybilles, de vos prophètes, de vos héros, pour contempler une vieille femme penchée sur un pot de fleurs ou mangeant son dîner solitaire ;... ou encore cette noce de village qui se célèbre entre quatre murs enfumés, *où l'on voit un lourdaud de marié ouvrir gauchement la danse avec une fiancée aux épaules remontantes et à la large face...* »

« Ayons donc constamment des hommes prêts à donner avec amour le travail de leur vie à la minutieuse reproduction de ces choses simples. Les pittoresques lazzaroni ou les criminels dramatiques *sont plus rares* que nos vulgaires laboureurs, qui gagnent honnêtement leur pain, et le mangent prosaïquement à la pointe de leur couteau de poche. *Il est moins nécessaire qu'une fibre sympathique me relie à ce magnifique scélérat en écharpe rouge et plumet vert qu'à ce vulgaire citoyen qui pèse mon sucre, en cravate et en gilet mal assortis......* »

Non, sans doute, ni M. Champfleury, qui trouve ses *Bourgeois de Molinchart*, soyez-en sûrs, d'une impayable drôlerie; ni Flaubert, qui regarde son Binet ou son Bournisien comme un percepteur et comme un curé tout à fait extraordinaires ; ni M. Zola, qui jurerait, dans son *Assommoir* ou dans sa *Nana*, d'avoir représenté des choses vraiment tragiques, n'ont osé faire ainsi, sans emportement d'éloquence et sans phrases, l'apologie de tout ce que nous sommes tentés, au premier abord, d'appeler des noms de platitude et de vulgarité.

« *Je ne voudrais pas, même si j'en avais le choix, être l'habile romancier qui pourrait créer un monde tellement supérieur à celui où nous vivons, où nous nous levons pour nous livrer à nos travaux journaliers, que vous en viendriez peut-être à regarder d'un œil indifférent, et nos routes poudreuses et les champs d'un vert ordinaire, les hommes et les femmes réellement existants...* »

Qui donc, de notre temps, a plus délibérement limité le domaine de l'art au cercle étroit et familier de l'observation quotidienne ? et qui donc a plus nettement revendiqué les droits, les imprescriptibles droits, faut-il dire des Deltheil et des Ladureau ? mais au moins des Homais et des Tuvache, des Macquart et des Rougon; à remplacer, dans la littérature et dans l'art d'un siècle démocratique, les héros empanachés des Byron et des Victor Hugo, les Manfred et les Lara, les Han d'Islande et les Quasimodo ?

Et les œuvres ici sont conséquentes à la doctrine, ce qui n'est tout à fait vrai, ni de l'œuvre de Balzac, ni de celle de Flaubert, ni de celle de M. Zola. Car il y a du romantique encore dans l'auteur d'*Eugénie Grandet*; il y en a, je ne dis pas seulement dans l'auteur de *Salammbô*, mais jusque dans l'auteur de *Madame Bovary*; voire, il y en a dans l'auteur de *Nana*. Au contraire, qu'est-ce qu'*Adam Bede* ? l'histoire des amours d'un charpentier de village pour une fille de ferme et d'une ouvrière de filature pour ce même charpentier; comme fond de toile: des charpentiers, des forgerons, des batteurs en grange, des filles de basse-cour, des rouliers, des aubergistes, un ministre de l'Église établie, et un squire de campagne. Qu'est-ce encore que *le Moulin sur la Floss?* l'histoire d'un meunier qui se ruine en procès, et de sa famille dispersée par sa ruine ; pour comparses : des tenanciers besogneux, des tantes avares, des oncles niais, une fillette à la tête légère, et Tom Tulliver, le plus Anglais des jeunes Anglais que nous ayons jamais rencontré dans un roman anglais. Qu'est-ce enfin que *Silas Marner ?* l'histoire d'un pauvre tisserand, volé de son trésor, qui ramasse, un soir d'hiver, sur le cadavre d'une femme morte d'ivresse au long de la grande route, une misérable orpheline, l'élève et la marie; et puis le chevalier Cass, et l'apothicaire Kimble, et miss Nancy Lammeter, tous personnages aussi profondément humains qu'extérieurement anglais, et dont on peut rencontrer les originaux partout, aux environs d'Yonville-l'Abbaye, si vous le voulez, presque aussi sûrement que dans le village de Raveloë.

Rien de plus banal, comme vous le voyez, rien de plus ressemblant à la vie quotidienne, rien où l'aventure, et l'exception, et la singularité tiennent moins de place. Et c'est bien ici le monde, le vaste monde, systématiquement réduit à ce qu'il en peut tenir aisément dans l'existence du plus modeste, du plus humble d'entre nous, et du plus dénué de toute apparence d'originalité.

Mais déjà, quel que soit le choix des sujets, et si je ne me suis pas trompé moi-même à la signification des passages que je transcrivais tout à l'heure, le lecteur a reconnu la différence, et qu'elle creuse un abîme entre le naturalisme français et le naturalisme anglais.

Une sympathie profonde pour ces « monotones existences, » et pour ces « vulgaires laboureurs » est l'âme même du naturalisme anglais. Le naturalisme français, au contraire, ne respire que dédain et mépris pour ses Bouvard et ses Pécuchet. Et tandis que, dans l'immortelle description que Flaubert nous a laissée d'Yonville, on sent, à chaque coup de pinceau, de vieilles haines qui se délectent, et d'inoubliables rancunes qui se conjouissent, au contraire, dans le tableau que George Eliot a tracé de la petite ville de Saint-Ogg's ou du village d'Hayslope, c'est la sérénité d'un grand esprit et d'un large cœur qui sait que chaque chose est comme elle doit être, et qu'il faut apprendre à l'aimer parce qu'elle est, pour ce qu'elle est, et telle qu'elle est. Faites plutôt vous-même la comparaison. « Jusqu'en 1835, il n'y avait point de route praticable pour arriver à Yonville; mais on a établi vers cette époque un chemin *de grande vicinalité* qui relie la route d'Abbeville à celle d'Amiens... Cependant Yonville est demeuré stationnaire, malgré *ses débouchés nouveaux*... L'église est à l'entrée de la place... Le confessionnal y fait pendant à une statuette de la Vierge... Une copie de la Sainte Famille, *envoi du ministre de l'intérieur,* domine le maître-autel entre quatre chandeliers... La mairie, construite *sur les dessins d'un architecte de Paris,* est une manière de temple grec. »

Ce n'est pas moi qui souligne, c'est Flaubert lui-même. En quoi je me permettrai de dire que, comme il arrive encore assez fréquemment aux artistes, il nous donne les preuves d'une bien remarquable inintelligence. Car enfin, le ridicule, à le bien prendre, ce n'est pas, en se conformant aux usages de la langue administrative, de parler de « débouchés nouveaux, » et de « chemins de grande vicinalité; » mais bien plutôt de s'arrêter à ces expressions, et d'y appeler l'attention du lecteur, comme si l'on s'attendait, avec une puérilité de rhétoricien tout frais émoulu du collège, que les bureaux dussent écrire dans le style de Chateaubriand. George Eliot s'y prend d'autre manière. Et d'abord, ce n'est pas la ville qu'elle s'attache à décrire pour y loger les habitants; ce sont les habitants qu'elle nous fait connaître, et qui plus tard, agissant sous nos yeux, selon leurs mœurs et dans la direction de leurs instincts, nous promèneront assez de par la ville.

« La religion des Dodson consistait à respecter tout ce qui était selon la coutume, *et respectable :* il fallait être baptisé, autrement, on ne pouvait être enterré dans le cimetière, ni prendre les sacrements avant la mort...; mais il était tout aussi nécessaire d'avoir à ses funérailles les porteurs de manteaux les plus convenables et des jambons bien préparés, comme aussi de laisser un testament inattaquable. Un Dodson ne devait point être accusé de négliger quoi que ce soit de bienséant, indiqué par l'exemple des principaux paroissiens et *par les traditions de famille*, comme l'obéissance aux parents, la fidélité conjugale, le travail, l'honnêteté rigide, l'activité, le nettoyage à fond des ustensiles de bois et de cuivre, la conservation des pièces d'argent menacées de disparaître de la circulation, la production de denrées de premier ordre pour le marché... Les Dodson étaient une race très fière, et leur fierté consistait à rendre impossible toute accusation de manquement aux usages ou aux devoirs traditionnels : *orgueil sain*, à plusieurs égards, *puisqu'il unissait l'honneur à la parfaite intégrité, le vrai travail et la fidélité aux règles admises.* »

Ce n'est pas Georges Eliot, c'est moi maintenant qui souligne. Mais sentez-vous tout ce qu'il y a d'indulgence dans cet admirable portrait d'une famille et d'une race? comme les ridicules y sont touchés d'une main ferme à la fois et délicate, et comme on voit transparaître, sous l'ironie qui se joue, l'estime de l'écrivain pour ce fonds « d'honnêteté rigide » que maintiennent inaltéré, dans son intégrité native, justement tous ces préjugés, et toutes ces observances, et cette vanité de la coutume héréditaire?

Un exemple est bon : deux exemples seront sans doute meilleurs. « Miss Nancy Lammeter, il est vrai, n'avait jamais fréquenté une autre école que celle de dame Tedman ; ses connaissances en littérature profane allaient à peine au delà des vers qu'elle avait brodés sous l'agneau et la bergère dans son grand travail de tapisserie, et, afin de balancer ses comptes, elle était obligée d'effectuer la soustraction en retirant des schellings et des six pence véritables d'un total métallique véritable aussi. Il y a à peine une femme de chambre de nos jours qui ne soit plus instruite que ne l'était miss Nancy ; cependant elle possédait les attributs essentiels d'une dame, *une haute véracité, un honneur délicat dans sa conduite, de la déférence pour les autres, et des manières distinguées.* » J'ai loué largement, et volontiers, Flaubert, d'avoir fait, s'il est permis de s'exprimer ainsi, de la vie avec de la platitude et de la vulgarité : c'est ici quelque chose de mieux, et comme on dit aujourd'hui, de plus fort, car, avec de la platitude et de la vulgarité, George Eliot fait de la noblesse.

Mais voilà ce que je crains que nos naturalistes ne comprennent qu'à moitié, c'est à savoir : qu'il existe peut-être une autre mesure de la valeur des hommes que l'instruction, ou même l'intelligence ; et que l'attraction qu'elles exercent sur les sens, ou la beauté même, n'est pas la seule mesure de la valeur des femmes. Et voilà pourtant ce qui fait, au contraire, la dignité, la profondeur, je puis bien dire la réelle beauté du naturalisme anglais jusque dans l'imitation même de la laideur.

N'est-il pas vrai que tout le charme de la peinture hollandaise disparaîtrait, si vous pouviez soupçonner un seul instant, à l'ironie d'un seul coup de pinceau, que ces vieilles femmes sur le pas de leur porte, que ces moutons dans la prairie, que ces pots de fleurs au rebord d'une fenêtre n'ont pas été peints avec amour, comme choses connues, et aimées parce qu'elles sont connues, parce qu'elles sont en quelque sorte tissues dans la trame de l'existence journalière et du bonheur quotidien? Et, pareillement il s'évanouirait aussi, le charme pénétrant et subtil des chefs-d'œuvre du roman anglais, si vous n'y sentiez que, bien loin d'affecter cette domination sur ses personnages, coutumière à nos Français, et cette espèce de supériorité de l'artiste sur la matière qu'il condescend à mettre en œuvre, les Richardson et les Fielding, les Dickens et les George Eliot se laissent faire, c'est-à-dire se mettent de plain-pied avec leurs personnages, vivent au milieu d'eux, s'efforcent à les comprendre, et les aiment parce qu'ils les comprennent.

Il convenait d'insister (on ne saurait dire en vérité par quelle singulière illusion de jugement) mais tous ceux de nos critiques, à l'exception de

M. Émile Montégut et de M. Edmond Scherer, qui se sont occupés de George Eliot n'ont-ils pas cru devoir lui reprocher sa hautaine indifférence d'artiste à l'égard des misères de ce monde, et son impassibilité d'observateur philosophe! Tandis que jamais peut-être on n'a senti circuler dans toute une œuvre un plus large courant de sympathie, d'autant plus entraînant qu'il se contient lui-même entre de plus fortes digues, à la manière d'un grand fleuve dont les eaux ne roulent que plus puissantes, resserrées entre leurs quais de granit.

Cette première différence en entraîne d'autres, qui suivent comme nécessairement, et qu'il s'agit de mettre en lumière.

III

Et d'abord, s'il est vrai, comme je crois l'avoir montré, que l'observation en quelque sorte hostile, ironique, railleuse tout au moins, de nos naturalistes français ne pénètre guère au-delà de l'écorce des choses, tandis qu'inversement il n'est guère de repli caché de l'âme humaine que le naturalisme anglais n'ait atteint, ne prenez ni le temps ni la peine d'en aller chercher la cause ailleurs : elle est là. En effet, la sympathie, non pas cette sympathie banale qui fait larmoyer le richard de l'épigramme sur ce pauvre Holopherne,

Si méchamment mis à mort par Judith;

mais cette sympathie de l'intelligence éclairée par l'amour, qui descend doucement et se met sans faste à la portée de ceux qu'elle veut comprendre; tel est, tel a toujours été, tel sera toujours l'instrument de l'analyse psychologique. Peu d'écrivains l'ont su manier avec l'aisance, la délicatesse, et la sûreté de George Eliot. On lui a rendu ce magnifique témoignage, en Angleterre, qu'elle seule, depuis Shakespeare, aurait su faire parler les paysans. Quiconque étudiera dans *Adam Bede* les vivants personnages de Lisbeth Bede ou de mistress Poyser, de la Grand'ferme, sera certainement tenté de souscrire à cerare éloge. Écoutez mistress Poyser gourmander sa servante :

« M. Ottley, vraiment! c'est joli de venir parler de ce que vous faisiez chez M. Ottley! Votre maîtresse là-bas aime peut-être que les selliers viennent salir son plancher, que sais-je? On ne peut savoir ce que ces gens pourraient ne pas aimer, à la manière dont on m'en a parlé. Je n'ai jamais vu dans ma maison une servante qui parût savoir ce que c'est que de nettoyer; pour moi, je crois qu'il y a des gens qui vivent comme des porcs. Cette Betty, qui était laitière chez Trent avant de venir chez moi, elle aurait laissé les fromages sans les retourner une semaine entière. Et les baquets de la laiterie ! J'aurais pu écrire mon nom dessus, quand je suis descendue après ma maladie, que le docteur a dit être une inflammation, que c'est une grande grâce que j'en sois réchappée. Et penser que vous n'en savez pas davantage, Molly, après bientôt neuf mois que vous êtes ici, et que ce n'est pas faute de vous en avoir parlé non plus ! Qu'avez-vous à rester là comme un tournebroche qui n'est pas remonté, au lieu de prendre votre rouet ? Vous êtes une fille précieuse pour vous mettre à l'ouvrage un instant avant qu'il faille le quitter ! »

Ce ne sont point ici de ces affectations de provincialismes, ou ce placage de prétendus idiotismes locaux sur des paysanneries d'auteur. Mais la fécondité naturelle du franc parler populaire, mais les brusques et secrètes associations d'idées d'où jaillissent comme de leurs sources les proverbes de la campagne, mais l'enchaînement dans la continuité d'un même discours de ces locutions imagées, pittoresques, hardies, et de ces expressions apprises, banales, usées, dont le mélange même donne sa forte et âpre saveur à la conversation villageoise, tout cela, dans le langage de mistress Poyser, est reproduit avec une telle fidélité que, s'il y a dans la langue anglaise d'autres exemples d'une pareille faculté de création linguistique, il ne doit pas sans doute y en avoir beaucoup.

En même temps aussi vous y reconnaîtrez le signe d'une prodigieuse puissance d'observation. On ne crée la langue avec ce bonheur de trouvaille et cette justesse d'analogie qu'à la condition d'avoir vraiment pensé pour ceux que l'on fait parler, et en quelque sorte vécu soi-même leur vie psychologique. Voulez-vous faire encore la comparaison ? Les mémorables discours que Flaubert fait sortir de la bouche intarissable en sottises du pharmacien Homais, dans *Madame Bovary*, n'auraient assurément pas cette vivante continuité de logique intérieure et cette admirable vérité d'intonation qu'ils ont, s'il n'y avait pas eu dans Flaubert lui-même, tout au fond, comme nous avons essayé de le faire voir, quelque chose de son personnage. Seulement, Homais n'est qu'une caricature, tandis que, si jamais vous passez par Hayslope, dans le Loamshire, demandez mistress Poyser, et certainement on vous l'indiquera.

« Il faut nous habituer à l'idée, dit quelque part George Eliot, que quelques-uns de ces instruments habilement façonnés que l'on appelle âmes humaines n'ont à leur service qu'un petit nombre de notes et ne résonnent point à tout attouchement. » Les créations vraiment vivantes de nos naturalistes ne résonnent que sous un attouchement unique et ne rendent qu'une note. C'est probablement parce que Flaubert n'en avait qu'une. Ce qui n'est au moins douteux pour personne, c'est leur étrange inhabileté à toutes fois qu'ils veulent traduire quelque chose de plus profond ou de plus élevé que la sensation : jusque-là, que Flaubert a dû se faire un procédé de ramener, non pas même la pensée, mais le sentiment lui-même à la sensation. « Leur existence serait facile et large... *comme leurs vêtements de soie* ; toute chaude et étoilée... *comme les nuits douces qu'ils contempleraient.* » Il est remarquable que presque tous nos naturalistes aient fait preuve de la même impuissance. Tirez-les de ces régions basses et obscures où le sentiment et la sensation sont encore engagés et confondus l'un dans l'autre, on dirait que la faculté matérielle elle-même de combiner les mots les trahit et les abandonne.

Balzac en restera dans l'histoire de la prose française un mémorable exemple. Faites-lui la part aussi belle qu'il vous plaira, prenez *le Lys dans la vallée*, l'un des plus vantés (tout à fait à tort, selon nous), mais en tout cas, ce qui seul importe ici, le plus psychologique peut-être de ses romans. Il y choit, de toute sa lourdeur, à chaque page, dans le plus épais galimatias. « N'appartenons-nous pas, — dit le sentimental M. de Vandenesse à la non moins sentimentale madame de Mortsauf, — n'appartenons-nous pas au petit nombre de créatures privilégiées pour la douleur ou pour le plaisir, de qui les qualités sensibles vibrent toutes à l'unisson en produisant de grands retentissements intérieurs, et dont la nature nerveuse est en harmonie constante avec le principe des choses? » C'est une déclaration d'amour. Et dix-huit pages plus loin, voici la réponse de madame de Mortsauf : « Ma confession ne vous a-t-elle donc pas montré les trois enfants auxquels je ne dois jamais faillir, sur lesquels je dois faire pleuvoir une rosée réparatrice, et faire rayonner mon âme sans en laisser adultérer la moindre parcelle? N'aigrissez pas le lait d'une mère ! » Balzac est une nature extraordinairement puissante, mais grossière, le Jordaens d'une école qui attend toujours son Van Dyck. Il y a des délicatesses qui lui échappent, quelque laborieux et consciencieux effort qu'il fasse pour les saisir, et elles lui échappent, comme à Flaubert, manque de cette sympathie que nous définissions tout à l'heure, parce qu'ils ne les comprennent pas. Ils ont ouï dire qu'elles existaient, mais ils n'en sont pas autrement sûrs : physiologistes habiles, psychologues incomplets; observateurs précis, analystes maladroits; et peintres vigoureux de la réalité palpable, mais explorateurs moins que médiocres de la réalité qui ne se voit pas.

Le malheur, pour eux, et pour nous qui les lisons, c'est que d'un homme à l'autre, et quoi qu'en dise une certaine école de psychologie, la sensation peut être considérée comme à peu près identique. Nous ne nous ressemblons par rien tant que par nos appétits, si ce n'est par la façon de les satisfaire. C'est pourquoi il y a une étude *scientifique* de la sensation qui peut en effet servir de base à une psychologie *scientifique*. Mais la personnalité ne commence qu'avec le retentissement de la sensation sur l'intérieur. « Les sensations, a-t-on très bien dit, ne sont que ce que le cœur les fait être. » L'action de l'extérieur n'est rien, c'est la réaction du dedans qui importe. Et touchés de la même manière par les impressions du dehors, c'est la diversité des transformations qu'elles subissent en nous qui fait que nous sommes ce que nous sommes, nous, et non pas un autre.

C'est ici le triomphe du naturalisme anglais. La gloire en doit remonter jusqu'à Richardson. Entre les grandes littératures européennes il se fait depuis trois ou quatre cents ans comme un perpétuel commerce d'idées. On dirait, sous des influences diverses, et tour à tour déplacées d'Espagne ou d'Italie, par exemple, en France; de France en Angleterre, et d'Angleterre en France; et plus près encore de nous d'Angleterre en Allemagne et d'Allemagne en France, les transformations d'une même matière, ductile en quelque sorte, et capable de recevoir du génie propre de chaque peuple une infinie diversité de marques, d'empreintes et de formes. L'auteur de *Clarisse Harlowe* et de *Paméla*, le premier, a versé dans les cadres du roman de la vie réelle tout ce qu'il y avait de richesse d'observation psychologique et morale dans nos grands sermonnaires du XVIIe siècle, et, par exemple, dans notre Bourdaloue, que l'Angleterre du xviii° siècle a presque mieux connu que nous, si l'on voulait un nom pour fixer les idées. Mais certainement ce triomphe de la notation psychologique n'a jamais paru plus complet et plus éclatant que dans l'œuvre de George Eliot.

Il est curieux, et peut-être instructif, de considérer ce don d'observation à l'œuvre. George Eliot ne voit pas les animaux eux-mêmes faire un mouvement, elle ne les entend pas pousser un cri qu'elle n'essaye d'en saisir la juste signification : « On pourrait croire que la maison est le sujet d'un procès en chancellerie et que les fruits de cette double rangée de noyers, à l'entrée de l'enclos, vont tomber et pourrir dans l'herbe, si nous ne venions d'entendre de retentissants aboiements... *Et voici que les veaux à demi sevrés*, qui s'étaient abrités sous un hangar, en sortent et répondent sottement à cet aboiement terrible, *supposant qu'il a pour cause l'apparition de baquets de lait.* » Ou encore : « Deux minutes après, M. Rann était à la porte, faisant de profonds saluts, qui cependant étaient loin de lui concilier Pug, qui, *avec un aboiement aigu*, s'élança au travers de la chambre *pour reconnaître les jambes de l'étranger*, tandis que les petits chiens, *considérant les bas chinés et tricotés d'un point de vue plus séduisant*, sautaient autour de M. Rann *en jappant avec une grande jubilation.* »

Viendraient ensuite les enfants, qui tiennent la

place que l'on sait dans les romans anglais et qui, pour ne pas oublier de noter le fait au passage, par le seul fait de leur présence, contribuent à rendre la fiction, et le roman surtout, plus conforme à la réalité, plus ressemblant à la vie. « Tout à coup, comme l'enfant roulait vers les genoux de sa mère, tout mouillé par la neige, ses yeux furent frappés d'un brillant rayon de lumière sur le terrain blanc, et, avec cette faculté de transition propre à l'enfance, *il fut immédiatement absorbé par la contemplation de cet objet scintillant qui paraissait venir à sa rencontre, sans jamais y arriver. Il fallait absolument le saisir; à l'instant, l'enfant se mit à marcher à quatre pattes, étendant sa petite main pour s'emparer de ce jouet. Efforts inutiles! Alors la tête se releva pour voir d'où venait le rayon capricieux.* » Et encore : « Ce fut l'occasion d'une cérémonie où l'eau et le savon jouèrent le principal rôle, et de laquelle la petite fille sortit avec une nouvelle beauté. Assise sur les genoux de Dolly, elle jouait avec ses orteils, étirant et frottant ses bras l'un contre l'autre, *semblant avoir fait sur elle-même plusieurs découvertes qu'elle communiquait par des* gug-gug *et des* mama. »

Ne souriez pas, ne dites pas que c'est là peu de chose, ou, si par hasard vous étiez tenté de le dire, ô lecteur français, bon fils, honnête époux, bon père, qui ne concevez le roman, depuis 1830, que dans le drame de l'adultère, faites attention que c'est la rare, la précieuse, l'inappréciable faculté d'observer, c'est-à-dire de fixer son intérêt sur les choses et de ne l'en pas détourner que l'on n'en ait trouvé l'explication probable.

Et voulez-vous enfin la voir maintenant s'exercer, non plus dans la représentation de l'enfance, mais dans l'étude réelle de l'homme? Écoutez ce fragment de conversation entre Luke, le maître-valet de M. Tulliver, et Maggie, la fille du meunier :

« Si je vous prêtais un de mes livres, Luke? Il y a *le Tour d'Europe*, de Pug, qui vous dirait tout sur les différentes espèces de gens dans le monde, et, si vous ne pouviez pas comprendre la lecture, les images vous aideraient... Il y a les Hollandais, qui sont très gras et qui fument, vous savez, et il y en a un qui est assis sur un baril.

» — Non, miss, je n'ai pas bonne opinion des Hollandais. Il n'y aurait pas grand bien à apprendre sur leur compte.

» — Mais ils sont notre prochain, Luke.

» — Pas trop notre prochain, je crois, miss. Tout ce que je sais, c'est que mon vieux maître, qui en savait long, avait coutume de dire : « Si je » sème jamais mon froment sans le saler, je suis un » Hollandais, » qu'il disait, et c'était comme s'il avait dit qu'un Hollandais est un imbécile ou approchant. Non, non, je ne vais pas m'embarrasser des Hollandais. Ils sont assez lourds et assez coquins pour ne pas aller les chercher dans les livres. »

Ce qu'il y a d'admirable ici, ce n'est pas seulement le naturel absolu du dialogue et la vivante justesse de chaque trait, c'est la psychologie qui dicte le trait et, si je puis ainsi dire, gouverne intérieurement le dialogue. Un autre exemple nous fera mieux comprendre. M. Tulliver cause avec M. Deane de la bataille de Waterloo. « Il y avait une légère divergence entre eux. Et M. Deane, à ce propos, fit remarquer que, pour lui, il n'était pas disposé à avoir très bonne opinion des Prussiens, la construction de leurs navires le portant en général, ainsi que le caractère peu satisfaisant de leurs transactions à l'égard de la bière de Dantzig, à avoir des idées peu favorables sur ce que pouvaient faire les Prussiens. »

C'est ainsi que nous sommes tous des Luke et des M. Deane. Nos opinions les plus extravagantes, — et qui de nous n'a les siennes ? — ne sont la plupart du temps ni déraisonnées, comme le croient ceux qui ne les partagent pas, ni même irraisonnées, comme nous nous le persuadons pour en justifier à nos yeux l'intolérance : elles sont mal raisonnées. Nous raisonnons comme Luke toutes les fois que nous mettons nos opinions sous l'autorité de quelqu'un « qui en savait long, » et nous raisonnons de la façon de M. Deane, homme grave, homme intelligent, homme écouté, toutes les fois que nous fondons nos préventions contre un grand peuple sur « le caractère peu satisfaisant » de sa cuisine...

ou de ses transactions à l'égard de la propriété littéraire.

Il n'y a presque rien de plus difficile, dans le roman et ailleurs, que de borner ainsi le vocabulaire des gens que l'on fait parler aux limites exactes de leur petit univers intellectuel et moral. Le travail est le même que celui d'un peintre hollandais en présence de son sujet. C'est un rapport exact de ce que l'œil aperçoit à ce que la main trace sur la toile. Chaque coup d'œil, chaque coup de pinceau : la correspondance est entière entre l'impression du sens et la fidélité du rendu. Seulement le peintre n'imite peut-être que le dehors, ou tout au plus le reflet du dedans sur le dehors; le romancier, lui, pénètre dans le for intérieur et ramène à la lumière ce qu'il y a de plus intime, de plus obscur, de plus secret en nous.

Sous ce rapport, c'est un trésor d'observations psychologiques profondes et subtiles que l'œuvre de George Eliot. Le caractère d'Hetty Sorel dans *Adam Bede* ou celui de Dinah Morris, le caractère de M. Tulliver dans *le Moulin sur la Floss* et celui de Philip Wakem, le caractère de miss Nancy Lammeter dans *Silas Marner*, ou celui de Dolly Winthrop, ne sont pas seulement des caractères aussi vivants que pas un dans la foule innombrable des héros du roman moderne; ce sont encore des créations psychologiques d'une valeur scientifique incontestable, et j'irais volontiers jusqu'à dire que chaque pas que l'on fait dans leur connaissance est un pas que l'on fait dans la connaissance de l'humanité.

Si vous n'avez pas lu le roman d'*Adam Bede*, vous savez, pour l'avoir entendu dire ou pour en avoir vu des exemples autour de vous, que les conséquences d'une seule faute peuvent se compliquer jusqu'au crime, mais vous ne savez pas *comment* cela se fait, par quelle sourde conspiration des circonstances, et par quel subtil travail de perversion intérieure. Si vous n'avez pas lu *Silas Marner*, vous pouvez savoir, d'une façon spéculative, qu'une passion en chasse une autre, et qu'une brusque transformation peut s'accomplir dans une âme humaine, mais vous ne savez pas *comment* cela se fait, et combien y est petite, insignifiante, presque nulle enfin la part de ce que vous appelez le hasard. Mais ici nous nous trouvons en présence d'une philosophie de toutes pièces, et ce n'est rien moins qu'une conception de la vie que le romancier va nous donner.

La fille du charpentier de Nuneaton avait trente-huit ans lorsqu'elle fit paraître les *Scènes de la vie cléricale*, sa première œuvre de romancier. Elle avait assez durement expérimenté la vie, moins durement que les sœurs Brontë, beaucoup plus durement que l'heureux Flaubert. L'une de ses supériorités sur l'auteur de *Madame Bovary*, comme aussi, je dois le dire, sur l'auteur de *Jane Eyre*, c'est de n'en avoir pas gardé rancune à la vie. C'est un des signes de la vraie grandeur.

Ce qui paraît l'avoir frappée vivement, dans l'une de ces heures où nous nous replions sur nous-mêmes, et repassons nos souvenirs pour tâcher de débrouiller l'énigme de notre propre destinée, c'est l'importance considérable que peut avoir, pour le bonheur ou le malheur d'une existence humaine, le fait en apparence le plus insignifiant. « Nos actions agissent sur nous autant que nous agissons sur elles. » Elles enveloppent jusqu'à l'exercice futur de notre liberté dans le tissu de leurs conséquences. Nous n'avons en notre pouvoir que les commencements de notre conduite; le reste suit, se déroule et s'enchaîne de soi-même. Bonnes ou mauvaises, une fois commises, nos actions existent; elles vivent, elles se développent, indépendamment et au dehors de nous, comme des enfants échappés à la tutelle domestique, et qui souvent ressemblent si peu à leur père qu'au contraire ils se dressent en face de lui, dans sa propre maison, comme une contradiction vivante.

Sans doute, nous pouvons quelquefois échapper à l'engrenage de nos actes, mais il est plus fréquent que nous y soyons entraînés. Le jeune M. Donnithorne, des chevaliers Donnithorne, prend un baiser sur la joue d'Hetty Sorel, qui soigne les poules et bat le beurre à la Grand'Ferme. Il se peut qu'il n'en résulte rien. Et dans son arrière vieillesse, bien marié, bien renté, le goût de ce baiser, s'il lui remonte aux lèvres, lui reviendra comme un joyeux souvenir de sa conquérante jeunesse. Mais il se peut aussi, que, sans le savoir, il ait payé ce baiser de l'aliénation d'une part de sa liberté, comme si par hasard Hetty Sorel se prend à l'aimer, comme si par hasard cette fille de basse-cour est sortie de parents honnêtes, comme si par hasard quelque brave homme d'amoureux s'intéresse à sa conduite, comme si par hasard le jeune M. Donnithorne lui-même est dans l'âge d'aimer et n'a rien de mieux à faire, — toutes suppositions nullement fictives, mais au contraire infiniment probables, — et la vie du jeune M. Donnithorne devient aussitôt tout autre. C'est par son fait, notez-le bien, et non pas du tout par le fait des circonstances.

Les circonstances ne modifient pas notre nature, elles la dégagent de son indétermination primitive et nous la révèlent à nous-mêmes. Les événements ne créent rien en nous, ils nous apprennent ce que nous portions en nous. Si quelque honnête homme, jusqu'alors tenu pour tel, de volonté droite et de sens rassis, commet une sottise, n'épiloguons pas davantage : c'est qu'il y avait de tout temps quelques grains de folie mêlés dans sa sagesse. Toute vie humaine dépend de la direction qu'elle se donne à elle-même, et de la contrainte qu'elle s'impose comme inconsciemment, à mesure que s'allonge la chaîne de ses actes. Jadis, lorsque sur les Romains de la vieille souche pesait encore le fardeau des antiques superstitions italiotes, et que des dieux cruels présidaient aux moindres actions de la vie, ni dans la maison ni dans la place publique on ne pouvait faire un pas ou prononcer un mot, on ne pouvait éternuer, tousser même, ou cracher, que l'on ne risquât d'offenser ces arbitres exigeants du bonheur ou du malheur de l'existence entière, et l'involontaire oubli de la formule expiatoire attirait leur vengeance aussi sûrement que les hauts lieux la foudre. Nous sommes aujourd'hui nous-mêmes à nous-mêmes ces dieux courroucés et méchants. C'est la responsabilité cachée de nos actions en apparence les plus indifférentes qui se retourne contre nous, et nous prend notre bonheur en paiement de notre dette. Tout le roman d'*Adam Bede*, avec un art merveilleux, est comme construit autour de ces données.

Ce n'est pas tout. Nous sommes hommes et, à ce titre, engagés dans la société des autres hommes. Comme la pierre qui tombe dans une eau paisible, ainsi, chacune de nos actions devient un centre d'ondulations dont le remous risque d'aller, là-bas, bien loin, troubler le cours de quelque existence ignorée. Et pas plus qu'il n'était besoin tout à l'heure que nos actions fussent autres qu'ordinaires, ou même triviales, pour peser sur notre existence à venir, pas plus il n'est ici besoin, pour agir ainsi sur les autres, que nous soyons des héros de roman ou des paladins d'épopée : « L'existence de personnes même insignifiantes a des conséquences importantes dans ce monde. On peut prouver que cela agit sur le prix du pain et sur le taux des gages, et que cela peut faire sortir bien des mauvais caractères du repos de leur égoïsme, comme aussi provoquer bien des héroïsmes qui, tous ensemble, viennent concourir à la tragédie de la vie. » En conséquence de quoi, la simple et touchante histoire de *Silas Marner* est dominée tout entière par la mort d'une pauvre femme dont la disparition n'avait pas causé plus d'émoi que ne fait, au déclin de l'été, la chute d'une feuille. Cependant cette mort portait en elle « toute la mystérieuse puissance du destin pour plusieurs vies humaines ; » et « les joies ou les tristesses qui devaient être leur partage sur cette terre, » ce fut cette mort qui les détermina. Si vous lisez *Silas Marner* superficiellement, il vous paraîtra que cette mort n'intéresse qu'une seule personne ; si vous y regardez de plus près, vous trouverez qu'elle est l'origine d'un changement de direction dans l'existence de tout le petit monde que l'auteur a groupé dans le petit village de Raveloë.

En effet, les actes une fois commis, leurs conséquences, à travers l'espace et le temps, insensiblement cheminent, se rencontrent, s'entre-croisent ; le réseau s'étend et s'embrouille ; la vie se complique, elle nous étreint, nous luttons, le jeune M. Donnithorne répare une faute par une autre faute qui se présente à lui comme la « seule chose maintenant bonne à faire; » et, pour un qui finit par avoir construit son existence à peu près telle qu'il la rêvait, nous mourons la plupart en murmurant désespérément avec le vieux M. Tulliver : « Ce monde est trop fort pour moi... Il ne sert à rien de lutter pour quoi que ce soit désormais... Nous ne redeviendrons plus jeunes... Ce monde est trop compliqué pour moi. » C'est l'inévitable conséquence des actions des autres qui vient, en vertu de l'humaine solidarité, troubler, empoisonner, détruire même notre existence. Et « nos vies sont tellement liées entre elles qu'il est absolument impossible que les fautes des uns ne retombent pas sur les autres; même la justice fait ses victimes; et nous ne pouvons concevoir aucun châtiment qui ne s'étende en ondulations de souffrances imméritées bien au delà du but qu'il a touché. » Nous pressentons ici que le système va s'achever, et cette philosophie se couronner d'une morale, dont il faut bien dire quelques mots.

Je n'ignore pas que le lecteur français goûte fort ce qu'il appelle, assez improprement d'ailleurs, l'immoralité dans l'art. Il voudra bien toutefois réfléchir qu'il y a morale et morale. Et ce serait trahir George Eliot que de ne pas faire la distinction. Il y a la morale de ce qu'un poète a spirituellement qualifié « les mauvais bons livres, » la morale des romans de madame Augustus Craven peut-être, ou de mademoiselle Marie Guerrier de Haupt, la morale des romans de l'excellente miss Yonge, et, pourquoi n'oserions-nous pas le dire? la morale de quelques-uns des romans de Thackeray lui-même, tels que l'*Histoire de Pendennis*, morale insupportablement prédicante, morale étroite et, s'il en fut, morale prudhommesque. On la connaît assez : je n'en dirai pas davantage. Il vaut mieux s'en taire que d'en parler faiblement. Mais ce n'est pas la morale de George Eliot.

La morale de l'auteur d'*Adam Bede* ne règle pas dogmatiquement le devoir une fois pour toutes, sans égard aux occurrences, mais elle attend aux occurrentes, et fait l'application du principe selon les cas. Ce principe est immédiatement déduit de la solidarité qui lie nos actions entre elles et nos actions aux actions des autres. « Il ne faut pas arranger pour soi seul les affaires de sa vie. » C'est George Eliot qui parle. Et encore ailleurs : « Il ne faut pas rechercher sa propre volonté. » Nous reconnaissons ici la doctrine que, dans sa *Morale Évolutionniste*, M. Herbert Spencer a depuis exposée : « La morale a un champ plus vaste qu'on ne le lui assigne ordinairement. Outre la conduite communément approuvée comme bonne ou mauvaise, elle s'étend à toute conduite qui favorise ou contrarie, d'une manière directe ou indirecte, notre bien-être et celui des autres. » Otez ou changez ce mot de bien-être qui n'a pas du tout en anglais le sens étroit que nous lui donnons. Il n'est pas de morale plus haute, que dis-je? — il n'en est pas de plus utopique.

Je regrette que *Romola*, dont George Eliot, par une fantaisie d'artiste presque à tous égards malheureuse, a placé la scène à Florence, au temps de Savonarole, soit d'une lecture si fatigante et d'un intérêt archéologique si spécial. On y voit un de ces artistes en fourberies, comme il y en a beaucoup dans l'histoire de la Renaissance italienne, qui, débutant par une faute initiale, a beau prendre en toute circonstance, avec une rare perspicacité « le parti le plus raisonnable et le conseil le plus sage; » non seulement il ne réussit pas à se décharger de la responsabilité de sa faute, mais il n'éloigne le châtiment que pour le subir plus complet et plus terrible. Je conseille l'étude approfondie du caractère de Tito Melema, — c'est le nom du personnage, — à ceux qui seraient tentés de confondre la morale utilitaire avec la morale de l'intérêt, ou avec la morale de l'égoïsme la morale de la solidarité. S'ils en ont le courage, ils en seront récompensés. Car ce roman à demi manqué n'en est pas moins, comme la plupart des romans de George Eliot, et tout manqué qu'il soit, d'une lecture plus attachante à mesure qu'on le pratique davantage. Et puis ils comprendront comment la morale, enveloppant ainsi toutes les relations de la vie journalière, très loin d'apparaître dans les romans de

George Eliot sous l'aspect importun et fâcheux qu'elle a si souvent dans le roman anglais, leur donne au contraire la plénitude même et la profondeur de sens qui place *Adam Bede*, *le Moulin sur la Floss*, et *Silas Marner* au premier rang du roman anglais contemporain.

Je crois avoir montré que je ne me trompais pas en disant que la sympathie, la sympathie de l'intelligence et du cœur en même temps, était l'âme de ce naturalisme. Que si maintenant on voulait prouver que George Eliot, autant que personne, avait le don de cette âpre ironie, sarcastique et contenue, où les Anglais excellent, rien assurément ne serait plus facile, et les exemples abonderaient. Il suffit de remarquer que, dans l'art de dire simplement des choses piquantes en même temps que profondes, elle peut passer, sans trop d'exagération, pour l'égale des plus illustres humoristes anglais.

« M. Pullet était un petit homme au nez proéminent, à petits yeux clignotants, à lèvres minces et en costume noir, avec une cravate blanche attachée très serrée d'après quelque principe plus relevé que celui du bien-être personnel. » Ou encore : « M. Tulliver était un homme profondément honnête, mais il considérait que devant la loi le but de la justice ne pouvait être atteint qu'en employant un plus fort coquin pour en battre un plus faible. La loi selon lui, était une espèce de combat de coqs, dans lequel l'affaire de l'honnêteté opprimée était de se procurer l'oiseau de combat le plus courageux et le mieux éperonné possible. » Je choisis quelques portraits, ne pouvant guère détacher le dialogue. Dans le dialogue comme dans les portraits les traits d'esprit sont à peine de l'esprit : ils sont des traits de caractère. « Même le maréchal ne s'opposa point à cette manière de voir ; au contraire, il s'en empara comme lui appartenant en propre et invita à le contredire quiconque en aurait la hardiesse. » N'est-ce pas en quatre mots et comme en quatre coups de plume le personnage qui s'est dressé tout entier devant vous.

Mais, et c'est toujours où il en faut revenir, vous sentez comme ces railleries légères sont enveloppées d'indulgence, pour ainsi dire, et comme le romancier, tout en les plaisantant, prend à tâche de ne pas ridiculiser ses personnages. Ils sont ainsi faits. Qui de nous n'a ses défauts ? et qui de nous ne prête à la caricature ? L'un a le ventre trop gros et l'autre a les jambes trop courtes. Nous pourrons en sourire, mais, parce que nous serons un beau géant comme Flaubert, allons-nous, des heures entières, nous attarder à remarquer en ricanant que de courtes jambes sont courtes, et qu'une proéminence exagérée de l'abdomen enlève aux mouvements quelque grâce et quelque aisance à l'allure ? « Il est beau d'avoir la force d'un géant, mais il est tyrannique de s'en servir comme un géant. »

Il faut louer également l'auteur d'*Adam Bede* et du *Moulin sur la Floss* d'avoir connu l'art de la bonne plaisanterie, et d'avoir compris qu'il n'en fallait pas abuser : de l'avoir connu, parce que cela l'a préservée de tomber de la sympathie dans le sentimentalisme ; mais de n'en avoir pas abusé, car elle y eût compromis le meilleur d'elle-même, c'est-à-dire la sérénité de son intelligence. Je voudrais montrer par un dernier exemple comment dans le talent de George Eliot, l'indulgence et la raillerie se tempèrent l'une l'autre, l'indulgence ôtant à la raillerie ce qu'elle pourrait avoir quelquefois de trop amer, mais la raillerie, d'autre part contenant, et resserrant ce que j'appellerais volontiers le débordement de la sympathie. Le débordement de la sympathie, ç'a été trop souvent le défaut de Dickens, qui en est impatientant ; mais l'amertume de la raillerie, ç'a été trop souvent le défaut de Thackeray, qui en est agaçant.

« Madame Winthrop était, sous tous les rapports, une femme de conscience scrupuleuse, tellement avide de devoirs que la vie paraissait ne pas lui en offrir suffisamment, à moins qu'elle ne se levât à quatre heures et demie, ce qui alors diminuait l'ouvrage pour les heures suivantes, problème qu'elle aurait désiré résoudre. Cependant elle n'avait pas le caractère grondeur que l'on supposerait être une condition nécessaire de telles habitudes, et son naturel, très doux, très patient, la portait à rechercher les choses les plus sérieuses et les plus tristes de la vie pour en nourrir son esprit. Elle était toujours, dans Raveloë, la personne désirée quand il y avait quelque maladie ou quelque mort dans une famille, des sangsues à poser, ou quelques désagréments soudains au sujet d'une garde-malade. Femme avenante, de bonne mine, au teint frais, elle ne faisait jamais de doléances, quoique ayant toujours les lèvres légèrement serrées comme si elle se trouvait dans une chambre de malade, en présence du docteur ou du ministre. Personne ne l'avait vue jamais verser de larmes; elle était simplement grave, et portée à incliner la tête et à soupirer presque imperceptiblement, comme si elle assistait au service funèbre d'un étranger. Il paraissait surprenant que Ben Winthrop, qui aimait sa demi-pinte et la plaisanterie, cheminât si bien avec Dolly; mais Dolly supportait les plaisanteries de son mari aussi patiemment que toute autre chose, considérant que les hommes *étaient ainsi*, et envisageant le sexe fort au même point de vue que les animaux qu'il a plu au ciel de rendre naturellement inquiétants, tels que les taureaux et les coqs d'Inde. »

C'est le chef-d'œuvre de l'art de disposer les nuances et de les fondre. Il n'y a pas un trait là qui ne soit une moquerie légère, et il n'y en a pas un qui, tout en la raillant, ne loue cependant la personne, et ne la rende, comme on dit, *sympa-*

thique. Et remarquez que de faire passer le portrait de l'anglais en français, c'est comme si nous lui enlevions sa signature. Nous n'avons pas qualité pour louer l'exécution et le style, mais nous sommes tenu de rappeler, en arrêtant ici des citations trop peu nombreuses, que, lorsque l'on demande aux Anglais quel est parmi les romanciers d'hier le vraiment grand écrivain, tous ou presque tous nomment aussitôt George Eliot.

IV.

Nous avons appuyé longuement sur le trait qui, selon nous, doit marquer entre le naturalisme anglais et le naturalisme français la plus profonde différence. Sa profondeur de psychologie, sa solidité métaphysique, sa largeur de morale, tout, dans le naturalisme anglais, procède, à notre avis, de cette communication de sympathie. Il y aurait d'ailleurs bien d'autres traits à noter. On ne les trouvera pas moins caractéristiques, mais je les crois d'une moindre importance au point de vue de cette étude, comme étant, les uns propres à la race et, pour ainsi dire, spéciaux à la seule Angleterre, les autres propres à la personne et, pour ainsi dire, originaux au seul auteur d'*Adam Bede* et de *Silas Marner*. Les sceptiques ou les mauvais plaisants traitent quelquefois d'oiseuses toutes ces querelles en *isme*, idéalisme contre naturalisme, et romantisme contre classicisme. Ils ont tort et ils ont raison. Ils ont tort, parce que des principes y sont enveloppés, et qu'en somme, de ces principes il découle des règles ou des conseils pour la direction de l'effort, pour la discipline de l'esprit et, si l'on veut bien me passer l'expression, pour l'aménagement du talent. Mais ils ne laissent pas d'avoir raison, parce que, comme il y a des défauts naturels qu'aucune discipline ou éducation ne répare, il y a des qualités naturelles aussi, des dons que l'on a reçus ou que l'on n'a pas reçus, et qui ne s'acquièrent ni ne se conquièrent.

C'est ainsi qu'il manquera probablement toujours au naturalisme français ce que trois siècles de forte éducation protestante ont infusé de valeur morale au naturalisme anglais. En France, nous pourrons bien nous servir du roman, et plus d'une fois nous nous en sommes servis, comme d'un instrument de propagande, mais de propagande révolutionnaire, une machine à battre en brèche des institutions qui nous gênent, des coutumes qui nous importunent, ou même attaquer des gens qui nous déplaisent : mais, je me trompe fort, ou nous n'en ferons jamais, comme Dickens lui-même, comme Thackeray, comme

George Eliot, un instrument de prédication, d'étude et d'instruction.

Il semble que notre langue même, chargée de souvenirs classiques et d'associations d'idées traditionnelles, nous l'interdise. Car il est certain qu'elle ne va pas directement au peuple, étant naturellement savante, mesurée, choisie, d'un seul mot, aristocratique ; et si par hasard nous voulons la faire populaire, nous la faisons presque immanquablement grossière, déclamatoire, incorrecte. Ajoutez que depuis longtemps nous ne concevons ni l'art ni la littérature comme choses faites pour l'homme ; mais, au contraire, c'est l'homme que nous concevons comme une matière livrée par la nature à l'art. Aussi ne s'agit-il pas de rechercher s'il y a quelque qualité qui se dissimule sous le masque vulgaire de sottise des Homais et des Bournisien, mais de peindre les Bournisien et les Homais. La théorie de l'art pour l'art est essentiellement latine.

Il ne faut ni l'accepter tout entière, ni la rejeter tout à fait. Son infériorité : c'est la recherche de ce qu'on appelle en musique l'air de bravoure, en peinture le morceau de facture, en littérature le passage à effet. La compensation : c'est que, faisant d'ailleurs les exceptions qu'il faut faire, les beautés d'exécution sont incomparablement supérieures, et d'une valeur technique infiniment plus précieuse dans la peinture italienne que dans la peinture hollandaise, ou dans la littérature française que dans la littérature allemande. Si l'on veut tirer de là des conséquences, la meilleure, la plus sage, comme en toute rencontre du même genre, est de rester chacun ce que l'on est, et de savoir chacun se défendre d'imiter ce qu'on admire, surtout s'il y a dans l'admiration, comme si souvent, autant ou plus d'étonnement que de sympathie. Les peintres hollandais sont bons à voir, mais, il faut bien le dire, ennuyeux à passer en revue ; les romanciers anglais sont bien intéressants à lire, mais quelquefois comme ils sont fatigants ! C'est le cas, puisqu'il s'agit de George Eliot, j'oserais presque dire de *Middlemarch*, mais surtout de *Daniel Deronda*.

Ce qui demeure pourtant admirable dans *Middlemarch*, c'est l'exacte peinture de la vie de province. Nos romanciers français la peindront-ils jamais des mêmes traits ? J'ai du moins quelque peine à le croire. La province, en France, ne vit plus de sa vie, mais de la vie qu'elle reçoit de Paris. Ce qu'elle produit, la capitale l'absorbe, et le lui retourne transformé. Quelques grandes villes, qui ne sont pas la province, jouent le même rôle dans le rayon de leur influence. Il y a des originaux à Yonville, mais ce sont des ridicules. On le dit du moins. Il se peut que l'on exagère. Balzac en a su rencontrer quelques-uns, de ces originaux, que l'on prend plaisir à connaître. Si Flaubert avait eu les yeux de Balzac, la même bonne fortune lui serait sans doute échue. Mais il est certain, après cela, qu'un département français n'a pas la physionomie d'un comté d'Angleterre.

> *Humani generis mores tibi nosse volenti*
> *Sufficit una domus...*

C'est la vieille épigraphe que Richardson a mise à sa *Clarisse Harlowe*. Le bon naturalisme est essentiellement l'art, — en ne sacrifiant rien de la vérité profondément humaine, — de caractériser cette unique famille, *una domus*, par des traits qui n'appartiennent qu'à elle. Ces traits ne sont plus aujourd'hui ce qu'ils étaient jadis, même en Angleterre; et sans y regarder de plus près, il suffit pour le prouver qu'au lieu de placer l'action de ses principaux romans au cœur même de la vie contemporaine, George Eliot l'ait presque toujours reculée vers le commencement du présent siècle; mais néanmoins, et sans aucun doute, ils sont encore bien moins en relief chez nous qu'en Angleterre. La vie de province moins fortement constituée, la vie de famille moins étroite, l'effort individuel lui-même moins individuel: telles sont les causes de cet effacement des types.

Il sera donc toujours plus difficile à nos romanciers de retrouver sous cet effacement l'individualité qui subsiste. S'ils veulent peindre Tom Tulliver, c'est-à-dire un enfant doué de cette fermeté de résolution qui va jusqu'à la dureté, de cet esprit de justice qui va jusqu'à l'injustice, de cette austérité de jugement qui va jusqu'au pharisaïsme, ils lui donneront aussitôt la raideur de l'attitude, l'impassibilité de la physionomie, l'aphoristique brièveté du langage, jamais cette physionomie neutre et placide, « ces yeux gris bleu, ces cheveux brun clair, ces joues de crème et de rose, ces lèvres épaisses, ce nez et ces sourcils indéterminés » que lui a donnés George Eliot. Ils voudront faire plus frappant, sauf à faire moins réel. S'ils tracent encore le portrait d'une coquette comme Hetty Sorel, que de faute en faute il s'agisse de faire tomber jusqu'à l'infanticide, ils ne lui donneront pas « un genre de beauté comme celui des petits chats ou des très jeunes canards au fin duvet, faisant un doux caquetage, ou des petits enfants qui commencent à marcher et à essayer de faire des malices, » mais une beauté lourde, vulgaire, sensuelle, s'ils sont naturalistes ou soi-disant tels, une beauté fatale, prédestinée, respirant le crime, s'ils croient être idéalistes, et de toute manière un genre de beauté qui prépare l'imagination du lecteur au crime dont le récit va venir. Ils éprouvent invinciblement le besoin de faire, les uns plus beau, les autres plus laid, mais tous ou presque tous indistinctement, plus logique que la réalité. Je crois que c'est faute d'avoir reçu de la nature, directement, des impressions assez fortes, et parce qu'en France nous réputons banal tout ce qui ne sort pas d'abord du rang pour provoquer l'attention, s'isoler à l'état d'exception, et s'offrir soi-même aux regards à titre de singularité.

Et puis, en quelque point de la patrie que nous ayons fait nos premiers pas et balbutié nos premiers mots, peu de nous, grâce à la rapidité de l'évolution sociale en France et grâce à l'éducation de nos lycées aussi, peu de nous ont vraiment vécu dans une petite ville de Saint-Ogg's et dans une famille de vrais Dodson, avec ses qualités et ses défauts élaborés par une longue coutume héréditaire, avec ses traditions d'originalité persistante, avec le sentiment de cette solidarité puissante qui maintient dans le cercle de la famille le plus éloigné des arrière-cousins, et qui fonde en Angleterre l'orgueil, non pas même du commerçant de la Cité, non pas même du grand usinier de Manchester ou de Birmingham, non pas même du bourgeois de petite ville, mais du charpentier d'Hayslope ou de l'aubergiste de Raveloë, sur des assises aussi solides et résistantes que l'amour-propre du plus noble pair des trois royaumes.

C'est dans une telle famille que George Eliot est née ; c'est presque de sa famille que son talent a vécu ; c'est de sa famille qu'elle a tiré directement les principaux personnages d'*Adam Bede* et du *Moulin sur la Floss*, et, — fait assurément bien digne d'être noté, — si le talent d'observer et d'écrire est demeuré tout entier dans *Middlemarch* et dans *Daniel Deronda*, de l'avis des bons juges toutefois, le talent de faire vivre les personnages a brusquement baissé. *Adam Bede*, le *Moulin sur la Floss* et *Silas Marner* avaient épuisé le cercle de la famille Evans. Elle nous en fait quelque part l'involontaire aveu : « La forêt où je me promène dans cette douce journée de mai, le jeune feuillage brun des jeunes chênes s'interposant entre le ciel et moi, les blanches anémones, la véronique aux yeux bleus et le lierre qui rampe à mes pieds, quel bosquet de palmiers des tropiques, quelles fougères rares et précieuses ou quelles splendides grappes de fleurs aux larges pétales pourraient jamais faire vibrer en moi des cordes aussi profondes et aussi délicates que le font ces *souvenirs de la maison paternelle?* Ces fleurs familières, ces chants d'oiseaux, ce ciel, ces prés, ces haies, *voilà ce qui constitue la langue mère de notre imagination, ce langage chargé de tant de subtiles associations que les heures fugitives de notre enfance ont laissées après elles.* »

Elle cessa presque d'être elle-même du jour qu'ayant fait emploi de tous ces « souvenirs de la maison paternelle, » il ne lui demeura plus, de cette « langue mère de l'imagination, » que la faculté spéculative de combiner des signes, et des signes, si je puis m'exprimer ainsi, dont elle n'avait pas *vécu* la signification. Lorsqu'elle essaya de peindre, dans *Middlemarch*, une sainte Thérèse protestante[1], comme quand elle voulut, dans *Daniel Deronda*, faire

---

1. Revanche curieuse de l'idéalisme! L'auteur de *Madame Bovary*, comme l'auteur d'*Adam Bede*, ont tous les deux fini par vouloir peindre des *sainte Thérèse* et, du dernier degré du naturalisme, remonter d'un prodigieux coup d'aile, par

passer au travers de la vie moderne un être « exceptionnel, » sur le patron des héros du roman romantique, en perdant terre elle perdit toute une part de son talent, et, manquant de ces modèles dont elle s'était comme entourée pour écrire ses premières œuvres, elle aussi s'égara pour avoir forcé sa nature. Certes, ce n'est pas à dire qu'il n'y ait dans *Middlemarch* et dans *Daniel Deronda* des parties admirables, mais c'est dire seulement qu'il n'y a que des parties.

Enfin, mais ceci lui devient plus personnel encore, s'il est possible, c'est par la philosophie que ce grand peintre de la vie réelle aborda le roman. Elle avait commencé par traduire *la Vie de Jésus*, de Strauss, et *l'Essence du christianisme*, de Feuerbach [1]; elle avait vécu dans l'étroite familiarité d'Herbert Spencer et de Georges Lewes. Il est assez ordinaire que les artistes en France manquent de ce point d'appui que l'imagination elle-même et surtout l'observation du réel trouvent dans une vaste, solide, et diverse instruction première. Ce fut le cas de Balzac, ce fut le cas de Flaubert, c'est le cas de

---

delà même l'idéalisme, jusqu'au mysticisme proprement dit. Eux-mêmes, d'ailleurs, ont prononcé ce nom de sainte Thérèse. Voyez le début de *Middlemarch*, et comparez la lettre à Sainte-Beuve, où Flaubert explique *Salammbô*.

1. Voyez, au chapitre sur le *Roman du Nihilisme russe* les ouvrages qui doivent être, selon Tchernychefski, le fondement d'une éducation scientifique de la femme.

M. Zola. Ce n'est pourtant pas une vaine parole que, pour savoir apprendre, il faut commencer par apprendre à apprendre. A la vérité, c'est d'autre part jouer un jeu bien dangereux que de préluder à l'art du romancier, comme George Eliot, par l'étude approfondie de la discipline hégélienne et comtiste. Les *Premiers principes* d'Herbert Spencer, non plus que l'*Histoire de la philosophie* de Georges Lewes, ne semblent guère faits pour préparer le terrain de l'intelligence à la production des *Adam Bede* et des *Silas Marner*. Et plusieurs penseront, je n'en doute pas, qu'encore vaut-il mieux, comme notre Balzac, ne pas se charger d'un fardeau qu'il faudra tôt ou tard que les épaules rejettent, mais plutôt se mettre à l'œuvre, chercher ses voies tout seul, et faire son apprentissage en écrivant *Jeanne la Pâle* sous le nom d'Horace de Saint-Aubin. Ils se tromperont, du plus au moins, selon les espèces, mais jamais autant que dans le cas de George Eliot.

On peut admettre que, moins irrésistiblement entraînée aux spéculations de l'ordre philosophique, métaphysique même, elle n'eût point écrit les *Impressions de Théophrastus Such*, ni même certains chapitres de *Daniel Deronda* peut-être. Mais, réciproquement, je tiens pour assuré que, moins familière avec cette grande école anglaise de psychologie positive, elle n'eût pas écrit *Adam Bede* ou *Silas Marner*. Il lui est donc arrivé sur la fin de sa carrière, entre cinquante et soixante ans, d'avoir les défauts de ses qualités ; mais elle avait eu, par compensation, entre cinquante et quarante, les qualités de ses défauts. Et comme à ses qualités nous devons trois ou quatre chefs-d'œuvre d'une incomparable originalité, nous devons presque la louer d'avoir eu ses défauts. Aussi bien ne saurait-il être indifférent à sa gloire d'avoir représenté dans la littérature, ou plus exactement dans le roman anglais, toute une grande école de philosophie.

V.

Il nous reste maintenant deux mots à dire, et, pour les raisons que nous avons plus haut indiquées, quelques réserves à faire, qu'il n'est pas probable que les Anglais, étant Anglais, songent à faire. Il est en effet un côté par où nos naturalistes reconquièrent la supériorité sur George Eliot.

Oublions chacun ici nos préférences particulières. Certainement j'aime autant relire *le Moulin sur la Floss* que *Madame Bovary*, et je préfère *Adam Bede* au *Lys dans la vallée*. Cependant je ne puis méconnaître dans le roman de Flaubert et dans les romans de Balzac un art de composition qui n'apparaît jamais plus concentré que quand par hasard on en fait la comparaison avec l'ordonnance par trop libre et par trop négligée de la plupart des romans anglais. *Adam Bede* peut-être et *Silas Marner* échapperaient à ce reproche, *Silas Marner* surtout, car, pour *Adam Bede*, il y intervient des moyens mélodramatiques de soutenir l'intérêt dont nous ne dirons rien, parce qu'il nous en coûterait d'avoir à les qualifier trop sévèrement. Mais c'est surtout le dénouement bizarre et presque extravagant du *Moulin sur la Floss*, — une réconciliation de famille au milieu de la rivière débordée, — que l'on voudrait pouvoir effacer de l'œuvre de George Eliot. Et puis c'est l'action qui s'attarde, à moins qu'elle ne se disperse d'épisode en épisode ; ce sont des tableaux qui se succèdent comme dans une galerie, selon le hasard de la nécessité chronologique ; ce sont des longueurs et quelquefois même des dissertations dont chacune, remarquez-le bien, a sa place utile, indispensable même, dans le développement de la pensée de l'auteur, mais dont aucune presque n'est où elle devrait être, et rangée sous la subordination de la donnée principale. Cela éclate quand, sortant de lire *le Moulin sur la Floss*, on retourne à *Madame Bovary*, chef-d'œuvre de composition peut-être autant que de naturalisme ; et cela éclate quand on lit un roman de Balzac, *le Lys dans la vallée* lui-même, puisqu'au cours de cette étude c'est celui dont nous avons voulu nous servir.

Or c'est ici que se pose la grande question, question que nous n'aborderons pas, mais que nous ne pouvons nous dispenser d'indiquer.

La peinture hollandaise est merveilleuse de naturalisme et de vie; mais concevez-vous bien les moins naturalistes d'entre ces naturalistes, Rembrandt lui-même, par exemple, peignant à fresque et décorant, je ne dirai pas les voûtes de la Sixtine ou les chambres du Vatican, mais le plafond du palais Farnèse? Redescendons de ces hauteurs. Est-il possible au naturalisme, dans le roman, d'unir le mérite classique de la composition, de l'équilibre des parties, de la distribution des masses, de la beauté de l'ordonnance enfin, à la minutie de détails dont il a besoin pour faire vivre le vulgaire? Le mérite de la composition, d'une manière générale, et mis à part cet admirable récit de *Jane Eyre*, paraît manquer au naturalisme anglais contemporain; d'autre part, au naturalisme français, il paraît manquer, d'une manière générale, et sauf une ou deux exceptions, comme dans *Jack*, cette sympathie qui fait vivre les humbles du roman anglais, les charpentiers et les tisserands de George Eliot. Ces deux mérites qui semblent s'exclure, quelqu'un parviendra-t-il à les fondre et les unir? C'est le problème d'esthétique qui reste à résoudre aux romanciers de l'avenir.

17 septembre 1881.

LE FAUX NATURALISME

.... Supposons donc que le *naturalisme*, ou *réalisme*, contienne une part certaine, comme je le crois, et une grande part de vérité ; supposons de plus qu'il ait introduit parmi le public de nos jours le goût d'une composition moins artificielle et plus libre, d'une observation plus minutieuse, plus patiente, plus exacte, d'un style plus robuste et plus sain ; supposons, enfin, que les fondements en soient assez solides, et par conséquent assez durables, comme je l'espère, pour que ni *Nana*, ni même *Pot-Bouille* ne puissent prévaloir contre lui. On demande, sinon de quel droit, du moins à quel titre M. Edmond de Goncourt représente le naturalisme. C'est un problème. Il comporte deux solutions : la positive et la négative.

La positive serait que l'auteur de *la Faustin* eût fait quelquefois preuve ou des qualités ou des défauts d'un naturaliste. La négative, que son prétendu naturalisme consistât peut-être, et surtout, à manquer de naturel. Et de fait, au temps où nous sommes, dans l'universelle confusion des idées, il y a si peu de convenance entre les mots dont on use et les choses qu'ils expriment, qu'il se pourrait bien que cette solution, quoique bizarre à première apparence, et même paradoxale, fût cependant la bonne. Car n'est-on pas tenté de penser, quand on les lit de près, que ceux qui parlent tant de nature et de vérité sont précisément ceux qui s'éloignent le plus de la nature et de la vérité? qu'ils se servent du mot de naturalisme comme d'un mot de passe, qu'on emploierait sans autrement se soucier de l'entendre, uniquement parce qu'il donne accès dans une coterie d'admiration mutuelle? et qu'enfin la doctrine, puisque doctrine il y a, ce que j'accorde, n'a justement contre elle que les œuvres qu'elle a produites et les écrivains qui les ont signées? Si les romans de M. de Goncourt étaient des romans naturalistes, il n'y aurait assurément qu'une voix pour condamner le naturalisme; mais ce ne sont pas des romans naturalistes; et, quoi qu'il en puisse être de M. de Goncourt, c'est incontestablement bien heureux pour le naturalisme.

Et comment, en effet, voudriez-vous que l'on atteignît le naturel et que l'on rencontrât la vérité, quand on écrit comme il écrit, — plus attentif aux mots qu'aux choses, toujours préoccupé de quelque recherche de style, et de tout temps moins soucieux de voir juste que de *renverser la tournure*, ou (c'est un mot qui fort à point nous vient de lui) de *piquer l'adjectif*, d'une manière qui se croit nouvelle, inimitable, unique ? Un styliste, voilà ce qu'il est, avant tout, par-dessus tout, voilà du moins ce qu'il veut être.

Malheureusement, un styliste, à quelque école d'ailleurs qu'il appartienne, — et il y en a de bien des écoles, y compris celle de l'incorrection et du faux goût (qui n'est pas la moins nombreuse), — un styliste est un homme qui croit que la parole nous a été donnée pour elle-même ; que les mots, indépendamment de l'idée qu'ils servent à traduire, ont une valeur intrinsèque ; et que, si l'arrangement extérieur en est neuf, imprévu, surprenant, pour ne pas dire funambulesque, il importe après cela médiocrement qu'ils recouvrent une pensée juste ou fausse, ou même, si besoin est, qu'ils n'en recouvrent aucune. On voit la conséquence : elle est inévitable. Car, que l'on sacrifie, comme nos anciens rhéteurs, à des effets oratoires, effets d'emphase et d'harmonie, ou, comme nos stylistes modernes, à des effets pittoresques, effets de couleur et de rendu, c'est la même chose, puisque, dans l'un et dans l'autre cas, c'est la façon qui va devant, la pensée qui vient derrière, et la forme emporte le fond.

On ne saurait trop le redire, et comme toutes les choses qui vont sans qu'on les dise, cela va bien mieux encore en le disant : la littérature n'est pas de la musique, mais elle n'est pas non plus de la peinture. A quoi je souhaiterais que de mieux doués que M. de Goncourt prêtassent un peu plus d'attention. C'est en effet par où, s'ils n'y prennent garde, ils s'égareront, eux aussi. Car déjà c'est ainsi qu'à mesure qu'ils prennent leurs sujets plus au vif de la réalité contemporaine, ils s'éloignent pourtant de cette réalité même, à peu près comme des peintres qui sacrifieraient la fidèle ressemblance du modèle vivant à la gloriole de nous faire admirer par-dessus tout les ressources de leur calligraphie, la diversité de leur palette, et, d'un seul mot : l'habileté de leur main.

Ce n'est pas d'ailleurs que cette habileté soit toujours si grande, ni cette main toujours si sûre d'elle-même. Il y a bien de la maladresse et de l'impuissance parfois sous l'affectation de ce que M. de Goncourt appelle son *écriture artiste*. En littérature, et comme en peinture, on se fait souvent un procédé de ses défauts eux-mêmes, qu'il est toujours plus facile d'administrer que de réparer ; et si d'ailleurs on possède avec cela, je ne dis pas supérieurement, mais suffisamment, une ou deux parties de métier, il n'en faut pas davantage ; les naïfs y sont pris, et on fait fortune. Mais ceux qui savent combien il est rare, même aux plus grands, d'égaler exactement leur pensée par l'expression, y regardent d'un peu plus près. Et alors, si c'est une mystification, ils la trouvent d'un goût douteux, mais si c'est une gageure, ils n'hésitent pas à dire que M. de Goncourt l'a perdue.

Je ne m'attarderai pas à relever dans *la Faustin* ou dans *les Frères Zemganno* les impropriétés de termes, les inversions prétentieuses, — qu'il peut convenir à M. Zola d'appeler des « renversements de tournures, » et qui ne sont en réalité que des constructions barbares, — les incorrections certaines, les solécismes formels familiers à M. de Goncourt : le choix en serait difficile, et d'ailleurs, quelque bruit que l'on mène autour de M. de Goncourt, il y faudrait vraiment plus de place que la démonstration de l'évidence n'en a jamais valu la peine. Je citerai pourtant une phrase, une seule phrase, mais une phrase dont Eugène Scribe lui-même, s'il revenait parmi nous, n'écrirait peut-être pas la seconde. C'est *un crayon du remisier* Luzy. « Un joli petit homme.... à qui les affaires venaient comme *amenées par le charme qui se dégageait de lui,* et possédant, au milieu de tout cela, *un fonds de lazzaronisme, et un yacht sur la Méditerranée, dans lequel il disparaissait de la Bourse pendant trois mois,* trois mois où, par une chance singulière, deux années, il avait évité les grands sinistres légendaires. » Qu'ai-je parlé de Scribe ? C'est feu Wafflard qui n'aurait pas osé commettre une semblable phrase, ou, s'il l'avait commise, ç'aurait été qu'il voulait rire, et M. de Goncourt, de quoi je le plains de tout mon cœur, est sérieux, et très sérieux.

Je sais bien là-dessus quelle est la prétention de l'école et le biais qu'elle a trouvé. Elle est composée de « sensitifs et de nerveux, » les gens du monde « les moins susceptibles de se satisfaire du gros à-peu-près de leurs bien portants devanciers, » et c'est « dans la notation des sensations indescriptibles » qu'elle travaille. Et, pour n'être pas accusé de chicaner sur des vétilles, j'y consens.

Il peut y avoir, en effet, des sensations si délicates, si subtiles, si difficilement réductibles à la commune mesure que les mots manquent pour les exprimer. Il peut y avoir des sentiments si déliés, si profonds, si mystérieusement dissimulés dans les replis de l'inconscience qu'ils échappent aux prises du langage ordinaire. Il peut y avoir des idées si ténues, ou si complexes, ou si difficiles à démêler qu'il y faut des instruments d'une précision, d'une pénétration tout à fait nouvelle et tout à fait singulière. Et de là, nous dit-on, non pas d'aucune impuissance ou maladresse, ce style heurté, surchargé d'intentions de toute sorte, et de qui la clarté de la phrase, la correction de la langue, la netteté du tour sont le moindre souci, — pour ne rien dire de la logique du développement et de l'harmonie de la période.

Mais, outre qu'il nous semble que ce devrait être précisément le contraire, et que ce qu'il faudrait amener au dernier degré de clarté, c'est ce qu'il y a de plus vague dans la sensation, de plus délié dans le sentiment, de plus obscur enfin dans la pensée, ou se dispenser alors de s'en occuper, et le laisser à de plus habiles, on conviendra que la psychologie, la physiologie même, seraient vraiment à trop bon marché s'il y suffisait d'avoir dénaturé le sens des mots, ou retourné sur la tête une phrase qui se tenait à peu près sur ses pieds. Car enfin, le paradoxe est impertinent de vouloir bénéficier de ce qu'on est inintelligible pour être déclaré profond, et que nous pardonnions la faiblesse de l'exécution, non pas même à l'originalité des intentions, mais bien, comme c'est ici le cas, à la hauteur des prétentions. De grandes prétentions soutenues de mauvais succès, c'est ce qui s'est appelé de tout temps la médiocrité dans l'art. Eh! de par les dieux, oui! faites passer dans vos phrases tous « les frissons de nervosité » qu'il vous plaira, mais du moins que ce ne soit pas à la fois aux dépens de la grammaire, de la logique et de la clarté!

Quelles sont cependant, et pour aller au fond du procès, les « sensations indescriptibles » que M. de Goncourt se soit jamais efforcé de noter? Cherchez et cherchez longtemps; joignez ensemble les deux frères; après avoir lu *la Faustin* relisez *Germinie*

Lacerteux, ou de *la Fille Élisa* retournez à *Renée Mauperin*; vous n'en trouverez que de deux sortes ; les sensations artificielles et les sensations morbides, celles qui sortent du domaine de la psychologie pour entrer dans celui de la pathologie, et celles qui ne sont pas nées avec nous, mais que nous nous procurons, les sensations de l'alcoolique ou du mangeur d'opium. Or, tant s'en faut que ce soit là être *naturaliste* qu'au contraire c'est être *romantique*. L'étude de l'exception est le propre du romantisme. M. de Goncourt n'a jamais étudié que des exceptions. Aussi, comme tout se tient, et que la fin commande en quelque sorte et détermine les moyens qui servent à l'atteindre, est-il instructif, curieux et même plaisant de voir ce *naturaliste*, dans ce roman de *la Faustin*, mettre tour à tour en œuvre tous les moyens extraordinaires dont on se servait au temps des *Bug-Jargal* et des *Han d'Islande*.

Cela débute par une espèce de confession de la Faustin, tragédienne illustre, racontant « sous un ciel étoilé, au-dessus d'une mer phosphorescente, » et d'une voix « qui est comme un ressouvenir passionné qui parlerait tout haut dans un rêve, » l'histoire de ses amours avec un grand seigneur écossais, d'étranges amours, des amours en musique, dans une chambre d'hôtel, où il y avait un orgue encastré dans le mur, et qui... Mais vous me feriez dire des sottises, et je préfère vous transporter sans plus attendre dans un décor plus romantique encore, au fond de l'Écosse, dans un château en ruines, avec des « verdures pâles, comme il doit y en avoir dans les limbes, » de la vieille pierre, de la mousse, des paons blancs et « un parc *qui s'était rapproché* d'année en année. » Et voilà pourquoi la Faustin a conservé l'éternel souvenir de William Rayne. Car « l'amour n'est pas fait de l'amoureux tout seul, » comme dit M. de Goncourt, réflexion neuve et dont on comprendra qu'un « sensitif » pouvait seul trouver la notation.

Il y avait cependant un commencement d'idée dans le roman. Et je m'attendais, puisqu'aussi bien M. de Goncourt mettait une comédienne en scène, à tout le moins qu'il l'étudiât. Il est vrai qu'on abuse un peu beaucoup, depuis quelques années, de la comédienne et du comédien. Je les aime assurément, mais à leur place et en leur temps, c'est-à-dire au théâtre. Le reste, — la manière dont ils vivent, qui ne regarde qu'eux, leurs déplacements et leurs villégiatures, le chiffre de leurs appointements, l'adresse de leur couturière et de leur costumier, que sais-je encore? — mais il y a vraiment peu de choses en ce monde qui m'intéressent moins. S'il importera peut-être dans l'avenir aux ramasseurs de menus détails de savoir qu'en 1882 la loge de mademoiselle Lloyd « avait aux murs une riante exposition d'assiettes de Chine, » et la loge de mademoiselle Samary « un original plafond fabriqué d'éventails japonais, » je l'ignore ; mais, que mademoiselle Samary se préoccupât d'acquérir dans son jeu l'autorité qui lui manque et que mademoiselle Lloyd allégeât sa diction un peu lourde, à moi qui ne collectionne ni les assiettes de Chine, ni les éventails du Japon, voilà ce qui m'importerait. Enfin, et quoi qu'il en soit de ces réflexions maussades, M. de Goncourt, voulant faire une étude de comédienne « d'après nature, » pouvait s'y prendre de deux manières.

Il pouvait étudier, et c'eût été psychologiquement curieux, la réaction des habitudes de la vie du théâtre sur les façons d'être de la vie réelle. En effet, c'est ici de ces professions, comme il y en a quelques-unes, dont on reçoit profondément l'empreinte, que l'on ne dépouille pas à volonté, mais qui s'insinuent dans l'être tout entier et le façonnent, le disciplinent, le transforment insensiblement, obligé qu'il est, par force ou par gré, de vivre une moitié de sa vie dans l'atmosphère la plus factice qu'il y ait, de conformer son personnage réel, l'homme ou la femme qu'il est, aux sentiments, aux passions, aux idées des personnages qu'il est chargé de représenter sur la scène. Ceux donc qui nous font rire au théâtre, sous le personnage des Alceste ou des Harpagon, qu'est-ce qu'ils apportent, et pour ainsi dire, qu'est-ce qu'ils versent d'eux-mêmes, quel fonds de tristesse ou de gaieté, dans le rôle qu'ils interprètent ? Mais celles qui nous font pleurer, les reines de tragédie et les héroïnes de drame, qu'est-ce qu'elles remportent à leur tour de leurs allures de théâtre dans la vie quotidienne?

On pouvait s'y prendre d'une autre sorte encore. Car pourquoi n'étudierait-on pas aussi la tragédienne ou le comédien à l'œuvre, dans la composition de ses rôles, dans l'approfondissement de son personnage, dans la préparation de ses effets, dans la technique enfin de son métier, et dans l'esthétique de son art? C'est un peu ce que M. de Goncourt a essayé, mais, à ce que j'ose croire, sans beaucoup de succès. Et d'une matière qui pouvait fournir un intéressant sujet d'étude, il n'a su tirer que le roman des amours d'une fille qui serait au théâtre. On mettrait l'illustre tragédienne de M. de Goncourt au théâtre des Batignolles que je ne vois pas en vérité ce qu'il faudrait changer au roman. Évidemment, c'était son droit. La seule observation que je veuille faire, c'est qu'il n'y a pas dans le récit ainsi conçu ombre seulement de naturalisme. Empressons-nous aussitôt de dire qu'il n'en vaut pas pour cela beaucoup mieux.

La Faustin, séparée de son lord écossais, a repris la vie de théâtre. Richement entretenue par « un des plus fiers estomacs » de la Bourse, elle écrit infatigablement à l'amant d'autrefois des lettres qui demeurent sans réponse, on ne sait trop pour quelle raison, si ce n'est qu'il a plu ainsi à M. de Goncourt. Entre temps elle se prépare à débuter dans *Phèdre*. Plaignons les tragédiennes qui se préparent à débuter dans *Phèdre*, s'il est vrai, comme je ne l'admets pas un seul instant, qu'elles doivent passer, pour entendre seulement le rôle, par les expériences violentes que M. de Goncourt suggère à la Faustin! « L'idée habitait l'artiste que, s'il ne lui était pas accordé par le hasard d'avoir son être remué par une passion, un caprice fougueux, une passade tempêtueuse, par une brusque révolution dans le train-train de son existence amoureuse, elle ne trouverait pas la tendresse, l'ardeur, la flamme, enfin les moyens dramatiques qu'exigeait le rôle de feu de Racine. » Las! qu'elle est vieille encore cette idée romantique de l'inspiration cherchée dans le libertinage des sens et la débauche de l'esprit! Mais en revanche qu'elle est fausse! *Kean, ou Désordre et Génie*, comme ce titre, comme ce sous-titre datent!...

Je n'ai pas besoin de dire qu'ainsi préparée la Faustin joue avec un succès tel qu'on n'en voit que dans les romans. Le lendemain même de ce grand succès, William Rayne, devenu lord Annandale, débarque à Paris, où sa première visite est pour sa tragédienne, qu'il surprend au bain, ce qui nous est une occasion d'avoir trois ou quatre pages de collectionneur de bibelots sur l'aménagement d'une salle de bains. Immédiatement le *coulissier* de la Faustin se tue, et voilà lord Annandale réintégré dans ses droits d'autrefois. Dirai-je qu'il était temps ? L'illustre tragédienne, lasse de ne pas aimer, avait parfois des tentations singulières et tout à fait *shocking*.

Mais c'est ici que je voudrais bien avoir sur le roman de M. de Goncourt l'opinion de M. Zola. M. Zola, qui s'est si éloquemment moqué du roman d'aventures, de ce roman « où les princes se promenaient incognito avec des diamants plein leurs poches, » que peut-il bien penser, dans le secret de son cœur, de ce lord Annandale jetant l'or à poignées par les fenêtres et, dans son hôtel de Paris, régnant du jour au lendemain sur une cinquantaine de domestiques anglais, sans compter le service de Madame ? M. Zola, qui s'est si agréablement moqué du roman idéaliste, comme il l'appelle, de ce roman « où des amours triomphales enlèvent les amants dans le monde adorable du rêve, » que peut-il bien penser, à part lui, de cette tendresse passionnée que M. de Goncourt donne à son Anglais pour sa tragédienne, « galanterie presque divinisée, liaison sensuelle dans le bleu, amour physique en de l'idéalité, » et tout le galimatias que j'épargne au lecteur ? M. Zola, qui s'est si durement moqué du roman descriptif, de ce roman où l'on entassait « tout ce qu'on peut imaginer de plus fou et de plus riche, toute la fantaisie d'or des poètes, » que peut-il bien penser, en son for intérieur, de la prodigalité de richesse et de folie dont M. de Goncourt fait si généreusement preuve toutes les fois qu'il a besoin de changer le cours nécessaire des choses et de sacrifier à l'arbitraire de sa fantaisie jusqu'aux plus élémentaires exigences du naturalisme ? Oui ! de quel front désormais M. de Goncourt osera-t-il aborder M. Zola ?

Vous avez deviné que lord Annandale, selon la formule, devenait jaloux des hommages que l'on croyait avoir le droit de continuer de rendre à sa tragédienne. La Faustin quitte donc le théâtre, et les deux amants vont s'installer quelque part dans une villa sur les bords du lac de Constance. Il va sans dire aussi qu'au bout de quelques mois, la Faustin est prise de la nostalgie des applaudissements. Le mal se manifeste d'une façon tout à fait naturelle. C'est la nuit, qu' « échappée des draps » dans un accès de somnambulisme, la Faustin, « en chemise, » au milieu de la chambre, sous la « lumière spectrale » d'un rayon de lune, déclame la tirade d'Hermione :

Où suis-je ? Qu'ai-je fait ? Que dois-je faire encore !

Lord Annandale, très surpris, se réveille. Il n'y a plus lieu d'hésiter ; il faut partir, il faut voyager. Et déjà tous les deux « étaient dans les occupants préparatifs et l'allègre envolée d'imagination qui précède un voyage, » lorsqu'un matin la maladie tout à coup vient frapper le noble lord, non pas une maladie vulgaire, une maladie naturelle, mais une maladie étrange, « une maladie inexplicable, » d'où vous allez voir sortir une catastrophe encore plus étrange.

En effet, il fallait bien trouver une démonstration de l'idée de M. de Goncourt, et une de ces démonstrations qui désarment l'incrédulité même. L'idée, peut-être l'entrevoyez-vous maintenant, c'est que le démon du théâtre, « le diable au corps » dont parlaient nos pères, ne lâche pas sa proie. Comment vous y prendriez-vous? Rien de plus simple. Nous, nous allons terminer la maladie de lord Annandale par une « agonie sardonique ». Voilà une trouvaille! A ce spectacle « des jeux bizarres du muscle *risorius* et du grand zygomatique, » la Faustin, mise en face « de la plus étonnante chose qu'il soit donné à un artiste dramatique de voir, » sentira renaître insensiblement en elle l'instinct « despotique » de l'imitation théâtrale. Elle se retournera vers la « glace verdâtre de la vieille toilette, » pour y attraper cet effet et le faire quelque jour servir à la catastrophe d'un cinquième acte, le mourant reprendra connaissance, appellera ses laquais, « fera mettre dehors cette femme;.. » et le roman est terminé.

Serait-ce là par hasard, ce « roman réaliste de l'élégance » qu'il y a trois ans M. de Goncourt nous promettait dans sa préface des *Frères Zemganno?* Les *Frères Zemganno*, nous étions avertis, on ne nous prenait pas en traître; c'était « de l'imagination dans du rêve mêlé à du souvenir, »

Pourquoi pas « du rêve dans du souvenir mêlé à de l'imagination ? » ou « du souvenir dans de l'imagination mêlée à du rêve ? » Car les phrases de M. de Goncourt ont cela d'admirable que par quelque bout qu'on les prenne, c'est toujours le même non-sens. Aujourd'hui donc *la Faustin* serait-elle « l'étude appliquée, rigoureuse et non conventionnelle de la beauté, une étude pareille à celle que la nouvelle école venait de faire de la laideur, » dans *l'Assommoir* et, bien des années auparavant, dans *Germinie Lacerteux* ?

J'en ai peur pour M. de Goncourt. Beaucoup des notes au moins qu'il avait prises pour cette étude ont passé dans *la Faustin* ; elles sont datées ; et il me paraît visible qu'elles ne sont pas d'hier dans les tiroirs du romancier. J'aurais souhaité, — car il y en a quelques-unes qui ne manquent pas d'un certain intérêt, — qu'il en fît un plus habile emploi ; mais, et quoiqu'il charge sa composition d'autant d'intentions que son style, il ne sait pas composer. Expliquons rapidement ce que nous voulons dire par ce mot : car, s'il est un reproche que nos soi-disant naturalistes repoussent plus vivement qu'aucun autre, c'est celui-là.

On nie quelquefois l'influence de la critique, et le fait est qu'on ne voit pas qu'elle ait jamais eu grand empire pour détourner un homme de talent de la tentation à laquelle par malheur il cède le plus volontiers : qui est d'abonder dans le sens de ses défauts, et, comme on dit proverbialement, de tomber du côté qu'il penchait. Mais, en revanche, et par une compensation tout à fait désastreuse, la critique n'a jamais ou presque jamais hasardé une idée aventureuse qu'il ne se soit rencontré quelque homme d'imagination, poète, auteur dramatique ou romancier pour la pousser à bout et la mener impitoyablement à ses dernières conséquences. Je suis persuadé, pour ma part, que, si l'on avait moins loué dans les écrivains du passé ce que pendant vingt ans on y a loué presque uniquement, — l'abondance, l'exactitude, et la particularité des renseignements qu'ils nous avaient transmis sur les hommes et les choses de leur temps, — nos écrivains auraient été détournés de croire, au grand détriment de la littérature et, quoi qu'on en dise, au grand dommage de leur propre durée, qu'un livre existe lorsque, dans un cadre quelconque, on a fait entrer tant bien que mal, et presque toujours plutôt mal que bien, plusieurs tiroirs de notes patiemment amassées.

Toute sorte de notes ont cet inconvénient qu'il n'y a rien de plus difficile que de résister à la tentation de s'en servir. Mais lorsque, par hasard, — et si j'en crois *Bouvard et Pécuchet*, les études de M. Zola, les livres historiques et les romans de MM. de Goncourt, c'est à peu près ainsi qu'ils ont toujours tous procédé — lorsque donc les notes ont été prises pour le plaisir d'en prendre, lorsque l'on n'a pas une raison antérieure de les assembler, lorsque le plan de l'œuvre à laquelle on les fera servir n'est pas déjà déterminé, alors, ô romanciers ! gardez-vous de les prendre, ne recevez que l'impression des choses, n'en retenez que la mémoire vague et le souvenir latent, mais surtout n'essayez pas d'en préciser trop nettement les contours, car, en vérité, je vous le dis, avec vos notes étiquetées, classées, empaquetées, vous ne ferez jamais que de médiocre besogne [1].

Ç'a été le malheur de MM. de Goncourt. Il me reste à le montrer, et qu'ainsi le vice d'une composition artificielle aggrave, dans *la Faustin*, le vice d'une conception étrangement romanesque, elle-même aggravée déjà par le vice d'un style dont le maniérisme est le moindre défaut.

Vous souvient-il peut-être comment Pantagruel, en quittant l'île des Papimanes, eut cette merveilleuse aventure « d'ouïr en haute mer diverses paroles dégelées ? » Elles avaient été surprises en l'air, comme chacun sait, par la rigueur du précédent hiver, mais, « advenante la sérénité et tempérie du bon temps, » elles fondaient et, si l'on en croit l'autre, étaient ouïes : « mots de gueule, mots d'azur, mots de sinople, mots de sable et mots dorés. » Si vous vous voulez ressentir un peu de l'impression qu'éprouva ce jour-là le bon Panta-

---

1. Voyez plus haut le chapitre sur *le Reportage dans le roman*.

gruel, il vous est aisé ; vous n'avez qu'à lire dans le roman de M. de Goncourt sept ou huit pages des quinze ou vingt qu'il a consacrées au compte rendu (je ne vois pas d'autre mot qui convienne, ni d'ailleurs qui doive le flatter davantage) d'un souper chez la Faustin.

Ce sont des fragments de conversation qui s'entre-croisent à travers la table ; dont aucun ne répond à aucun, qui pourraient remplir un volume avec autant de vraisemblance qu'ils remplissent huit pages ; qui tous ont la prétention d'enfermer une idée ; qui tous, pour mieux marquer sans doute que le lecteur n'y doit chercher la moindre convenance ni le moindre rapport, sont séparés l'un de l'autre par une ligne de points ; qui tous, de par la nature même de leur contenu, portent une date différente ; qui tous enfin sont artificiellement mis dans la bouche d'hommes qui, très vraisemblablement, ne se sont jamais trouvés réunis autour de la même table en même temps. Mais, comme, à la rigueur, ils ont pu tour à tour passer par cette salle à manger, ou par une autre, leurs paroles y ayant gelé, l'atmosphère tempérée d'abord du souper les dégourdit, puis, plus chaude, les dégèle et, toutes ensemble, elles éclatent dans la confusion du plus étrange brouhaha. Voilà l'image fidèle de la façon de composer qui tend à s'introduire dans le roman.

Elle a cela précisément de commode qu'elle permet au romancier de faire emploi de toutes ses notes et de vider ses tiroirs impitoyablement. M. de Goncourt avait une petite histoire à placer, d'un père qui surprend son fils en train de calculer ce que lui coûteront ses frais d'enterrement : il l'a placée sous la responsabilité du *coulissier* Blancheron. Il est superflu de dire qu'elle ne tient à rien ni ne sert de rien. M. de Goncourt avait noté sur ses tablettes un conte indécent d'au delà les monts ; c'était, ou jamais, l'occasion de le placer dans « le monde le plus quintessencié ; » il l'a placé dans le compte rendu d'un dîner chez la sœur de la Faustin. Il est bien entendu qu'il ne rime à rien ni ne conduit à rien. M. de Goncourt avait recueilli je ne sais quelle anecdote sur Rossini ; fausse ou vraie, l'anecdote est de celles qui tiennent de la place, mais qui d'ailleurs ne signifient rien ; il l'a placée bravement dans cette mémorable conversation chez la Faustin. Faut-il répéter pour la troisième fois qu'elle non plus ne répond à rien ni ne mène à rien ? Et ainsi du reste.

Vous dites que cela ne tire pas à conséquence, et que l'erreur d'un seul n'aura pas d'imitateurs ? Qu'en savons-nous ? Car si vous y prenez garde, n'est-ce pas ainsi déjà que trop d'écrivains composent ? C'est même ce qu'ils appellent magnifiquement *constituer le milieu* dans lequel ils font mouvoir leurs personnages. Et comme après tout, vivant de la vie de tout le monde, il n'est pas jusqu'aux plus minces rencontres et jusqu'aux plus insignifiants petits faits de l'existence journalière, un mot qu'on entend en traversant la rue, une odeur qu'on respire en montant l'escalier, qui n'aient après tout leur part dans la constitution de ce fameux milieu, vous pouvez calculer où cela nous entraîne. Question de mesure, dit-on encore, et question de limite. Avec cela que, s'il y a quelque chose dont se soucie la nouvelle école, ce sont les questions de limite et de mesure! Eh! vraiment, mais ce pauvre Ponsard, dont ils se moquent tant, et que Dieu me préserve, au surplus, de vouloir défendre contre eux, ne composait pas autrement. Entre les nœuds d'une intrigue telle quelle, un peu plus serrée seulement, parce qu'il s'agissait de théâtre, c'était le même procédé d'application par le dehors, et le même abus du placage. Concevez-vous cependant quelque chose de plus artificiel ?

Et ce n'est pas tout. Car non seulement M. de Goncourt ne sait pas employer ses notes, mais il y a mieux, ou pis, c'est qu'il ne sait pas les prendre. « Je veux donc, nous dit-il dans l'espèce de préface en forme de circulaire qu'il a mise à son dernier roman, je veux faire un roman qui sera simplement une étude physiologique et psychologique de jeune fille, élevée dans la serre chaude d'une capitale, un roman bâti sur des *documents humains*... Eh bien! au moment de me mettre à ce travail, je trouve que les livres écrits sur les femmes par les hommes manquent... manquent de la collaboration féminine. » Et, là-dessus, de demander aux lectrices de *la Faustin* « un rien de leur aide et de leur confiance ; » sur un morceau « de papier un peu de leur pensée en train de se ressouvenir ; » et la révélation de « toute l'inconnue féminilité du tréfond de la femme. » On adressera les manuscrits à l'éditeur Charpentier.

Ainsi, voilà un *psychologue*, à ce que l'on prétend, qui n'a pas l'air de se douter que le propre du ressouvenir est de déformer la réalité des choses, et que c'est par cette porte une fois entr'ouverte que la fantaisie de l'imagination et le mensonge du rêve se glissent pour altérer l'expression vraie de la vérité. Le souvenir! mais c'est la projection de l'éternelle illusion sur la réalité passée! Et voilà de plus un *styliste* qui ne sait pas qu'un document apprêté cesse d'être un document où l'on puisse avoir confiance, et que, si par hasard quelque femme incomprise répond à cet appel, sa première, involontaire, et fatale préoccupation sera d'arranger ses confidences pour l'impression, je veux dire pour la mince vanité de les retrouver telles quelles dans le roman futur de M. de Goncourt. Et voilà enfin un *sensitif* qui ne sent pas que, même sous la protection de l'anonyme, aucune femme, de celles dont les révélations seraient le plus curieuses, n'aura l'impudeur de livrer ainsi le plus secret d'elle-même à l'indiscrétion du romancier de *la Faustin*.

Peut-on se faire une plus fausse idée des conditions de l'observation ? et n'avais-je pas raison de dire que

M. de Goncourt était aussi loin du vrai naturalisme par le procédé de sa composition que par la singularité de ses conceptions et l'étrangeté de son style?

Or, nous l'avons dit et nous le répétons, une doctrine qui, pas plus que les autres doctrines esthétiques, n'est née spontanément, mais qui, comme toutes les autres, est sortie de l'observation, de la comparaison, et de la classification des œuvres ; une doctrine dont l'histoire de l'art hollandais et du roman anglais est la démonstration deux ou trois fois séculaire ; une doctrine assurément incomplète et, à beaucoup d'égards, très étroite, mais cependant, avec un peu d'artifice, dans la formule de laquelle on ferait entrer la peinture vénitienne, nous ne dirons pas que nous ne voulons pas, nous dirons que nous ne pouvons pas l'abandonner à ceux qui se réclament d'elle sans la pratiquer, ni même peut-être la comprendre.

Non certainement, l'auteur de *la Faustin*, roman « quintessencié, » ou de *la Fille Élisa*, roman « canaille, » n'est pas un naturaliste. On peut soutenir qu'il y a plus de naturel dans un vers quelconque d'un poète de l'école du bon sens, quand ce ne serait que le naturel de la platitude et de la banalité, que dans l'œuvre entière d'un Charles Baudelaire. C'est à peu près ainsi qu'il y a plus de réalité dans le roman-feuilleton du premier faiseur venu, dans les romans eux-mêmes de Ponson du Terrail ou d'Émile Gaboriau (je ne nomme que les morts) que dans les huit ou dix volumes de M. de Goncourt. Et pas plus que de l'amoncellement de ses petits papiers sur le xviii⁰ siècle, de ses « trente mille brochures et de ses deux mille journaux » (c'est bien, je crois, son chiffre) il n'a su dégager un vrai livre d'histoire, pas plus, de « l'amassement de ses notes prises à coups de lorgnon, » il n'a su tirer un seul récit, où il y ait, toujours pour parler ce langage dont j'espère (dans mes rêves) qu'il emportera le secret avec lui, « de la vraie humanité sur ses jambes. »

Attardé du romantisme, si M. de Goncourt était un *naturaliste*, l'auteur de *Tragaldabas* en serait un. Qui le croira ? Formé à l'école du mauvais xviii⁰ siècle, pompadouresque et crébillonnesque, si M. de Goncourt était un naturaliste, l'auteur de *la Nuit et le Moment* en serait un. Qui le prétendra ? Faut-il absolument un mot pour le caractériser ? Il représente ce qu'il y a de plus contraire peut-être au *naturalisme*; — à savoir, l'art de fabriquer industrieusement ces curiosités d'étagère où l'impuissance laborieuse d'imiter et de reproduire le réel, se tourmente, pour ainsi dire, se contourne en mille façons, et finit par s'échapper en mille inventions fantastiques, presque toujours curieuses, ingénieuses parfois, mais naturelles, jamais; — ce n'est pas même le *rococo*, c'est le *japonisme* dans le roman.

15 février 1882.

A PROPOS DE *POT-BOUILLE*

Il faut convenir que le public, et la critique même, ont parfois, en France, de singuliers accès de pharisaïsme et de pudibonderie. L'une, en effet, il n'y a pas si longtemps encore, a loué *l'Assommoir* jusque par-dessus les nues, et l'autre, comme pour ne pas demeurer en reste, a bravement poussé *Nana* jusqu'à la cent seizième édition; cependant *Pot-Bouille* paraît; et c'est aussitôt, de tous côtés, un déchaînement d'indignation, où sans doute nous ne pouvons qu'applaudir, l'attendant pour notre part, — et même y travaillant, — depuis déjà plusieurs années, mais dont nous avons bien aussi quelque raison de nous montrer étonné.

Car enfin, qu'y a-t-il et que s'est-il passé? Les mots seraient-ils plus gros dans le roman de mœurs prétendues bourgeoises que jadis dans le roman de mœurs soi-disant populaires? ou les choses plus malpropres aujourd'hui, dans ce *Pot-Bouille*, qu'elles n'étaient autrefois dans cette *Nana*? et M. Zola, par hasard, aurait-il enfoncé cette fois plus avant que jamais dans l'ignoble?

Je ne le crois pas, quoi qu'on en ait dit. Les Boche, de *l'Assommoir*, valaient bien, à mes yeux, les Gourd, de *Pot-Bouille*, et je ne vois point, pour ma part, que le marquis de Chouard ou le comte Muffat le doivent céder à l'oncle Bachelard ou son neveu Gueulin. On a souffert que M. Zola, de sa plus belle plume et de sa meilleure encre, nous sténographiât la conversation des bouges du boulevard extérieur, on n'a pas à se plaindre maintenant que, poursuivant ce qu'il appelle ses études philologiques, il nous fasse entendre les propos de la cour intérieure et de l'escalier de service. Il ne fallait par le louer de l'exactitude avec laquelle il avait copié dans un *Manuel de pathologie* quelconque la description d'un accès de *delirium tremens*, si l'on ne voulait pas qu'il allât piller un jour dans quelque *Traité d'obstétrique* le détail d'un accouchement. *Pot-Bouille* et *Nana*, c'est tout un, qui a fait l'un a fait l'autre; *l'Assommoir* et *Pot-Bouille*, c'est bien la même marque, et c'est bien le même produit. M. Zola ne s'est pas surpassé dans ce dernier chef-d'œuvre; il n'y a fait vraiment que s'égaler lui-même.

Et c'est pourquoi, si ceux qui, depuis dix ans, ont constamment protesté contre les succès que l'on a voulu faire à M. Zola, ont le droit de continuer, ceux-là ne l'ont pas de commencer aujourd'hui, qui ne sauraient positivement rien trouver à reprendre, ou bien peu de chose, dans *Pot-Bouille*, qu'ils n'aient admiré jadis dans *l'Assommoir*. Ils l'ont même d'autant moins que, s'il faut tout dire, ils sont assurément pour une large part dans la perpétration du délit. M. Zola n'est de ses romans que le principal auteur, mais il a pour complices tous les imprudents fauteurs de sa réputation; et tel maintenant le prend à partie qui n'a pas l'air de se douter qu'à travers *Pot-Bouille*, si je puis ainsi parler, c'est soi-même, et surtout soi qu'il atteint.

Si lorsque parurent, en effet, les premiers volumes de cette *Histoire naturelle et sociale d'une famille sous le second empire*, il n'y avait eu, tout d'abord, contre des romans de l'espèce du *Ventre de Paris* ou de *la Curée*, qu'un seul cri de réprobation; si le peu qu'il y a de critiques, sans méconnaître d'ailleurs ce qu'il pouvait y avoir là de talent, avaient discerné cependant où allait cet art, comme le qualifiait M. Zola lui-même, « tout expérimental et tout matérialiste; » si l'on n'avait pas enfin salué, depuis lors, dans l'écrivain qui fait aujourd'hui, je ne sais en quel jargon, « fumer les vertus bourgeoises dans la solennité des escaliers, » un maître (car on l'a dit) de la prose française; à coup sûr, je n'imagine pas que M. Zola se fût pris à réfléchir, ni qu'il eût renoncé surtout à cette grossièreté de facture, où il sent bien qu'est attaché le meilleur de son originalité, mais il ne fût pas devenu ce qu'il est, ce qu'on l'a fait, ce qu'il n'est pas près enfin de cesser d'être : *une force*, avec les excès de qui la critique doit et devra longtemps compter, puisque ses théories ont fait au moins cinq disciples, je pense, et l'exemple de ses succès quelques notables victimes.

Mais quoi ! nous étions trois ou quatre alors, pour essayer de barrer le courant. Et quand nous affections tant d'audace que d'admirer modérément *la Conquête de Plassans* ou *la Faute de l'abbé Mouret*[1], les mêmes gens criaient à l'impertinence, qui, changeant aujourd'hui d'avis avec la foule, parlent couramment dans leurs journaux, avec cet aplomb qu'ils ne perdent jamais, de « *l'horrible* roman de *Pot-Bouille*. » Horrible ? je le veux, sans doute, et c'est bien dit. Mais en quoi plus horrible que ceux qu'ils ont vantés ? c'est ce qu'ils oublient de nous démontrer. Ce sont aussi les journaux où l'on ne se faisait faute, vers le même temps, de prendre publiquement contre les tribunaux la défense des éditeurs qui réimprimaient l'*Arétin*, mais où l'on se lamente aujourd'hui quotidiennement sur cette honteuse gangrène, qui gagne en effet et

---

1. Voyez plus haut le chapitre sur *le Roman réaliste en 1875*.

s'étend tous les jours, de la littérature pornographique. Tant il est extraordinaire, à ce qu'il paraît, de récolter ce que l'on a semé!

C'est ici surtout que M. Zola, quand il voit s'élever furieusement contre lui ceux-là mêmes qui lui fournissent, en quelque sorte au jour le jour, la matière de ses *Pot-Bouille* et de ses *Nana*, si sa philosophie, comme je l'espère, lui défend de se fâcher, a le droit au moins d'être un peu surpris. Car après tout, que fait-il donc qu'il ne voie faire? et de quoi se plaint-on s'il met en œuvre ce que ses journaux, chaque matin, lui apportent? Nous savons comment se confectionne un roman naturaliste, et quand M. Paul Alexis ne nous aurait pas raconté la cuisine de *l'Assommoir* ou de *Nana* [1], nous devrions cependant assez la connaître. Ce sont des notes, de simples notes, lentement amassées, soigneusement classées, dûment étiquetées; on les coud ensemble dès qu'il y en a de quoi faire un juste volume ; et, au besoin, tant bien que mal, car ce point n'est pas nécessaire, on les fait entrer dans un semblant d'action. L'observation, dit-on, en suggère quelques-unes ; les livres, les amis en apportent leur part; mais ce sont les journaux qui donnent la plus ample moisson.

Or, est-il vrai qu'il existe aujourd'hui toute une armée de *reporters*, nuit et jour à l'affût de ce

---

1. *Émile Zola. Notes d'un ami*, par M. Paul Alexis.

qu'ils appellent l'événement parisien, qui sans doute n'est pas les omnibus versés ou les chiens écrasés, mais bien, et sans tant tourner autour du mot, l'aventure scandaleuse? Est-il vrai que s'il éclate quelque vilaine affaire, de celles sur qui, comme un tribunal ordonne le huis clos, il serait à souhaiter que la presse entière fît le silence, les *courriéristes*, au contraire, s'empressent de lui donner d'un bout de la France à l'autre tout le retentissement qu'elle puisse avoir? Est-il vrai que s'il s'élève quelque lamentable ou honteux procès, les *chroniqueurs*, à leur tour, s'en emparent comme d'un thème pour leurs variations, et que s'il se rencontre dans l'espèce quelque détail particulièrement inconvenant, ce soit celui-là qu'ils soulignent, qu'ils détachent, qu'ils ramènent avec une insistance qui, précisément, est le fin de leur art? Qu'ils se révoltent donc tous ensemble contre *Pot-Bouille*, et puisse enfin leur public se dégoûter un jour avec eux de cette sorte de littérature! c'est bien. Mais qu'ils commencent par confesser qu'eux-mêmes ne sont pas tout à fait innocents de ce qu'ils reprochent à M. Zola ! ce sera mieux.

L'action d'un écrivain sur son temps n'est jamais égale à la réaction de son temps sur l'écrivain. Ce sont de certains journaux qui, lentement, mais sûrement, depuis quelques années, ont créé l'atmosphère factice où se meut l'imagination de M. Zola, comme ils ont insensiblement constitué le milieu où nous ayons vu réussir des romans tels que *l'Assommoir* et tels que *Nana*. L'une des prétentions de M. Zola que l'on trouve le plus exorbitante, c'est quand il se pose en moraliste et censeur des vices de son temps. On a cent fois raison. Mais si c'est, comme on le prétend, remplir un devoir qu'étaler tout au long, dans les colonnes d'un journal, le compte rendu de tel procès d'assises que je ne veux pas autrement désigner, pourquoi donc M. Zola, quand il nous introduit à son tour dans les secrets du ménage Campardon, ferait-il autre chose que s'acquitter, aussi lui, d'une mission ?

Il semble, en vérité, que l'on ignore par quelle accoutumance inconsciente, insensible, des yeux et de l'oreille, par quelle corruption de l'imagination, par quelle contagion, enfin, de l'exemple, successive mais infaillible, le goût public en arrive à ne plus s'effaroucher seulement du plus grossier cynisme et de la pire obscénité. Mais il faut rendre à chacun ce qui lui appartient. Quoi que l'on dise de *Pot-Bouille*, nous y souscrivons, et nous pouvons peut-être nous vanter de n'avoir pas attendu *Pot-Bouille* pour le dire ; mais que l'on fasse de M. Zola maintenant une espèce de bouc émissaire, ce n'est, pour quiconque y voudra réfléchir, ni généreux, ni loyal, ni juste.

Le roman naturaliste, en général, et les romans de M. Zola, plus particulièrement, ont profité de cette fâcheuse évolution du goût public ; je crois que l'on peut dire, non pas pour leur excuse, mais pour la confusion du public, qu'ils ne l'ont assurément ni déterminée, ni provoquée.

Je conviens d'ailleurs qu'à l'inconvenance du fond M. Zola, par surcroît, s'applique à joindre la grossièreté de la forme. Encore bien qu'il ne soit pas du tout vrai que ce qui est obscène ou libertin au fond cesse de l'être parce qu'il est enveloppé d'une forme gracieuse ou spirituelle, j'aime donc pourtant à croire que cette grossièreté de la forme est la grande et bonne raison du soulèvement de l'opinion contre *Pot-Bouille*. On peut dire, en effet, que *l'Assommoir* était un roman de mœurs populaires ou, plus exactement, populacières, et qu'après tout, le langage qui s'y parlait, nous en avions de ci, de là, du côté de La Villette ou du boulevard des Gobelins, entendu les mots bourdonner à notre oreille. Il y avait d'ailleurs accord de la forme et du fond ; et la brutalité des procédés y convenait très étroitement à la vulgarité des mœurs. Que ce fût là fidèlement le peuple, et que M. Zola nous eût donné la physionomie vraie de l'ouvrier parisien, on en pouvait discuter, mais enfin on eût dit quelque chose de vivant, et il y avait tout au moins des apparences de nature et de réalité. L'action se déroulait dans un milieu que l'écrivain, ou le peintre, avait l'air de connaître : et c'était quelqu'un que Coupeau, et c'était quelqu'un que Gervaise.

Toute la question, mais une question capitale, d'où

dépendait l'estime à faire de la vraie valeur de
M. Zola, n'était que de savoir ce qu'il adviendrait de
ces semblants de talent quand M. Zola changerait
de milieu. Il en est advenu *Pot-Bouille*, et c'est
presque assez dire. La discordance a éclaté. Nous
avons compris ce que signifiaient ces grossièretés
inutiles et, si l'on veut bien me permettre une fois
la seule expression qui convienne, ces ignobles
coups de gueule de *l'Assommoir* et de *Nana*. Ce
M. Zola est moins naïf que ne le croit M. Paul Alexis.
Il savait bien ce qu'il faisait; et que s'il criait si
fort c'était faute de pouvoir dire juste! Le contrôle,
ici, nous était facile. Si nous n'avons pas tous
connu des Campardon et des Bachelard, des Josserand et des Duveyrier, nous avons tous rencontré
des magistrats et des architectes, des négociants et
des caissiers, leurs *analogues*, sinon tout à fait
leurs *pareils*. Je ne me suis point enquis comme
ils vivaient derrière leurs « belles portes d'acajou
luisant, » mais, quand ils ouvraient la bouche, j'ose
bien me porter garant qu'ils ne parlaient point la
langue tout à tour prud'hommesque et cynique de
M. Zola.

Et la maladresse est aussi lourde qu'il se puisse :
car, dans une société comme la nôtre, où presque
toutes les conditions sont comme confondues sous
l'uniformité de l'apparence extérieure, s'il y a
quelque chose qui mette une différence entre les
hommes, c'est le langage précisément, et la façon

diverse de traduire les mêmes pensées. L'accent seul que l'on donne aux banalités de la conversation courante est une déclaration de l'état des personnes, mais les mots, à plus forte raison, et la manière de les associer, qui révèlent l'éducation, les habitudes, le milieu. Lorsque les vaudevillistes veulent obtenir un effet certain de gros rire, ils font parler les duchesses du Palais-Royal comme des cuisinières, et les valets de chambre des Variétés comme des ambassadeurs. Faire parler les mères de famille et les agents de change de *Pot-Bouille*, — et c'est ce que fait M. Zola, — comme parlaient les zingueurs et les blanchisseuses de *l'Assommoir*, c'est donc faire la caricature du bourgeois, ce n'est pas en faire le portrait.

Encore y a-t-il des caricatures qui ne sont que l'exagération de la vérité même; — les caricatures de M. Zola, tout à fait prodigieuses, en sont proprement la contradiction.

Ce que l'auteur de *Pot-Bouille* ne voit pas, ou ce qu'il fait comme s'il ne le voyait pas, c'est que le fond même et, en quelque sorte, le principe intérieur de notre bourgeoisie française, et à Paris comme en province, est le besoin de la considération. Si l'on ne se respecte pas soi-même, on fait, on agit, on parle comme si l'on se respectait. La décence du langage, le choix prétentieux des termes, la respectabilité de la phrase, poussée jusqu'à la solennité ridicule de M. Prudhomme, voilà le propre du bourgeois, et le signe où les Philistins, comme on disait jadis, se reconnaissent entre eux. C'est aussi pourquoi l'hypocrisie, par-dessus tous les autres vices, est le vrai vice des bourgeoisies, en Angleterre comme en France, le vice de Tartuffe et de M. Pecksniff. Le grand seigneur ne se donne pas la peine de cacher ses vices ; ils lui sont un signe de race, et, souvent même, autant de moyens de séduction : ce que la vertueuse Clarisse aime en son Lovelace, qu'est-ce autre chose que le plus brillant des roués ? Un ouvrier se garderait de dissimuler les siens ; ils lui sont l'affirmation de son indépendance, et qu'il a le droit de se gouverner comme il veut : lorsque Coupeau *s'absinthe*, il se prouve à lui-même qu'il n'a pas peur de Gervaise. Mais le bourgeois a besoin de l'estime et de la déférence du bourgeois. Les autres sont capables, ou même coutumiers, d'en dire plus qu'ils n'en font ; celui-ci, sa pente habituelle est d'en faire plus qu'il n'en dit.

C'est ce qui achève de me rendre ici le procédé de M. Zola tout à fait incompréhensible. Car on ne va pas plus aveuglément à l'encontre du but que l'on se proposait. Ce qu'il voulait nous montrer dans *Pot-Bouille*, et j'emprunte fidèlement les expressions de M. Paul Alexis, c'était « le pot-au-feu bourgeois, le train-train du foyer, la cuisine de tous les jours, cuisine terriblement louche et menteuse sous son apparente bonhomie, » tout ce qui se passe enfin dans ces maisons d'aspect décent et respectable qui sont, à ce qu'il paraît, les repaires de la bourgeoisie parisienne. Mais au moins fallait-il qu'il y mît des bourgeois, dont le langage et l'action fussent bourgeois, bourgeoise les mœurs et bourgeoises les manières, au lieu que, justement, tous ces Bachelard et tous ces Campardon, tous ces Mouret et tous ces Trublot, tous ces Duveyrier et tous ces Gueulin n'ont rien de si remarquable que le parfait cynisme avec lequel ils sont ce qu'ils sont ; — et rien au monde n'est moins bourgeois.

Je le regrette d'autant plus vivement que, peut-être, en reprenant dans Pot-Bouille l'une des idées qui lui sont évidemment chères, peut-être M. Zola tenait-il un beau roman.

L'irréconciliable ennemi du naturalisme, c'est le romantisme, et parmi les sujets favoris du romantisme, s'il en est un contre qui le naturalisme ne se lasse pas de renouveler l'assaut, c'est la glorification de l'adultère. Et nous aussi, comme si nous étions un simple naturaliste, nous en avons assez de ce mari toujours bête et brutal, de cette femme toujours incomprise et victime, de cet amant toujours noble et beau, nous en avons assez, et jusque par-dessus la tête ! C'est le mensonge ; la vérité est ailleurs ; et nullement poétique. Elle est dans l'abdication du respect et de la dignité de soi-même ; elle est dans ces compromissions humiliantes : les valets dont il faut payer les insolentes complaisances et subir les familiarités ironiques, les rencontres furtives, au loin, dans quelque coin écarté de Paris, dans une chambre banale d'auberge, les rendez-vous donnés, repris, de nouveau convenus, et manqués, sous la perpétuelle menace de la surprise ; elle est dans la catastrophe finale et le dénoûment prévu, toujours et partout ridicule, même quand il tourne au tragique. Voilà le roman que je voudrais lire, et voilà le roman que l'auteur de *Pot-Bouille* n'a pas su attraper. C'est qu'une plume telle que la sienne, d'où les gros mots coulent naturellement, et comme sans qu'il y pense, ne pouvait attraper un sujet, où, d'autant que la réalité est plus crue, il faudrait que la plume fût plus délicate et plus chaste. C'est à ceux qui veulent moraliser qu'on ne pardonne pas d'employer les mots qui éveillent trop vivement les idées de ce qu'ils veulent proscrire. Et parmi beaucoup d'autres lois de son art, c'en est une que je doute, pour plus d'une raison, que M. Zola comprenne.

C'est comme encore, dans ce même *Pot-Bouille*, quand il a voulu nous montrer quelques-unes de ces vilenies que l'argent fait commettre. Il s'y prend de telle manière, il met de tels mots dans la bouche de ses personnages, il leur prête enfin de telles façons qu'il est permis de croire que, dans une société de fripons partageant entre soi les dépouilles d'une dupe, on n'agirait, en vérité, ni ne parlerait autrement. Dans la caverne où Gil Blas, né laquais cependant, fit sa seconde expérience des réalités de la vie, le capitaine Rolando, qui ne mâche pourtant pas ses mots, n'eût pas osé se servir du vocabulaire de M. Zola. Comme je me garderais bien de donner à personne le conseil de lire *Pot-Bouille*, je suis fort empêché de renvoyer au volume. Mais si j'accorde volontiers qu'il n'y a rien de moins bourgeois que le désintéressement, peu de chose aussi sont moins bourgeoises que l'improbité positive, et l'indélicatesse consciente d'elle-même. L'argent, qui est le tout du bourgeois, parce qu'en effet, où manque la naissance et où fait défaut le mérite personnel, il est le solide fondement de la considération, fait commettre plus de vilenies peut-être au bourgeois qu'à tout autre homme. Mais presque jamais le bourgeois n'a claire conscience de les commettre, et bien pourvu qu'il est de toute sorte de sophismes qui lui cachent la vue de ses véritables motifs, il n'a garde, comme le croit M. Zola, d'arborer ses principes au vent, et de s'en faire un panache.

Nous en revenons toujours à la même conclusion. Toutes les intentions de M. Zola, bonnes ou mauvaises, louables ou condamnables, sont gâtées par le vice de l'exécution. Ainsi, — quand il faisait campagne dans les journaux, lui arrivait-il quelquefois, assez souvent même, de commencer bien, mais tout à coup on le voyait qui tournait court, et, pour ne pas savoir qu'une idée fausse est presque toujours extrêmement voisine d'une idée juste, il finissait régulièrement aussi mal qu'il avait bien commencé.

Empressons-nous d'ajouter, car on a pu voir si nous voudrions livrer l'art aux virtuoses de la phrase, que les vices de l'exécution, dans la plupart des cas, procèdent, pour peu qu'on y regarde assez près, d'un vice d'organisation.

Quiconque manque par telle ou telle partie du métier, c'est assurément, au point où en est maintenant arrivé M. Zola, qu'il manque de ce qu'il faudrait pour acquérir le métier. Quand un peintre manque par le coloris, la chance est pour qu'il ne possède pas l'œil d'un coloriste, comme quand il manque par le dessin, il se peut sans doute qu'à force de patience et de temps il apprenne à dessiner, mais il est infiniment plus probable, et d'abord, qu'il n'a pas le sens de la ligne. J'attaque ici l'auteur de *Pot-Bouille* et de *Nana* sur les vices de son exécution ; c'est plus avant qu'il faut pousser ; et jusqu'aux lacunes de son intelligence. On ne tarde pas alors à lui découvrir trois ou quatre défauts, des plus graves, et de ceux à qui, quand bien même son obstination consentirait un jour à chercher un remède, il est probable qu'il ne le trouvera pas.

Il manque de goût et d'esprit tout d'abord, et ce manque-là ne se répare guère. Manquer de goût, c'est ne pas sentir qu'en toute chose, de quelque matière que l'on traite et dans quelque intention que l'on écrive, il est un point à ne pas dépasser. Ai-je besoin de montrer, si la définition, comme je crois, est conforme à ce que l'on entend d'ordinaire sous ce mot, d'ailleurs si discuté, qu'il est peu d'écrivains à qui l'application en convienne mieux qu'à M. Zola? Mais manquer d'esprit, c'est satisfaire ses rancunes ou défendre ses théories littéraires à la façon de M. Zola. Ainsi, quand il fait du *Jocelyn* de Lamartine l'instrument de la perversion des cuisinières, ou quand il le met aux mains de Madame Josserand, vomissant contre ses filles et contre son mari des injures telles que l'auteur de *l'Assommoir* était seul capable de les trouver. Ainsi encore, quand il fait de l'*André* de George Sand l'entremetteur, — je ne puis vraiment dire des amours, car ce serait trop abaisser le mot, — mais du contact d'Octave Mouret avec Mme Pichon, sa voisine. On n'intervient pas comme cela de sa personne dans un récit dont la grande prétention est d'être impersonnel. Et lorsque l'on n'aime pas Lamartine (ce que je conçois quand on est l'auteur des *Vers inédits* que nous a révélés M. Paul Alexis, le biographe décidément attitré du grand homme de Médan), comme si l'on n'aime pas George Sand (ce qui serait difficile, en effet, quand on est l'auteur de *Pot-Bouille*), du moins n'associe-t-on pas leurs œuvres aux descriptions où M. Zola les mêle, ni n'essaie-t-on de salir leur nom en pareilles circonstances. Je n'insisterai pas davantage. On peut manquer d'esprit et de goût, n'avoir pas plus d'égards à la patience du lecteur qu'aux convenances littéraires, ne savoir enfin ni se borner ni se retenir, et faire cependant de bon roman naturaliste.

Au moins y faut-il de l'observation; et, — comme nous avons eu déjà l'occasion d'en faire la remarque à propos de *Nana*[1], — les qualités de l'observateur vont, de roman en roman, s'affaiblissant chez M. Zola. Sans doute qu'ayant maintenant l'expérience qu'il a du monde et de la vie, la science des choses et la connaissance des hommes, il n'a plus que faire d'observer.

Le chicanerai-je pourtant sur les détails? Quelqu'un s'étant avisé le premier de s'égayer aux dépens de cette maison de la rue de Choiseul, ou plutôt de cette espèce de caravansérail, dont tous les locataires se connaissent et *voisinent*, tout le monde a suivi le signal une fois donné, comme de juste, et l'immeuble de *Pot-Bouille*, avec ses faux marbres et ses zincs dorés, est devenu déjà quasi célèbre. N'a-t-on pas peut-être oublié qu'il y avait un locataire au moins qui vivait à l'écart des autres et représentait lui seul, parmi tous ces bourgeois corrompus, l'honneur, la probité, la vertu même? C'est le locataire du second, heureux père, heureux époux : il fait du roman naturaliste. Mais, outre qu'on ne peut pas disputer à M. Zola, tout naturaliste qu'il soit, le droit d'employer ce moyen, — puisqu'il n'en a pas pu trouver un meilleur, pour concentrer et composer son action, — s'il

---

[1] Voyez plus haut le chapitre sur le *Roman expérimental*.

y a des maisons, à Paris comme à Plassans, où l'on ne voisine pas, il y en a sans doute, il peut y en avoir où l'on voisine, et M. Zola les a découvertes. Je ne suis pas autrement ému, non plus, de voir des conseillers de cour d'appel, hommes d'âge, hommes posés, hommes sérieux, emmener en partie chez Clarisse Bocquet, leur maîtresse, les jeunes commis en nouveautés ; je crois seulement que ce n'est pas l'usage. Et pourquoi m'étonnerais-je, après tout, de voir des fractions d'agents de change, « semblables à de jeunes dieux indiens », traverser les salons à la course pour se hâter vers les cuisines, et, sans prêter plus d'attention aux demoiselles Josserand, honorer de leurs faveurs alternatives les bonnes à tout faire et les écureuses de vaisselle ? Mais j'avoue qu'on ne m'avait point dit que ce fussent leurs habitudes. Ce qui me surprend plutôt, et, si j'étais des admirateurs de M. Zola, ce qui m'inquiéterait davantage, c'est de voir comme tous ses personnages, indistinctement, obéissent à des impulsions mécaniques.

C'est où je reconnais que M. Zola n'observe plus. Son siège est fait. Il sait ce qu'il voulait savoir. Ses romans futurs sont déjà tout tracés ; il ne lui reste plus qu'à les écrire. Il doit faire un « roman scientifique », il doit faire un « roman socialiste », il doit faire un « roman militaire ». C'est toujours à M. Paul Alexis que j'emprunte ces renseignements, auxquels je me reprocherais de ne pas ajouter celui-ci que, quand M. Zola sera sur le point d'écrire son roman militaire, « *il étudiera* la vie militaire, telle qu'elle est *au risque de passer pour un mauvais patriote* ». Si M. Paul Alexis a bien compris les paroles du maître, et si je comprends bien à mon tour les paroles de M. Paul Alexis, cela veut dire que M. Zola, quoique ne l'ayant pas *étudiée*, n'a pas moins des idées sur la vie militaire, et que ses *études* ne réussiront pas à l'en faire changer. Il n'avait pas non plus *étudié* la bourgeoisie parisienne quand il conçut *Pot-Bouille*, mais il commença par se faire une certaine idée de la bourgeoisie parisienne, et s'étant mis alors à *l'étudier*, il n'en changea pas. C'est bien ainsi que je l'entendais. M. Zola n'est pas un homme d'imagination, mais c'est un homme de logique. Il n'invente pas, il n'observe pas davantage : il déduit. « Un tel fait cela. Qu'est-ce qui découle ordinairement d'un fait de ce genre? Cet autre fait. Est-il capable d'intéresser cette personne? Certainement. Il est donc logique que cette autre personne réagisse de cette manière... Je cherche les conséquences immédiates du plus petit événement, ce qui dérive logiquement naturellement, inévitablement du caractère et de la situation de mes personnages. » Et c'est inévitablement comme cela qu'à mesure que l'on avance dans la suite des déductions et que l'on s'éloigne du point de départ, on s'éloigne d'autant de la nature, de la réalité, de la vie.

21.

Tant s'en faut, en effet, que le secret de la vie soit, dans la simplicité, qu'au contraire il est dans la complexité même; et la logique, pour ainsi dire, est institutrice de sophismes autant que l'imagination est maîtresse d'erreurs. C'est là précisément ce qui rend l'observation si longue, et l'imitation de la vie si difficile. Il n'y a pas de volonté si souverainement maîtresse d'elle-même de qui les combinaisons et les calculs ne soient à chaque instant de la vie contrariés par l'imprévu, comme il n'y a pas de passion, si violente soit-elle, dont le développement logique ne soit à chaque instant dérangé par quelque subite intervention du hasard. Et c'est pourquoi les personnages de M. Zola, logiquement gouvernés par l'espèce de mécanisme intérieur que M. Zola leur a donné, sont moins poétiques assurément, mais non pas moins faux que les héros du drame romantique.

L'observation ne consiste pas seulement à savoir ouvrir les yeux, comme on le croit à Médan, sur le monde extérieur. C'est même peu de chose, quoi qu'on en pense et quelque mal que l'on s'y donne, que de rendre « vivant et palpable le perpétuel transit d'une grande ligne entre deux gares colossales, avec stations intermédiaires, voie montante et voie descendante ». Mais c'est l'intérieur qu'il faudrait atteindre. Or, je ne défie pas seulement M. Zola, dans ce roman de *Pot-Bouille*, de me dire en quoi ses Bachelard et ses Duveyrier sont humains; je le défie de me dire en quoi même ils sont de leur condition, pourquoi l'un est un magistrat et l'autre un commissionnaire, à quels traits on retrouve en eux les hommes de leur profession ; ou s'il croit qu'il suffise à nous les caractériser d'avoir mis dans la bouche de Duveyrier quelques phrases bêtement solennelles sur « la nécessité d'opposer une digue à la débauche qui menace de submerger Paris », et de nous avoir montré Bachelard traitant son monde dans « des dîners à trois cents francs par tête, dans lesquels il soutenait noblement l'honneur de la commission française ? » L'intérieur, c'est justement ce qui échappe à M. Zola. S'il n'y a rien de si grossier que sa physiologie, il n'y a rien de si mince que sa psychologie. Cependant, de la conception naturaliste du roman, ôtez la psychologie, qu'en reste-t-il ? Rien.

Cette impuissance d'observer a ses causes, et j'arrive au dernier reproche que l'on doive adresser à M. Zola, celui qui contient, en réalité, tous les autres, et dont nous n'avons fait jusqu'ici que signaler des conséquences.

Si M. Zola manque de goût et d'esprit, comme s'il manque de finesse psychologique, c'est que M. Zola manque de sens moral. Je n'en voudrais pour preuve (à prendre le mot dans son acception ordinaire), que cette scène de *Pot-Bouille* où les demoiselles Josserand, sous l'œil commandant de leur mère, enivrent leur oncle Bachelard pour lui arracher une pièce de vingt francs. On s'est récrié, non sans raison, sur vingt autres endroits de *Pot-Bouille*; si j'avais cependant une scène ignoble à désigner entre toutes, c'est encore celle-ci que j'indiquerais. Mais plutôt que de traîner l'imagination du lecteur sur de semblables pages, il vaut mieux essayer d'élever un peu la question.

Le sens moral, pour nous, c'est proprement le sens humain, ou, pour parler plus clair, le sens de ce qu'il y a dans l'homme de supérieur à la nature. L'homme fait bien moins partie de la nature qu'il ne s'en sépare et qu'il ne s'en distingue. Et M. Zola lui-même ne peut pas nier qu'il faille qu'un tel sens existe, puisque, s'il n'existait pas, la seule excuse que M. Zola puisse donner de ses excès de plume, — qui est que présenter aux hommes la face la plus hideuse du vice, c'est leur apprendre à le détester, — tomberait, et ne serait plus qu'une mauvaise plaisanterie. Mais s'il soupçonne, ou s'il suppose, pour l'avoir entendu dire, qu'il existe en effet un tel sens, il n'est que trop certain qu'il ne le possède pas.

Je ne sais quel humoriste a prétendu que, lorsque nous disions d'un homme qu'il est « cruel comme un tigre », ou « têtu comme un âne », « vicieux comme un singe », ou « lascif comme un bouc », c'était l'animal qu'en réalité nous insultions. Le tigre, en effet, ou le singe, ne font que suivre leur nature; ils ne sont ni vicieux ni cruels; l'un est singe et l'autre est tigre. Le vice ne consiste pas du tout, comme le croient beaucoup de gens, à poursuivre la satisfaction d'un instinct, mais à chercher la satisfaction de cet instinct aux dépens de quelqu'un ou au détriment de quelque chose. La cruauté n'est un vice qu'autant qu'elle est destructrice de ce sentiment de respect de la vie humaine qui fait le lien social. La débauche n'est un vice que parce qu'elle est destructrice de ce sentiment de respect de soi-même qui fait la dignité de l'individu.

Mais les héros de M. Zola ne sont pas vicieux, ils ne sont qu'en dehors de l'humanité. Leur inconscience d'eux-mêmes, leur placidité dans l'ignominie, leur continuité d'intempérance ou de grossièreté les marquent au signe de la bête. Quiconque est la proie d'une passion sans intermittence ni sursaut, ou seulement l'esclave d'une habitude sans interruption ni réveil, est une brute. Et le romancier manque de sens moral, en même temps que de sens psychologique et de sens littéraire, qui ne le comprend pas. Car c'est le sens moral entendu de la sorte, — c'est le sens moral considéré comme un pouvoir intérieur qu'il s'agit de détruire, — c'est le sens moral envisagé comme un ennemi dont il faut que la passion triomphe pour arriver à ses fins, — c'est le sens moral traité comme un adversaire qui ne peut être vaincu que par la volonté, — qui donne à la représentation du vice sa valeur esthétique. L'immoralité dans l'art, comme on l'entend d'ordinaire, prise du côté de l'objet, c'est-à-dire du côté du modèle et de la nature de l'œuvre, n'est guère pour nous qu'un mot : c'est du côté de l'artiste qu'il faut la prendre, et mesurer ce qu'il a personnellement de sens moral, c'est-à-dire d'intelligence du rôle de la *moralité* dans la vie humaine.

Je souhaiterais à M. Zola d'acquérir ce sens qui lui manque. Mais je doute fort qu'il s'en soucie, et je doute bien plus encore, s'en souciât-il, qu'il réussît jamais à l'acquérir. En attendant, c'est bien à ce manque de sens moral que tiennent ce manque de psychologie, comme ce manque de goût et d'esprit, comme ce manque d'indulgence, comme ce manque de finesse qui le caractérisent. Il a, d'ailleurs, — et je n'hésite pas plus à le reconnaître après qu'avant *Pot-Bouille*, — la simplicité de l'invention et même quelquefois l'ampleur, il a la force, et quoi qu'on ait insinué, je crois qu'il a la foi. Ce sont encore bien des choses. Mais ne craignez-vous pas qu'en cela semblable à tant d'autres, et si l'on regarde en quel temps nous vivons, ce soit surtout à ses défauts qu'il doive ses succès, *l'Assommoir* ses quatre-vingt-dix-sept, et *Nana* ses cent seize éditions ?

15 mai 1882

FIN

TABLE

I.	— LE ROMAN RÉALISTE EN 1875	1
II.	— LE ROMAN DU NIHILISME RUSSE	29
III.	— L'ÉRUDITION DANS LE ROMAN	51
IV.	— L'IMPRESSIONISME DANS LE ROMAN	75
V.	— LE ROMAN EXPÉRIMENTAL	105
VI.	— LE NATURALISME FRANÇAIS. Étude sur Gustave Flaubert	135
VII.	— LES ROMANS DE MISS RHODA BROUGHTON	197
VIII.	— LE REPORTAGE DANS LE ROMAN	223
IX.	— LES ORIGINES DU ROMAN NATURALISTE	243
X.	— LE NATURALISME ANGLAIS. Étude sur George Eliot	271
XI.	— LE FAUX NATURALISME	323
XII.	— A PROPOS DE *POT-BOUILLE*	347

PARIS. — IMPRIMERIE CHAIX, 20, RUE BERGÈRE. — 20852-2

www.ingramcontent.com/pod-product-compliance
Lightning Source LLC
Chambersburg PA
CBHW050547170426
43201CB00011B/1597